語形成から見た日本語文法史

ひつじ研究叢書〈言語編〉

【第73巻】現代日本語における蓋然性を表すモダリティ副詞の研究
　　　　　　　　　　　　　　　　　　　　　　　　　　　　　　杉村泰 著
【第74巻】コロケーションの通時的研究 －英語・日本語研究の新たな試み
　　　　　　　　　　堀正広・浮網茂信・西村秀夫・小迫勝・前川喜久雄 著
【第75巻】養蚕語彙の文化言語学的研究　　　　　　　　　　新井小枝子 著
【第76巻】格助詞「ガ」の通時的研究　　　　　　　　　　　　山田昌裕 著
【第77巻】日本語指示詞の歴史的研究　　　　　　　　　　　　岡﨑友子 著
【第78巻】日本語連体修飾節構造の研究　　　　　　　　　　　大島資生 著
【第79巻】メンタルスペース理論による日仏英時制研究　　　　井元秀剛 著
【第80巻】結果構文のタイポロジー　　　　　　　　　　　　　小野尚之 編
【第81巻】疑問文と「ダ」－統語・音・意味と談話の関係を見据えて　森川正博 著
【第82巻】意志表現を中心とした日本語モダリティの通時的研究
　　　　　　　　　　　　　　　　　　　　　　　　　　　　土岐留美江 著
【第83巻】英語研究の次世代に向けて －秋元実治教授定年退職記念論文集
　　吉波弘・中澤和夫・武内信一・外池滋生・川端朋広・野村忠央・山本史歩子 編
【第84巻】接尾辞「げ」と助動詞「そうだ」の通時的研究　　　漆谷広樹 著
【第85巻】複合辞からみた日本語文法の研究　　　　　　　　　　田中寛 著
【第86巻】現代日本語における外来語の量的推移に関する研究　橋本和佳 著
【第88巻】法コンテキストの言語理論　　　　　　　　　　　　堀田秀吾 著
【第89巻】日本語形態の諸問題 －鈴木泰教授東京大学退職記念論文集
　　　　　　　　　　　　　　　　　　　　　　　　須田淳一・新居田純野 編
【第90巻】語形成から見た日本語文法史　　　　　　　　　　　青木博史 著

ひつじ研究叢書〈言語編〉第90巻

# 語形成から見た日本語文法史

青木博史 著

ひつじ書房

# まえがき

　本書は、派生・複合を中心とした語形成に関する諸現象について、歴史的観点から考察したものである。主として中世室町期に基盤を置き、歴史的変化をダイナミックに捉えることを目的としている。特定の時代における実態の観察にとどまるのではなく、現代語とのつながりの中で、言語変化として描く試みである。したがって本書は、古典語における語構成や語形成を網羅的に、あるいは体系的に記述したものではない。取り上げた特定の派生・複合形式から、日本語における文法の歴史の一側面を浮かび上がらせようと試みたものである。本書の書名を、「語形成から見た日本語文法史」と名付けたゆえんである。

　分析にあたっては、先行研究の成果を尊重し、発展的に継承させるよう心がけた。同時に、従来の形態論・語彙論の枠組みにとらわれず、現代語研究のデータや分析を活用するなど、新しい観点をできるだけ多く採り入れることを試みた。ただし、ただ単に現代語文法の枠組みを古典語に当てはめたわけではない。筆者としては、古典語の分析から、現代語研究の成果を検証するようなものでありたいと思っている。本研究は、古典語から現代語までを視野に収めた歴史的研究であると同時に、現代語と古典語の対照研究という側面を持ちうるものであることをも目指している。

　本研究が歴史的研究である以上、使用する文献資料への配慮を欠いては成り立たない。文献に現れる用例を文脈に即して丁寧に解釈し、実証的に論じることを心がけている。さらに文献資料そのものを精確に扱うには、文献が生み出された社会的背景や位相などにも目配りをしなければならない。言語

事象がその資料の性格とどのように関係しているのか考慮し、言語研究と一体となった文献学的研究を行っていきたいと思っている。また、文献資料に基づいて仮設された歴史を、方言との対照によって相対化するという視点は重要である。文献と方言の両面を視野に収めた研究を進めることによって、豊かな歴史的研究が生まれることになると考えている。このような研究目的に鑑みるとき、本書はその端緒にすぎない。

　本書の内容の概略は、以下のとおりである。第1部・第2部では派生現象を取り上げ、第3部・第4部・第5部では複合に関する現象を取り上げている。第1部では「可能動詞」(ex. 読める、書ける)をめぐって、動詞の自他という意味論的な枠組みと、四段活用と下二段活用という形態論的な枠組みを用いて、その派生の様相について記述した。第2部では「カス型動詞」(ex. 冷やかす、散らかす)について、「他動性」という概念を用いて、従来の他動詞形では表しえない表現性が生じたプロセス、あるいは文法的形式から語彙的形式へと向かう消長の様相について記述した。第1部・第2部は、いずれもヴォイスという観点を中心に据えて、形態論的・意味論的考察を行ったものである。

　第3部では、複合動詞「〜ナス」(ex. 見なす、思いなす)、「〜キル」(ex. 思いきる、食べきる)、「〜オル」(ex. 食べおる、食いよる)をそれぞれ取り上げた。「〜ナス」については、統語的特徴と意味的特徴の連関について述べ、「〜キル」「〜オル」については、文献資料に基づいた中央語の歴史に加え、現在方言への展開についても論じた。第4部では、語彙論と統語論の接点となる、「節」を含んだ合成語形成について分析した。「動詞連用形＋ゴト」構文(ex.[書を読み]事、[臣になし]事)、さらに「句の包摂」現象(ex.[夏を待ち]顔(なり)、[身を正直に持ちた]さ(に))を対象として意味的・統語的特徴について記述し、古典語と現代語の対照、また古典語から現代語への歴史変化について論じた。第5部では、動詞の重複形式(ex. 泣く泣く、泣き泣き、泣きに泣く、泣いて泣いて泣きまくる)を複合現象の一端として取り上げた。「重複語」という「語」レベルでなく、「句」レベルを含む「構文」として、

その歴史的展開について記述した。

　以上の本書の内容の基となった論文の初出一覧は、巻末に示した。

　本書の出版にあたっては、平成22年度科学研究費補助金(研究成果公開促進費、課題番号225075)の交付を受けた。また、本研究の遂行にあたっては、以下の科学研究費補助金の交付を受けた。ここに記して謝意を表したい。

- 平成8～10年度(特別研究員奨励費)「日本語動詞の史的研究」
- 平成12～13年度(奨励研究A、課題番号12710228)「抄物資料を中心とした語形成の史的研究」
- 平成14～16年度(若手研究B、課題番号14710295)「「語」と「句」の構造についての歴史的研究」
- 平成17～19年度(若手研究B、課題番号17720105)「複文における名詞句の歴史的研究」
- 平成20～22年度(若手研究B、課題番号20720201)「構文論的観点から見た語形成の歴史的研究」

# 目 次

まえがき　　v

## 第Ⅰ部　可能動詞の派生　　1

### 第1章　中世室町期における四段動詞の下二段派生　　3
1. 問題の所在　　3
2. 抄物資料における様相　　5
3. 四段動詞の下二段派生　　8
4. 意味分化のプロセス　　12
5. おわりに　　17

### 第2章　可能動詞の成立　　25
1. 先行研究　　25
2. 江戸期における用例　　27
3. 派生の条件　　32
4. 可能動詞の成立　　34
5. おわりに　　38

### 第3章　四段対下二段の対応関係　　43
1. 自他対応形式の成立　　43
2. 助動詞「る」「す」の成立　　50
3. 語彙的派生と文法的派生　　56
4. おわりに　　62

## 第Ⅱ部　カス型動詞の派生　　　　　　　　　　67

### 第1章　カス型動詞の派生　　　　　　　　　　69
1. はじめに　　　　　　　　　　　　　　　　69
2. 「他動性」とカス型動詞　　　　　　　　　　70
3. カス型動詞の表現価値　　　　　　　　　　73
4. カス型動詞の発達　　　　　　　　　　　　79
5. おわりに　　　　　　　　　　　　　　　　84

### 第2章　「デカス」の成立　　　　　　　　　　89
1. 問題の所在　　　　　　　　　　　　　　　89
2. 「デカス」の用法　　　　　　　　　　　　91
3. 「デキル」の変遷　　　　　　　　　　　　93
4. 「デカス」の成立　　　　　　　　　　　　96
5. 「デカス」の変遷　　　　　　　　　　　100
6. まとめ　　　　　　　　　　　　　　　　103

### 第3章　カス型動詞の消長　　　　　　　　　107
1. はじめに　　　　　　　　　　　　　　　107
2. カス型動詞の派生　　　　　　　　　　　109
3. 近世におけるカス型動詞　　　　　　　　112
4. 評価語としてのカス型動詞　　　　　　　115
5. 自他対応形式の階層性　　　　　　　　　120
6. おわりに　　　　　　　　　　　　　　　122

## 第Ⅲ部　動詞の複合　　　　　　　　　　　125

### 第1章　「～ナス」の構造　　　　　　　　　127
1. はじめに　　　　　　　　　　　　　　　127
2. 古典語における様相　　　　　　　　　　129
3. 「～ナス」複合動詞の構造　　　　　　　132

4.　「〜ナス」複合動詞の表現性　　　　　　　　　　　138
　　5.　おわりに　　　　　　　　　　　　　　　　　　143

## 第2章　「〜キル」の展開　　　　　　　　　　　　　147

　　1.　はじめに　　　　　　　　　　　　　　　　　　147
　　2.　古典語(中古〜中世)　　　　　　　　　　　　　149
　　　　2.1　中古語　　　　　　　　　　　　　　　　149
　　　　2.2　中世後期語　　　　　　　　　　　　　　151
　　3.　史的展開　　　　　　　　　　　　　　　　　　152
　　4.　可能への展開　　　　　　　　　　　　　　　　154
　　5.　可能の意味とスケール　　　　　　　　　　　　157
　　6.　おわりに　　　　　　　　　　　　　　　　　　161

## 第3章　「〜オル」の展開　　　　　　　　　　　　　167

　　1.　はじめに　　　　　　　　　　　　　　　　　　167
　　2.　「〜オル(ヲル)」の歴史　　　　　　　　　　　170
　　3.　抄物資料の「〜オル」　　　　　　　　　　　　173
　　4.　「〜オル」のアスペクト的意味　　　　　　　　176
　　5.　卑語化のプロセス　　　　　　　　　　　　　　178
　　6.　おわりに　　　　　　　　　　　　　　　　　　180

# 第Ⅳ部　句の包摂　　　　　　　　　　　　　　　　183

## 第1章　中世室町期における「動詞連用形＋ゴト」構文　　185

　　1.　問題の所在　　　　　　　　　　　　　　　　　185
　　2.　「連用形＋ゴト」構文の構造　　　　　　　　　187
　　3.　「語」から「句」への拡張　　　　　　　　　　190
　　4.　否定的評価述語への偏り　　　　　　　　　　　195
　　5.　おわりに　　　　　　　　　　　　　　　　　　200

## 第 2 章　古典語における「句の包摂」について　205
1. はじめに　205
2. 古典語における「句の包摂」　207
3. 「包摂」の条件　212
4. 句への「拡張」　215
5. おわりに　218

## 第 3 章　「〜サニ」構文の史的展開　223
1. 問題の所在　223
2. 「〜サニ」構文の消長　225
3. 「〜サニ」構文の成立　231
4. 「〜サニ」構文と「句の包摂」　234
5. おわりに　237

# 第 Ⅴ 部　動詞の重複　241

## 第 1 章　終止形重複と連用形重複　243
1. 問題の所在　243
2. 終止形重複句の副詞化　247
3. 連用形重複句の性格　249
4. 「連用形重複＋スル」の構造　251
5. 重複構文の歴史的変化　254
6. おわりに　258

## 第 2 章　動詞重複構文の展開　263
1. 終止形型と連用形型　263
2. 「〜ニ〜」型重複構文　265
3. 「〜テ〜テ〜」型重複構文　271
4. 重複構文の歴史　276
5. おわりに　278

| | |
|---|---|
| 参考文献 | 283 |
| 使用テキスト | 291 |
| あとがき | 295 |
| 索引 | 297 |

# 第Ⅰ部
# 可能動詞の派生

# 第 1 章　中世室町期における四段動詞の下二段派生

## 1. 問題の所在

　抄物資料には次のような動詞がしばしば現れる。

（1）a.　此マデハ韻ガ三句ニフメタゾ　　　　　　　（史記抄・巻 4・35 オ）
　　 b.　秘セラル、ホドニ何タル事ヲカケタトモ不知ゾ（同・巻 8・25 ウ）
　　 c.　叢林ニハワイトヨムルガ、コチニハクワイトヨムゾ
　　　　　　　　　　　　　　　　　　　　　　　　（蒙求抄・巻 5・33 オ）
　　 d.　先達ノヨメタハカウゾ、サレドモ注ガナイ程ニ
　　　　　　　　　　　　　　　　　　　　　　　　（毛詩抄・巻 12・28 オ）
　　 e.　後漢ノ事ナラバ光武ノイエタ事ゾ　　　　　（玉塵抄・巻 1・7 ウ）
　　 f.　アノ如ク女天子デアツタゾ、天下ヲ二十一年モテタゾ
　　　　　　　　　　　　　　　　　　　　　　　　（同・巻 2・3 オ）

　これらの動詞は前代には見られなかったものであり、ふむ（踏）・かく（書）・よむ（読）・いう（云）・もつ（持）といった四段活用動詞から、新しく派生して出来た下二段活用動詞であると考えられる。
　これらの新たに派生した動詞群について、その存在を一番早く指摘したのは湯沢（1929）であろう。湯沢（1929: 227）では、いくつかの抄物資料の例が示されながら、そこに可能・受身・尊敬の用法があることが指摘された。その後、鈴木博（1972: 246-247）・柳田（1974）において、『周易抄』『中興禅林

『風月集抄』から、湯沢論文で指摘される動詞と類似の例が示された。そしてこの後、初めてこの現象を正面から取り上げて論じたものに、村上（1976）がある。そこでは『玉塵抄』と『詩学大成抄』を資料として、意味・用法に関する詳しい考察がなされた。さらに山田潔（1995）では、『玉塵抄』全巻の調査に基づいた豊富な用例が示され、この動詞が合わせ持つ、可能・受身・尊敬の意味の出自について説かれた。また一方で、この動詞の語形は現在の可能動詞に通ずるものであることから、可能動詞研究の中でこの動詞が取り上げられることがある。坂梨（1969）、渋谷（1993a）などが、その代表的なものといえよう。

以上のように、これまでに、問題の動詞について触れられた研究は決して少なくない。そしてこれらの先行研究によって、かなりの部分まで明らかにされている。まず、抄物資料を用いた研究によって、以下の3点が明らかになった。

（2）a. 抄物資料にはかなり頻繁に見られる動詞である
　　　b. 可能・受身・尊敬の用法を持つ
　　　c. 惟高妙安の抄物に多く見られ、そこでは尊敬用法が多い

その一方で、残された問題もある。上に述べたように、村上（1976）および山田潔（1995）においては、意味・用法に関するかなり詳細な記述が行われている。ただし、そこで用いられた資料が惟高妙安の手になる抄物のみであるため、後期抄物の様相のみを論じている可能性もある。この動詞は、桃源瑞仙などが携わった、いわゆる前期抄物にも見られるものであり、抄物資料全体を視野に入れ、この派生現象がどういう性格のものなのか統合的に論じる必要があろう。

また、可能動詞研究において触れられる場合、この動詞と何らかの関わりがあるという点は一致しているものの、直接の結びつきがあるのかどうかについては議論の分かれるところとなっている。坂梨（1969・1994）などではその萌芽であるとされるが、渋谷（1993a）、福田（1996）などでは直接の関係

はないものとされる。可能動詞の成立については第2章で詳しく論じることとするが、このような後の時代との関わりも視野に入れながら、考察を進めていく必要があるだろう。

## 2. 抄物資料における様相

まずは、抄物資料に現れる例について観察した結果を呈示しておく。ここでは、前期抄物として『史記抄』『蒙求抄』『毛詩抄』を、後期抄物として『玉塵抄』『詩学大成抄』を取り上げた。これらの5つの抄物について、用例数と異なり語数とをまとめて表にしたものを、【表1】として次に掲げることとする(表中の「詩学抄」は『詩学大成抄』)[1]。

【表1】

|   | 史記抄 | 蒙求抄 | 毛詩抄 | 玉塵抄 | 詩学抄 | 計 |
| --- | --- | --- | --- | --- | --- | --- |
| 用例数 | 8 | 9 | 6 | 303 | 132 | 458 |
| 異なり語数 | 4 | 1 | 1 | 20 | 14 | 26 |

【表1】から指摘できることは次の3点である。

(3) a. 抄物資料においては数多く見られるものである(→ 2a)
　　b. 異なり語数が非常に少ない
　　c. 前期抄物と後期抄物との間に大きな格差が見られる

(3a)についてはあらためて述べるまでもないことであるが、今回取り上げた抄物以外においても、『笑雲清三抄古文真宝抄』『四河入海』『周易抄』『幼学詩句』『論語聞書』『中興禅林風月集抄』でその存在が報告されている(湯沢1929、鈴木博1972、柳田1974)。この他、『百丈清規抄』『漢書列伝綿景抄』『日本書紀桃源抄』『彦龍周興講古文真宝抄』などにも用例を見出すことができる。それらのうちのいくつかを次に掲げておく。

(4) a. 奉為空―荘厳トハ文字ガヨメマイゾ　　（百丈清規抄・巻2・42ウ）
　　b. 謂ハ為ト同ヤウニ読ムルゾ、所謂トヨムナレドモコヽハサデハ無ゾ
　　　　　　　　　　　　　　　　　　　（漢書列伝綿景抄・3ウ）
　　c. 此歌ハ神代ニハ六首ゾ、四首ハ三十一字ヅヽアルゾ、二首ハ数ガ不定ゾ、マヅハ奇特ナルコトハ三十一字アルハヨウヨメタゾ
　　　　　　　　　　　　　　　　　　　（日本書紀桃源抄・巻下・28オ）
　　d. 講時ハ大丈夫トスンデヨメタ、大丈夫トハコトナイ事ヂヤ
　　　　　　　　　　　　　　　　　　　（古文真宝彦龍抄・45ウ）

　これらの下二段動詞の成立を考えるにあたって重要であるのは、(3b)として指摘した、異なり語数が非常に少ないという点である。用例数が458であるのに対し、異なり語数の26という数字は、きわめて少ないと言える。つまり、この派生現象は、限られた語において起こる現象ではないかと考えられる。具体的な動詞を、元の四段動詞の形で以下に掲げておく[2]。

(5)　かく(書)、とく(説)、おく(置)、あるく(歩)、たく(薫)、ひく(弾)、うつす(移)、いいなおす(云直)、もつ(持)、よむ(読)、よむ(詠)、ふむ(踏)、いう(云)、とう(問)、おもう(思)、うたう(歌)、くう(食)、きらう(嫌)、うらなう(占)、つくる(作)、かたる(語)、なる(成)、まわる(回)、にごる(濁)、そなわる(備)、たちよる(立寄)

　これらの語は次のように分類した時、著しい傾向のあることが分かる。それが次ページに掲げる【表2】である。動詞は元の四段の形で示すこととし、これに用例数を加えて示しておく。

【表2】

|   |   | 史記抄 | 蒙求抄 | 毛詩抄 | 玉塵抄 | 詩学抄 | 計 |
|---|---|---|---|---|---|---|---|
| I | 読む | 5 | 9 | 6 | 92 | 66 | 178 |
|   | 云う |   |   |   | 140 | 15 | 155 |
|   | 書く | 1 |   |   | 21 | 16 | 38 |
|   | 説く |   |   |   | 13 | 13 | 26 |
|   | 作る |   |   |   | 9 | 12 | 21 |
|   | 置く | 1 |   |   | 2 | 2 | 5 |
|   | 持つ |   |   |   | 4 | 1 | 5 |
|   | 問う |   |   |   | 5 |   | 5 |
|   | 思う |   |   |   | 2 | 1 | 3 |
|   | 歌う |   |   |   | 2 |   | 2 |
|   | 語る |   |   |   | 2 |   | 2 |
|   | 食う |   |   |   | 2 |   | 2 |
|   | 踏む | 1 |   |   |   |   | 1 |
|   | 嫌う |   |   |   | 1 |   | 1 |
|   | 占う |   |   |   | 1 |   | 1 |
|   | 薫(タ)く |   |   |   | 1 |   | 1 |
|   | 弾(ヒ)く |   |   |   | 1 |   | 1 |
|   | 云い直す |   |   |   | 1 |   | 1 |
|   | 詠む |   |   |   |   | 1 | 1 |
| II | 移す |   |   |   | 1 |   | 1 |
| III | 歩く |   |   |   |   | 1 | 1 |
|   | 立ち寄る |   |   |   |   | 1 | 1 |
| IV | 成る |   |   |   | 2 | 1 | 3 |
|   | 回る |   |   |   | 1 |   | 1 |
|   | 濁る |   |   |   |   | 1 | 1 |
|   | 備わる |   |   |   |   | 1 | 1 |

I……対応する自動詞を持たない他動詞
II……対応する自動詞を持つ他動詞
III……対応する他動詞を持たない自動詞
IV……対応する他動詞を持つ自動詞

　【表2】から見てとれるのは、生成される四段動詞の大部分が、Iの「対応する自動詞を持たない他動詞」というグループに偏っているという点である（以下、早津1987に従い、対応する自動詞を持たない他動詞を「無対他動詞」、対応する自動詞を持つ他動詞を「有対他動詞」などと呼ぶ）。IからIVそれぞれに属する動詞の用例数を取り出したものを、【表3】として次に

掲げておくこととする『史記抄』を桃源、『毛詩抄』『蒙求抄』を宣賢、『玉塵抄』『詩学大成抄』を惟高、のように抄者ごとにまとめておく)。

また【表2】では、Ⅰの無対他動詞に属する「読む」という語は178例、「云う」という語は155例も数えることができるのに対し、ⅡⅢⅣの語は「成る」を除いて、1語につき1例ずつしかないという特徴も指摘することができる。さらに前期抄物と後期抄物に分けて見てみると、前期抄物の例はすべてⅠの無対他動詞に属する語であるのに対し、ⅡⅢⅣグループに属する語は後期抄物からしか見ることができない。すなわち、この派生現象は、無対他動詞から始まったと考えられるのである[3]。

【表3】

|  | 桃源 | 宣賢 | 惟高 | 計 |
|---|---|---|---|---|
| 無対他動詞 | 8 | 15 | 426 | 449 |
| 有対他動詞 | 0 | 0 | 1 | 1 |
| 無対自動詞 | 0 | 0 | 2 | 2 |
| 有対自動詞 | 0 | 0 | 6 | 6 |

以上のように、この派生現象は、「対応する自動詞を持たない他動詞」という特定の動詞に最も起こりやすいということが分かった。派生を起こす元の動詞に、このような「条件」が備わっていたことになるのである。

## 3. 四段動詞の下二段派生

さて、室町期に見られる「読むる」「書くる」のように、四段から下二段へと活用を変えたものは、前代において全く見られないというわけではない。

(6) a. 其内ニアツマリ居タル軍兵共五百餘人、一人モ不残壓ニウテ、死ニケリ　　　　　　　　　　　　　　　　　　（太平記・巻13）
　　 b. あはれ、世にもあひ、年などもわかくて、みめもよき人にこそあん

め、式にうてけるにか、此烏は式神にこそありけれ
　　　　　　　　　　　　　　　　　　（宇治拾遺物語・巻2・8）

これは四段動詞「打つ」が下二段へと形を変え、「打たれる」という受身のような意味を表したものと考えられる[4]。
　さらに時代を遡った例としては、次のようなものが此島(1973: 121)に示されている。

（7）a. 飄風忽ちに起りて御笠吹け落されぬ　（日本書紀・仲哀9年3月）
　　　b. 世の人聞きも、人わらへにならむこととおぼす　（源氏物語・葵）
　　　c. 薬王勇施多聞持国十羅刹に夜昼被護（まも）れ奉る（梁塵秘抄・161）

そしてこれらについては、「四段活用の下二段活用化によって可能・受身等の意を持つ中相動詞に転じたものである」と述べられている。
　上に(6)(7)として挙げた「四段活用の下二段化」は、次のような自他対応関係に基づいたものではないかと考えられる[5]。

（8）a. 明日香川下濁れるを知らずして〔之良受思天〕
　　　　　　　　　　　　　　　　　　　　　（万葉集・巻14・3544）
　　　 人知れず〔人不知〕もとなそ恋ふる息の緒にして
　　　　　　　　　　　　　　　　　　　　　（同・巻13・3255）

(8)に示すような形で自他対応を示す場合、四段動詞に対応する下二段動詞は、自動詞として受身的な意味を表し得る。そもそも、四段活用と下二段活用の動詞は、上代語動詞の大部分をカバーする一般的、普遍的な形態である。このような組織的な形態論的対立にヴォイスの対立を組み合わせた自他対応形式は、新しい語形を生み出す源となる可能性を十分に持ち合わせていると考えられる[6]。
　このような「四段他動詞―下二段自動詞」という自他対応形式は、歴史的

には最も原初的な形式であると考えられる。通時的観点から自他動詞の対応を整理した釘貫(1996: 235–282)に拠ると、上代語の自他対応形式は、次の3つに分けられるという。

(9) (Ⅰ) 活用の種類の違いによるもの
　　　　うく(浮)四自—うく下二他／きる(切)四他—きる下二自
　　(Ⅱ) 語尾の種類の違いによるもの
　　　　なる(成)自—なす他／うつる(移)自—うつす他
　　(Ⅲ) 語幹増加と語尾付接によるもの
　　　　かる(枯)自—からす他／まぐ(曲)他—まがる自

そしてこれらの形式は、自他弁別の要求の増大に対応して、Ⅰ→Ⅱ→Ⅲの順序で発展したものと推測されている。すなわち、自他の情報の表示を、活用の種類の違いのみに基づく消極的なものから、「ル」「ス」という積極的な標識を用いた形式へと転換を図ったのではないか、というわけである。

　確かに、釘貫論文で述べられるように、「自他」のシステムは活用の種類の違いという方法に頼るだけでは成立し得なかった。しかしそれでも、四段活用と下二段活用の対立が、何らかの意味的対立をなすことになるという認識は、依然としてあったものと考えられる。つまり、ここに川端(1982: 208)の言うような「四段を下二段化することによって相(ヴォイス)を転換するという語法の認識」が成り立ち得るわけである。しかしながら、中世鎌倉期までは、(6)(7)に見られるような下二段化は散発的にしか起こらなかった。なぜなら、このような下二段化を起こした元の四段動詞のヴォイスにおける環境が、それぞれ異なっているからである。「打つ」「守る」は他動詞、「吹く」「笑う」は自動詞であり、「相を転換する」ことにはなっていない。(6)(7)の例は、「自他」のシステムとはいわば無関係のところで起こったものであって、そのために語彙的な現象にとどまっているものと考えられよう[7]。

　これが室町期に至ると、「四段を下二段化する」ことによって生じる「可能・受身等の意を表す」動詞は、延べ450例を超えるほど、かなり一般的に

見られるものとなっている。このように文法的な現象へと発展し得たのは、とりもなおさず、派生を起こす元の動詞に備わっていた「条件」によるものと考えられる。すなわち、前節で見た「対応する自動詞を持たない他動詞」という条件である。この「自他」のシステムに存する「空き間」を利用することによってはじめて、四段動詞から下二段動詞を作り出すという新しい派生法が、文法現象として成立することになったものと考えられる。

前節において、同じ室町期にあっても、前期抄物と後期抄物とでは用例数・異なり語数ともに大きな相違が見られることを指摘しておいた。これは、時代に伴って異なり語数を増やしたためであると考えられ、用例数の増加はこれに平行したものと考えられる。つまり、前期抄物においては「対応する自動詞を持たない他動詞」のみからしか下二段動詞は派生されず、これは派生現象として成立する初期段階の様相を表すものである。これが後期抄物に至ると徐々にその制限がゆるみ、その他の動詞からも派生することが可能になっていっている。このような語のバリエーションの増加は、四段動詞から下二段動詞を作り出すという派生法そのものが確立していく様相を示しているものと考えられよう。

以上の結論は、主として抄物資料を扱って得た結論である。狂言資料や、『天草版平家物語』『エソポのハブラス』などにはこの現象が見出されないのであって、抄物特有の語ではないかという批判も予測される。しかしながら、キリシタン資料でも、辞書的性格を持つ『ロドリゲス日本大文典』や『日葡辞書』には、この語に関する記述が見られる。まず、『ロドリゲス日本大文典』には、次のように「読むる」「書くる」などの語が記されている。

(10) a. ○絶対、又は、規定中性動詞は、〈中略〉 能動動詞から派生するものである。
　　○これらの動詞に二種あることは注意を要する。その一つは寧ろ受動動詞に傾いてゐて、第二種活用の能動動詞から作られるものである。それらはある可能性を持つことを意味する。例へば、Quiqu（聞く）から Quique、Quiquru（聞け、聞くる）、Yomu（読む）から

Yomuru（読むる）、Quiru（切る）から Quiruru（切るる）、Toru（取る）から Toruru（取るる）、Xiru（知る）から Xiruru（知るる）が作られる。
（土井訳ロドリゲス日本大文典・pp. 269–270）
b. ○第二種活用の動詞から作られた中性動詞、例へば、Yometa（読めた）、Caqueta（書けた）、Quireta（切れた）、Toreta（取れた）等はそれ自身になされるといふ意の受身を意味するのであって、格語をとらない。
（同・p. 377）

また、『日葡辞書』にも、「読むる」「持つる」の2語が記載されている。

(11) a. Yome, uru, eta. ヨメ、ムル、メタ（読め、むる、めた）文書なり文字なりが読みとれる。例、Ano fitono teua yô yomuru.（あの人の手はよう読むる）あの人の書いた文字は読みやすい。
（邦訳日葡辞書・p. 826）
b. Mote, tçuru, eta. モテ、ツル、テタ（もて、つる、てた）保たれる、支えられる。例、Xiroga motçuru.（城がもつる）包囲されている城が、降伏しないでよく持ちこたえている。
（同・p. 424）

以上のような記述があることから、「読むる」などの下二段動詞は、室町期においてある程度広く用いられていたものと考えられる。したがって、この派生現象を、中世室町期における「四段動詞の下二段派生」と呼ぶこととする。

## 4. 意味分化のプロセス

「四段動詞の下二段派生」は、自他対応のシステムの空き間となっていた「自動詞側」を埋めるような形で成立した[8]。したがってこの時、派生してできた下二段動詞は、自動詞の延長上にある可能・受身・尊敬を表すものとなっている。これは、助動詞「（ら）る」が自動詞の活用語尾から分出され、

可能・受身・尊敬を表すことと同じ状況が考えられよう。すなわち、この意味分化のプロセスは、Shibatani (1985) で説かれる「passive prototype」を想定する考え方によって、無理なく記述できるものと考えられる。

　Shibatani 論文では、ラレル形式の意味のプロトタイプは、「agent defocusing」であるとされている。したがって、主語がはっきりしない例文の場合、受身・可能・尊敬の意味が判別できないことがあるが、これは技術上の問題ではなく、そのような曖昧さの中にその本質があると考えられる[9]。この下二段動詞の場合も同様である。

(12) a. 此マデハ韻ガ三句ニフメタゾ　　　　　　　　((1a)の再掲)
　　 b. 秘セラル、ホドニ何タル事ヲカケタトモ不知ゾ　((1b)の再掲)
　　 c. 叢林ニハワイトヨムルガ、コチニハクワイトヨムゾ　((1c)の再掲)

　例えば(12a)の例は、「韻」を主語として「韻がふまれていた」と受身に解することもできるが、後に続く「此カラ韻ヲ三句ニフムデ見レバヒヤウシガ不合ゾ」という文を考え合わせると、「これまではふむことができた。しかし、この後では拍子が合わなくなった」と、可能に解することもできる。また、「これまでの人」という漠然とした主語を想定し、これに対する尊敬とも解釈できるのである。結局、これらの意味は、文脈によって判断されることになるものと考えられよう。
　次に(13)として掲げる諸例は、いずれも可能を表すものとして解釈できる例である。

(13) a. 上聲ニモ去聲ニモ成ト見ヘタゾ、此デハ今ハヨメヌゾ
　　　　　　　　　　　　　　　　　　　　　　（史記抄・巻14・76オ）
　　 b. 乃請日丞相御史言上ノ日字ガヨメヌゾ、由字デバシアル歟ゾ、サナウテハチツトモヨメヌゾ　　　　　　　　　　（同・巻15・5オ）
　　 c. 得ノ字ガナケレバ心得ラレヌ、ヨメヌゾ　（蒙求抄・巻2・54オ）
　　 d. 漆―ヨメヌ字ゾ、シツシヨヨリトハヨミニクイゾ

(毛詩抄・巻10・27ウ)

このように可能の意味で解釈できる場合は、後に否定の「ヌ」を伴う場合が多い。可能表現が否定表現の中で多く用いられることはこれまでも指摘されていることであるが(渋谷1993aなど)、この動詞においてもこの事実を確認することができる。

　また、次のように尊敬すべき人が動作主である場合は、尊敬用法として解釈できる。

(14) a. モト人ノヨメタハ下風ハ我ゾ、鄒陽ガコトゾ（蒙求抄・巻1・54オ）
   b. 人ノヨメテ候ニ遠ハ二十年三十年前ノ事ヲ知ト読テ候カ
  　　　　　　　　　　　　　　　　　　　　　　（同・巻2・63オ）
   c. 先達ノヨメタハカウゾ、サレドモ注ガナイ程ニ　　((1d)の再掲)

(14)の諸例における動作主「人」「先達」は、いずれも禅僧を指すと考えられ、これに対する尊敬用法であると考えられる。また、次のような例は動作主が明示されていないが、「人」という動作主を想定して、尊敬用法として解釈すべきであろう。

(15) a. 高ト云ハ呉王ノ行ゾトヨメタカ　　　　（蒙求抄・巻1・54オ）
   b. 両ノ足ヲキラレテハ何カイキラレウゾ、足ノスヂヲキル事ヂヤトヨメテ候ゾ　　　　　　　　　　　　　　　　　（同・巻2・40オ）
   c. 夫ハ我ヲ戒メ女ハ我ガ禁メタトヨメテ候カ　（毛詩抄・巻4・29ウ）

　この尊敬用法については、『ロドリゲス日本大文典』に次のような記述がある。

(16)　同輩とか少しく目下に当る者とかでそこに居ない者に就いて話す場合、又従属関係はないが尊敬すべき人でそこに居ない人に就いて話す

場合には、Yomareta（読まれた）、Cacaruru（書かるる）、Mǒsaruru（申さるる）などの如く、与え得る最低の敬意を示す Raruru（らるる）を使ふか、Xineta（死ねた）、Xinaximatta（死なしまった）などを使ふかする。　　　　　　　　　　　　　（土井訳ロドリゲス日本大文典・p. 600）

　ここで注目すべきは、ロドリゲスが「尊敬すべき人でそこに居ない人」に対して用いる、と記述する点である。つまり、「ヨンダ・ヨウダ」と言わずに「ヨメタ」と言うことで、直接的でない、間接的な婉曲表現として敬意を表すことになると考えられるのである。この記述に照らし合わせると、(15)の諸例は、まさにこの典型例であるといえる。また、(14)の諸例も、漠然とした「人」に対して用いられているのであるから、やはりこの記述に適している。
　このような尊敬用法は、助動詞「(ら)る」の場合と非常によく似た状況にあると考えられる。尊敬用法が現れ始めた初期の中古語の用例においては、「尊敬」というより、「婉曲」と解釈すべきかのような例も存するのである（この点については今西祐一郎氏による筆者への直話もある）。これが、ロドリゲスのいう「与え得る最低の敬意」であり、ここに「agent defocusing」の本質があるものと考えられる。

　以上、前期抄物における意味・用法を見てきたが、可能・受身・尊敬と文脈に応じて様々な意味にとれるものがあることが分かる。それでは、後期抄物ではどうだろうか。

(17) a. 大般若ノ序ハ太宗ノカケタゾ　　　　　　　（玉塵抄・巻1・23ウ）
　　 b. 機ト理トノ二ニ契ホドニ仏ノトケタ一切ノ経ヲ総名ニ契経ト云ゾ
　　　　　　　　　　　　　　　　　　　　　　　　（同・巻1・33ウ）
　　 c. 横川ヲ信ジサシマシタトアリ、梅雲ノ予ニカタレタゾ
　　　　　　　　　　　　　　　　　　　　　　　　（同・巻2・12ウ）
　　 d. 遣此一老ト孔子ノイエタ語ノ心ゾ　　　　　（同・巻4・34ウ）
　　 e. 長楽ハ漢ノ高祖ノツクレタダイリノ中ノ宮ナリ（同・巻5・14ウ）

  f.　達摩カラ第四番メノ四祖道信大師ノイエタゾ　　（同・巻6・12ウ）
(18) a.　仏ノ法華経ヲトケタ仏法ノ味ヲ如天甘露ト六巻ニトケタゾ

              （詩学大成抄・巻1・50ウ）
  b.　宋朝ハ庚申ノ歳カラ天下ヲモテタゾ　　　　（同・巻9・18ウ）
  c.　普広院ノ桃蹊翁ハ十笏(ジッコツ)トヨメタゾ　　　　（同・巻10・18ウ）

　これらの用例と、(12)から(15)として挙げた前期抄物の用例を比べてみると、動詞の動作主にあたるものが大きく異なっていることが分かる。(12)から(15)の用例では、動作主にあたるものは抄者自身であるか、あるいは動作主が不明確なものばかりであった。ところがここでは、先には見られなかった、太宗・仏・孔子といった具体的な人物が動作主として現れている。村上(1976)では、これらの人物にはいずれも尊敬語が用いられていることが指摘されており、したがってこの動詞に尊敬の用法があることが述べられている。そして、この尊敬用法が後期抄物で圧倒的に多いことは、村上論文の他、柳田(1974)や山田潔(1995)などでもすでに指摘される通りである。

　このような意味の変化は、「四段動詞の下二段派生」という派生現象そのものの変容に深く関わっている。先に見たように、この派生現象は、その初期段階においては「対応する自動詞を持たない他動詞」においてのみ起こる現象であった。これが後期抄物になると、「対応する自動詞を持たない他動詞」以外からも派生するようになっていたのである。つまり、四段動詞から下二段動詞を派生させることは、ここにおいて「尊敬」を表す語を作り出すものとして確立していったのではないかと考えられる[10]。

　次に挙げるものは「対応する自動詞を持たない他動詞」以外から派生した例であるが、いずれも尊敬用法として解釈できる。このように派生の「原則」から外れたものが見られるのは、「尊敬」という型が出来上がっていたことを示すものと考えられよう[11]。

(19) a.　夏ノ禹ノ洪水ヲ九年ノアイダヲサメテ九州ヲマワレタゾ

              （玉塵抄・巻3・25オ）

b. 阿難二十五ノトシ仏ノ侍者ニナレタゾ　　　　（同・巻10・19ウ）
　c. 東福ハ径山寺ヲナニモ聖一ノウツセタゾ　　　（同・巻33・56ウ）
(20) a. 穆―ハ天下ヲメグリアルケタゾ　　　　　（詩学大成抄・巻2・44オ）
　b. マコトニ太祖ノ王位ニソナワリテヨリ十六番メノ王ノ幼帝ノ四歳ニシテ王位ニソナワレタゾ　　　　　　　　　　　　　（同・巻9・19オ）
　c. 秦ノ始皇ノ泰山ヘ封禅ノマツリヲナサル、時ニ俄ニ大雨ガフルホドニ大ナ松ノ木ノモトエ立ヨレタレバ　　　　　　　　　（同・巻9・54ウ）
　d. 笏室ト笏ヲニゴレタゾ、総ジテ笏ト一字云フ時ハスムホドニ
　　　　　　　　　　　　　　　　　　　　　　　　　　（同・巻10・18ウ）

　以上のように、前期抄物では、可能・受身・尊敬と色々な意味にとれるものが存したが、後期抄物になると、尊敬表現へ収斂していったという変化があったことが分かる。このようにごく短期間のうちに意味変化があったという点は、この派生形式の消長を考えるとき示唆的であるが、後の時代の様相については次章で詳しく述べることとする。


## 5.　おわりに

　以上考察してきたことをまとめると次のようになる。

(21) a. 室町期における「ヨムル」「カクル」などの下二段動詞は、四段動詞から派生してできたものである。
　b. この「四段動詞の下二段派生」は、四段他動詞対下二段自動詞という自他対応形式を基に、対応する自動詞を持たない四段他動詞が、自他のシステムの空き間を利用する形で、「自動詞側」の意味を表す下二段動詞を作り出すという現象である。
　c. 派生してできた下二段動詞は、自動詞の延長上にある可能・受身・尊敬を表すものとして成立した。この意味分化の理論上のプロセスは「agent defocusing」によって説明することができる。

d. 前期抄物と後期抄物とではその様相が大きく異なるが、これは尊敬表現を作り出すものとして確立していくことによって、様々な動詞からの派生を可能にしたためである。

最後に、惟高妙安の抄物に現れる、一段活用の（ようにみえる）「ヨメル」をどう解釈するかという問題について触れておかねばならない。問題となる「ヨメル」とは、次のような例である。

(22) a. 金─真乗ハコントヨメタゾ、叢林ハキントヨメルゾ
（玉塵抄・巻12・74オ）
b. 仏ノ字ノ時ハ仏桑トヨムルゾ、又拂桑トモカイタゾ、此時ハ桑トヨメルゾ
（詩学大成抄・巻5・66ウ）

このような形は相当数見られ（山田潔 1995 によると、『玉塵抄』中に「ヨメル」形は232例あるという）、これらを下一段動詞と解釈するか、四段動詞に存続の助動詞「リ」が付接したものと解釈するかは、大きな問題である。

この問題に関して、村上（1976）では、助動詞「リ」が付接したという考え方は退けられ、「ヨメル」は下一段動詞であるとされている。そして、「ヨメル」の成立について、

① 二段「ヨムル」が一段化を起こした
② 一段「ヨメル」で成立し、「ヨムル」は優勢な二段型にひかれて現れた

の2通りの可能性について検討されている。そこでは、最終的な判断は保留されているものの、二段活用の一段化は時期的に尚早であるため、②の方が蓋然性が高いとされている。しかしながら、②の考え方は、惟高妙安の抄物以外の資料においては、二段活用「ヨムル」の形しか見られない（→ 1c、4b 参照）という状況を考え合わせると、実情にそぐわない。

一方で、山田潔(1995)では、存続の助動詞「リ」がついたものであることが主張されている。反論として予想される次の2点、

① 助動詞「リ」が生き延びている可能性は低いのではないか
② 「ヨムル」と「ヨメル」は同じ意味用法を有するのではないか

についても、以下のような答えが用意されている。
　まず①については、口頭語では滅びていたであろうが、文章語としては生きていたとされ、そのような文語的な語法が交じったものであろうと説かれる。また②について、両者に意味上の類縁性が見られること、それ自体は認められている。次に挙げる(23)の例は、「ヨメル」が尊敬を表すものとして、山田論文に挙げられる例である。

(23)　近代度唐シタ人ノ松江トヨメルゾ、月翁桃源ナドハ松江トヨマシマシタゾ
　　　　　　　　　　　　　　　　　　　　　　　　(玉塵抄・巻3・63ウ)

　そして、このような「ヨムル」と「ヨメル」の意味上の共通性は、「存続」の用法が接点になっていると説かれる。つまり、可能や尊敬を表す「ヨムル」は、金田一分類の「状態動詞」にあたるものであり(金田一1950)、そこに存続「ヨメル」との意味上の交渉が起こったというのである。
　このように山田論文では、「ヨメルは基本的に存続を表す点で、ヨムルとは出自を異にするものである」と結論づけられている。しかしながら、「存続」という「時」に関わる表現形式から待遇表現への変化のプロセスは想定しにくく、(23)のような尊敬の「ヨメル」の例は、「ヨムル」と出自を異にする別語ではないことを示していると考えられる。また、山田論文において、「ヨメル」「ヨムル」ともに存続の意が認められる根拠として挙げられるものは、次のような例である。

(24) a.　楚辞ノ紉蘭ト皆ヨメルゾ、紉ハ皆ジントヨメルゾ

(玉塵抄・巻25・48オ)
b. 狙トミナヨムルゾ、コヽニハシヨノ音ゾ　　（同・巻14・25オ）

　確かに、いずれも現代語訳すると「読んでいる」とでもなるのであろうが、このような婉曲ともとれる漠然とした尊敬用法こそ「agent defocusing」の本質であるといえる。ここに、アスペクト的意味を見てとる必然性は考えられない。

　新たな派生によって作り出された語と文語的な語が交渉を持つとは考え難く、結局のところ、助動詞「リ」を想定した際の2点の問題が山田論文では克服されていない。このような一段型は「ヨメル（読）」「イエル（云）」の2語が突出して多く、これは【表2】で示した傾向との近似性を示しているものと考えられる。したがって、「ヨムル」と「ヨメル」は出自を異にする別語ではなく、同じように四段動詞から派生してできたものと考えるべきであろう。

　このように考えることは、連用形「ヨメ」が、終止・連体形を作り出す際に「ヨムル」でなく「ヨメル」を作り出したと考えることとなり、二段活用の一段化がすでに一般的であったことを想定することとなる。この事例のみから、そのような結論を導き出すことは早計であるが、院政鎌倉期にはすでに一段化の例が文献に現れること、ヤ行下二段動詞が一段化した「耐える」「拵える」などは抄物に数多く見られること、などを考え合わせると、「一段活用」は口語ではかなり一般的であったのではないかと思う。そのような中に、新しい派生形が一段活用として現れることは、さほど不自然なことではないのではなかろうか（→青木2003参照）。

注

1　言語量を考慮に入れ、『玉塵抄』は巻1から巻14までの数値である。また、『詩学大成抄』のデータは、村上（1976）の調査結果も参照した。

2 村上(1976)では、派生を起こす元の動詞として、四段活用動詞だけでなく、上一段活用動詞「見る」の例も指摘されている。これは次のような例である。
　　（a）　又此次句ニ維虺維蛇トアリ、四ノ虫トケダモノトヲ<u>ミレタゾ</u>
　　　　　　　　　　　　　　　　　　　　　　　　（玉塵抄・巻3・7オ）
　　（b）　一段ノ奇ナ事ヲナスホドニゾ、一段ノ奇ノワケヲ<u>ミレヌゾ</u>
　　　　　　　　　　　　　　　　　　　　　　　　（同・巻6・66オ）
　これらの例については山田潔(1995)に次のような説明があり、従うべきである。先ず「(a)の例：用例略)」は叡山文庫本には「ミラレタゾ(三7ウ)」とある。また、「(b)の例：用例略)」は、叡山文庫本にも「ミレヌゾ(六74ウ)」とあるけれども、文脈上、『韻府群玉』に「一段奇」とあるその内容は分からないという意であるから、「シレヌゾ」の誤写であろうと思われる。類例として「ナンノ句ヤラニナニ事ニ作タヤラワケヲシレヌゾ(一七92ウ)」がある。以上二例ともに確例とはみなしがたい。
　ちなみに、東大本では、(a)の例は「見レタゾ(三5ウ)」、(b)の例は「シレヌゾ(六52ウ)」とある。

3 山田潔(1995)では、この他、着く・行う・描く・飼う・聞く・飲む・誓う・弔う・計らう・舞う・驚く・記す・通す・燭す・為す・打つ・死ぬ・尊ぶ・好む・澄む・楽しむ・休む・悟る・通る、といった語例が挙げられている。これらのデータを加えたとしても、後の結論には影響しない。

4 下二段「打つ」は、その他『平家物語』『古今著聞集』『源平盛衰記』などにもみえることが、山田俊雄(1958: 210)において指摘されている。

5 上代の下二段活用「知る」に関しては、これを自動詞と認めない説もある(釘貫1996 など)。しかしながら、中古以降の下二段活用「知る」の使われ方は、自動詞であると考えられるので、ここではこの『万葉集』の例も自動詞として解釈した。

6 望月(1944)、西尾(1954)などは、これを四段他動詞から下二段自動詞が「派生」したとする。奥津(1967)は、どちらが派生したともいえず「両極化転形」であるとする。直接自他に触れたものではないが、木田(1988)は、四段活用よりも二段活用の方が古いという「二段古形説」を唱えているので、「下二段自動詞→四段他動詞」という考え方なのであろう。この点については、第3章で述べる。

7 この時期語彙的なものにとどまった理由は、助動詞「(ら)る」の存在の影響も考えられる。「相の転換」は、この助動詞を用いることによって可能となる。しかしながら逆に、「(ら)る」とは違うニュアンスを含むものを表しうるという利点があったことも間違いないであろう。このことは用例が武士の言葉に偏っている点からも推測でき、また、それがゆえに江戸期まで慣用的に残ったものと考えられる。

・さすがの武士も打てぬ顔　　　　　　　　　　　（心中天の網島・巻上）

8　四段動詞を下二段へと変えることによって「自動詞的」な意味を表す語法が成立する可能性があるならば、その逆の現象、すなわち「他動詞的」な意味を表す動詞を派生させる可能性も十分に考えられる。「四段自動詞—下二段他動詞」という自他対応形式も古くから存したのであり、実際、次のような語形も生み出された。

・伯禽ヲ魯ヘ封ズル時戒テ吐握ノ事ヲ語テキケラレタゾ
　　　　　　　　　　　　　　　　　　　　　　　（古文真宝抄・巻10・19オ）
・イヤシイ貪タ者ガ位ヲフサゲテイタゾ　　　　　（玉塵抄・巻8・17オ）

　細江（1928）では、古くは四段活用の一種であった活用形式が、二段活用を生み出して「中相」が発生した、「中相」とは可能・受身・使役の相であると述べられている。注6の諸論考も考慮に入れるとき、この考え方は非常に魅力的であり、活用形式の対立とヴォイスの対立を統一的に捉えることが可能となる。しかし、自他対応形式として存在するレベルと、その対応関係を基に起こる「派生」のレベルとではやはり異なるのではないかと考えられる（西尾1954参照）。

9　このような曖昧性は、助動詞「(ら)る」の場合も同様であって、文献に現れる初期の尊敬用法は、受身ともとれるような主語のはっきりしない例が多い。

　辛島（1993）では、古文書に見られる「被」字の用法、すなわち「受身」から「尊敬」の意が発生したと説かれる。ここで重要なのは、「受身→尊敬」という線状のプロセスではなく、「agent defocusing」という理論上のプロトタイプが、実際の文献資料の状況ともうまく符合するということである。したがって、山田潔（1995）で、問題の動詞を「おのづから然る」動詞であるとまず規定した上で、「自発→可能」あるいは「自発→尊敬」というプロセスを描く点には、あまり賛同できない。

10　現在方言にこの下二段動詞が尊敬表現として残っている地方があり、当時の言い方を引き継いだものかと考えられる。広戸（1949: 67–68）の記述を、次に引用する。

　　▲「石見に於ける可能動詞と同形の尊敬の動詞」
　標準語の可能動詞として、書ケル（書く事が出来る）、飛ベル、行ケル、居レルがあるが、石見に於ては、これを可能動詞としては用いず（一部に可能として併用する所もあるが）専ら尊敬の動詞として用いる。〈中略〉
　　先生ガ字ヲ書ケル……先生が字をお書きになる。
　　先生ガオレル……この場合は先生がいらっしゃるの意である。
　その他「遊ベル、行ケル、取レル、死ネル、往ネル」等すべて尊敬の意味を持っている。

また、神鳥（1982: 130–131）にも同趣の記述がある。

このように現在方言として残っている地方があることは、この言い方が当時の口語において、ある程度広く行われていたことを示していると考えられる。

11　このように尊敬表現への傾斜が大きくなっている中でも、否定表現の中では可能の意味が保たれている。

　　・量モ字滅シソコネテ<u>ヨメヌ</u>ゾ　　　　　　　　　　（玉塵抄・巻4・39オ）
　　・此句モ含ノ字マメツシテ正字ヲシラヌホドニ<u>ヨメヌ</u>ゾ　　（同・巻7・2ウ）

このように否定表現の中で保持された可能の意味が、後に否定を伴わないでも可能を表現できるようになり、現在の可能動詞へ発展していったと考えられるが、この点に関しては、次章で詳しく述べる。

# 第 2 章　可能動詞の成立

## 1. 先行研究

　可能動詞の成立については、従来から諸説あるものの、未だ定説を見るに至っていない。これまでに出された可能動詞成立説は、大きく分けると次の3つになる。

（１）①「動詞未然形＋助動詞ル（レル）」起源説
　　　　　山田(1936)、湯沢(1936)、福田(1996)など
　　　②「動詞連用形＋補助動詞ウ（エル）」起源説
　　　　　渡辺(1969)、渋谷(1993a)など
　　　③　自動詞「知ルル」「切ルル」類推説
　　　　　坂梨(1969)など

　①の説は「読まる（読まれる）」→「読める」という語形変化を想定する考え方である。山田(1936)や湯沢(1936)以降は否定されることが多かったが、近年に入って福田(1996)によって再び主張されている。福田論文は論として十分に成熟したものであり、以下、①説について言及する際には、福田論文を以て代表する。②の説は「読み得る」→「読める」という語形変化を想定する考え方で、これもやはり近年に入り、渋谷(1993a・1993b)において強く主張され、注目を集めている。渡辺(1969)が現代語の立場からのみ論じられたのに対し、渋谷論文では、歴史的観点に加え、現在方言からの検討

もなされたもので、非常に周到な論であると言える。したがって、②説について以下言及する際には、渋谷(1993a)を以て代表することとする。このような近年の研究成果を承け、③説についても、坂梨(1969)を自ら補強する形で、坂梨(1994・1995)が相次いで発表された。近年の坂梨論文は、渋谷(1993a)に啓発されて生まれたもののようで、それに対する言及もしばしば見られる。ただし、論としての進展はさほど見られないため、③説については坂梨(1969)を取り上げることとしておく。

これらの成立説は、いずれも理論的には可能な形である。しかし、これらが十分な決定力を持ち得ないのは、それぞれ次のような問題を抱えているためであると考えられる。まず、①②説は、ともに語形変化を想定しなければならないところに大きな問題がある。特に①の場合、可能動詞の成立時期を考慮に入れると(成立時期については後に触れるが、ここでは通説に従い、室町期から江戸期にかけてとしておく)、「読まるる→読むる」あるいは「読まれる→読める」という変化を想定しなければならず、かなりの飛躍があると言わざるを得ない。これに比べると、②の「読みうる→読むる」あるいは「読みえる→読める」という変化は、いくらか許容度が高い。しかしそれでも、このような母音融合はあまり例がなく、またこの場合、補助動詞「得る」はすでに文語化していたのではないかという問題もある。いずれにしても、①②説の場合、既存の可能形式がなぜわざわざ語形変化する必要があったのか、という問題を克服できていないように思う。

その点、③説の場合、「知るる」「切るる」などの下二段自動詞は古くから存在しており、「読むる」もこれに類推して生まれたとすれば、無理な語形変化を想定する必要がなくなる。①②説においても、既存のこの下二段形が何らかの影響を与えたであろうことは考慮されており、いわば③説との折衷案とも言えるものとなっている。しかし、①②説においても指摘されるように、「自動詞」と「可能動詞」の両者が表す意味の差を説明しきれないという弱点がある。確かに自動詞には「切っても切れない」のような可能の意味もあるが、自動詞として作られたものが、なぜ後に可能専用を表すものへと変化したのか説明する必要があろう。また、同じ「可能」とは言っても、自

動詞のそれと可能動詞のそれとでは異なるのではないかといった問題も指摘されており、結局のところ③説の「類推」という用語で説かれるだけではやはり不十分であると考えられる。

　このような問題点をふまえた上で、ここでは新しい観点から可能動詞の成立について考察を試みる。すなわち、どのような動詞から可能動詞が生成され始めたのか、という観点である。これまで、可能動詞の伸長の様相が数値で示されることはあっても（神田1961、鶴岡1967など）、具体的にどのような動詞から生成されていったのかについて示されることはなかった。ここでは、具体的なデータをできるだけ詳しく示しながら、そのデータに基づいて論を展開していく。

## 2. 江戸期における用例

　「可能動詞とは五段（四段）活用動詞が下一段活用に転じて可能の意を表現するようになったもの（『話せる』『取れる』『書ける』）を言う」という記述が『国語学大辞典』（「可能表現」青木伶子）にある。「可能動詞」の定義をこの記述に見るとき、この定義にかないそうなものは古くは室町期から見られる。

（2）a. 上聲ニモ去聲ニモ成ト見ヘタゾ、此デハ今ハヨメヌゾ

（史記抄・巻14・76 オ）

　　b. 得ノ字ガナケレバ心得ラレヌ、ヨメヌゾ　　（蒙求抄・巻2・54 オ）

　　c. 漆―ヨメヌ字ゾ、シツシヨヨリトハヨミニクイゾ

（毛詩抄・巻10・27 ウ）

これらはいずれも、四段活用動詞「読む」が下二段活用「読むる」に転じて可能の意を表現するようになったものである。しかし、室町期のものは上のような可能の意を表すものだけではない（→第1章）。次の(3a)の例は湯沢(1929: 227)、(3b)の例は柳田(1974)において、それぞれ受身、尊敬の意を

表すものとされている。

(3) a. 秘セラル、ホドニ何タル事ヲ<u>カケタ</u>トモ不知ゾ

(史記抄・巻8・25ウ)

　　b. 銛ハ初ハ俗人ゾ、後ニ僧ニ<u>ナレタ</u>ゾ　（中興禅林風月集抄・18オ）

　このように広い意味用法を持つ室町期のものとの関係については後述することとして、ここでは可能専用になった江戸期の用例を観察することとする[1]。現在の使用状況から考えても、可能動詞の成立・発展の様相というのは、江戸期の用例を細かく追っていくことによってつかめるのではないかと考えられる。そこで、江戸期を前・中・後の3期に分け、順にその状況を見ていくこととする[2]。

　まずは、江戸前期（1720年頃まで）の資料における用例を、管見の限りにおいてすべて挙げることとする（文献の後に付した数字は成立年）。

(4) a. 先よりおの〰書てもらいけるハ一字も<u>よめず</u>〈中略〉御望の通、なが〰と大文字をかきて、よく<u>よめる</u>を仕べし〈中略〉<u>よめる</u>か法師達とのたまへバ、いやなにとも<u>よめず</u>といふ〈中略〉<u>よめる</u>か〰とおめき給へバ、一山の法師たち肝をつぶし、いやなにとも<u>よめず</u>といへバ〈中略〉なが〰と書て<u>よめ</u>やすきは是なりと宣ヘバ

（一休はなし1668・巻2）

　　b. 此中の御仕方、惣じて<u>よめぬ</u>事のみ　　（好色一代男1682・巻6）

　　c. 順慶町の辻行燈に立忍び、<u>よめぬ</u>事共ありける　　（同・巻7）

　　d. 酒論さま〰の肴つくして、これでも<u>呑めぬ</u>といふ時

（男色大鏡1687・巻7）

　　e. あわがぶつぶつとういた所はどうも<u>いへぬ</u>　（好色伝受1693・巻中）

　　f. 此何経やらよめといふてわたされて迷惑致す、一字も<u>よめる</u>ことではござらぬ　　　　　　　　　　　　　　　　（続狂言記1700・俄道心）

g. 風味どうもいへぬよい物じやがすこし気の毒は水くさいといふ

(軽口御前男 1703・巻 3)

h. そうたい今夜はそなたが顔うきうきせいで酒がのめ(呑)ぬ

(長町女腹切 1712・巻中)

i. 和藤内ちつとも臆せず、よめたり〳〵 　(国性爺合戦 1715・巻 2)

j. 治兵衛手を打ち、ハア、よめた〳〵 　(心中天の網島 1720・巻中)

k. 何〳〵すまふの〳〵、是は何じや。私もよめませぬ

(狂言記拾遺 1730・文相撲)

これらをジャンル別に整理してまとめたものが、次に掲げる【表1】である。

【表1】

|   | 浮世草子 | 噺本 | 浄瑠璃 | 歌舞伎 | 狂言 | 計 |
|---|---|---|---|---|---|---|
| 用例数 | 3 | 8 | 3 | 1 | 2 | 17 |
| 異なり語数 | 2 | 2 | 2 | 1 | 1 | 3 |

　この表を見る限り、江戸前期における可能動詞の用例は、決して多いとは言えない状況にある。そして、異なり語数がわずかに3しかないということは、注目に値すると言えよう。この時期には、「読める」「飲める」「云える」の3語しか、可能動詞の用例は見あたらないのである。

　次に少し時代を下り、江戸中期(1730年〜1800年頃)の資料における用例を見てみることとする。以下に(5)として具体例の一部を挙げ、それらを【表1】同様、ジャンル毎に整理したものを【表2】として下に掲げる[3]。

(5) a. コリャ咄せるぞ、面白い　　　　(歌枕棣棠花合戦 1746・巻3)

　　 b. 扨此肴では呑メぬ〳〵　　　　　(仮名手本忠臣蔵 1748・第7)

　　 c. ナンシヤ是は九重のまもり見るやうな文字ばかり、どふもよめん

(聖遊郭 1757)

d. しかし、其やうな事で酒は<u>のめる</u>物ではない

(遊子方言 1770・宵の程)

e. これはいかい事。客ひとりに、むこ八人じゃ。賑でどふも<u>いへぬ</u>

(同・宵の程)

f. 庭におり、留りに咲た一輪をちぎり、手のひらへのせて見る風情、どふも<u>いへず</u>　　　　　(鹿の子餅 1772・蓊)

g. 唐様とやら唐流とやら書ける人は、達者そうな手なれど、ひとつぱも<u>よめませぬ</u>　　　　　(同・文盲)

h. しごとしのおふくろ大病なれば、友だち見廻に来て、どふだの、おふくろ、めしでも<u>くへ</u>ますか　　(聞上手 1773・御迎)

i. この此古道具屋で、雅な柱かくしをかつて来たが、何か<u>よめぬ</u>字がかいてある　　　　(鯛の味噌津 1779・柱かくし)

j. なんぞ<u>くへる</u>物がごぜんすかね　　(道中粋語録 1779)

k. したが、どんなにさわひだとつて、そふゆふ幕が<u>書ける</u>ものだ

(卯地臭意 1783)

l. さあ〳〵見さしめ。何と<u>よむる</u>か。中〳〵、是程の事は<u>よめます</u>る。何じや、<u>よむる</u>。中〳〵　(虎寛本狂言 1792・包丁聟)[4]

m. 十三、十四、十五、十六、此四年ははなせねへから

(傾城買二筋道 1798・夏の床)

n. <u>のめる</u>くらいなら、あこぎはしねへが、こんやはさけの匂いをかぐもいやだからさ　　　　(同・冬の床)

o. 何不足が有てこんな処へ来て娼妓を招といふ事はどふした、物好じやねつから<u>よめぬ</u>　　(南遊記 1800・巻 4)

【表2】

| | 狂言 | 浄瑠璃 | 噺本 | 洒落本 | 計 |
|---|---|---|---|---|---|
| 用例数 | 3 | 3 | 7 | 8 | 21 |
| 異なり語数 | 1 | 2 | 3 | 5 | 7 |

【表2】からは、【表1】とほぼ同じ状況であることが見てとれる。異なり語数はやや増えているものの、用例数自体は増加する傾向はあまり見られない。そして、前期の用例のすべてを占める「読める」「飲める」「云える」は、ここでも用例の大半を占めているのである。
　このようにして、江戸前期から中期の資料における可能動詞の用例を見ていったところ、用例数はあまり多くないということが分かった。これは異なり語数が非常に少なく、一部の限られた語（「読む」「飲む」「云う」など）からしか可能動詞が生成されなかったためであると考えられる。つまり、江戸前期から中期においては、あらゆる四段動詞から可能動詞は生成することができず、ある条件の下に、その条件を満たした動詞からしか生成されなかったのではないかと予想される。

　さらに時代が下り、江戸後期（1800年頃～）になると状況は一変してくる。ここでは『浮世床』（1813）と『花暦八笑人』（1820–1834）を例とし、『浮世床』の用例の一部を(6)、同様に『花暦八笑人』の用例を(7)として挙げることとする。そして、用例数と異なり語数をまとめたものを【表3】として次に掲げることとする。

(6) a. ナンノついぞ江戸の駕篭に乗なすつた事はあるめへ。道中かごにも乗れねへ筈だ　　　　　　　　　　　　　　　（浮世床・初中）
　　 b. てめへ、足を出したつて口がきけめへ　　　　　　　（初下）
　　 c. べらぼうめ。首があるけるものか　　　　　　　　　（初下）
　　 d. ヲイ〰︎愛の内できけ（聴）らア。きけるト。そいつア奇妙だ
　　　　　　　　　　　　　　　　　　　　　　　　　　　　（初下）
　　 e. どういふ気だらう。金銭を出せば好次第の女が買へるのに　（2下）
　　 f. 銭右衛門さんも隅には置けねへぜ　　　　　　　　　（2下）
　　 g. 此上に飲んぢやア身はもて（持）ねへ　　　　　　　（2下）
(7) a. これ親にゆづられた家業でさへ、なまけ廻ってくへねへ者が、壱文貫で親や女房がくはせられるものか　　　　（八笑人・初2）

b. 丸で所作を久しくやらねえから、ちつとも<u>動け</u>ねえのではねえか
 (2上)
c. こりやアいゝ〳〵。第一ひとりでは、荒が<u>かくせ</u>ねえ (2上)
d. そばからあんな事をいふから、猶々<u>ゆるせ</u>ねえぞ (2下)
e. 今日はおれも可成に<u>弾け</u>さうだけれど、二挺だと猶いゝ (2下)
f. うぬ一人<u>遊げる</u>とつて、人の心もしらずに、こんな趣向をつけるといふがあるものか (3下)
g. 大まい五じつ金と申すものを、住所も知らぬ住来の人に<u>貸せ</u>ぬはしれた事さネ (4下)
h. サア提灯を取上られては、一ト足も<u>あるけ</u>ねえ〳〵 (4追上)

【表3】

|  | 浮世床 | 八笑人 | 計 |
|---|---|---|---|
| 用例数 | 28 | 26 | 54 |
| 異なり語数 | 11 | 18 | 22 |

　【表3】を見てみると、作品数を2つに限ったにも関わらず、【表1】【表2】よりもかなり用例数が増えてきていることが分かる。そして異なり語数であるが、前期3、中期7であったのに対し、ここでは22にものぼっている。これは、前期・中期では限られた語からしか可能動詞は生成することができなかったのが、後期になるとかなり自由に生成されるようになったことを示していると考えられる。そして用例数が増えたのは、この異なり語数の増加によるものと考えられる。

## 3. 派生の条件

　前節において、可能動詞が現れ始めた江戸期を、前・中・後の3期に分けて観察したところ、前・中期と後期との間に違いが見られることが分かった。それは特に異なり語数において顕著であり、可能動詞が生成される際

に、元の四段動詞に何らかの条件があったのではないかとの見通しが得られた。そこで、ここでは具体的にどのような動詞から可能動詞が生成されたのかを見てみることとする。

先に掲げた【表1】から【表3】に基づき、用例として現れたすべての動詞を整理してみると、次ページの表のような結果が得られた。江戸前・中・後の3期に分け、これに用例数を加えて示したものが【表4】である。表中の動詞は、元の四段の形で示してある。

【表4】

| | | 前期 | 中期 | 後期 | 計 |
|---|---|---|---|---|---|
| I | 読む | 13 | 8 | 9 | 30 |
| | 云う | 2 | 4 | 6 | 12 |
| | 飲む | 2 | 4 | 2 | 8 |
| | 食う | | 2 | 6 | 8 |
| | 書く | | 1 | | 1 |
| | 話す | | 1 | | 1 |
| | 買う | | | 4 | 4 |
| | 置く | | | 3 | 3 |
| | 持つ | | | 2 | 2 |
| | 負う | | | 2 | 2 |
| | 弾く | | | 2 | 2 |
| | 許す | | | 1 | 1 |
| | 貸す | | | 1 | 1 |
| II | 離す | | 1 | 1 | 2 |
| | 聞く | | | 3 | 3 |
| | 伸す | | | 1 | 1 |
| | 隠す | | | 1 | 1 |
| | 利く | | | 1 | 1 |
| III | 歩く | | | 3 | 3 |
| | 泳ぐ | | | 1 | 1 |
| | 死ぬ | | | 1 | 1 |
| IV | 動く | | | 2 | 2 |
| | 廻る | | | 1 | 1 |
| | 乗る | | | 1 | 1 |

I……対応する自動詞を持たない他動詞
II……対応する自動詞を持つ他動詞
III……対応する他動詞を持たない自動詞
IV……対応する他動詞を持つ自動詞

【表4】のように、元の四段動詞を4つのグループに分類することによって、どのような語から可能動詞が生成されていったのかがよく分かる。まず江戸前期、つまり可能動詞が生成され始めた当初は、用例のすべてがⅠに属する語であることが見てとれる。そして、これは中期においてもほぼ同様であって、1語1例を除いてすべてがⅠに属する語である。すなわち、可能動詞はまず「対応する自動詞を持たない他動詞」から生成され始めたと考えられる。江戸後期になると、可能動詞は徐々に生産性を持つようになるが、これはⅡ・Ⅲ・Ⅳに属する語からも生成されるようになったためであると考えられる。それでも、後期においてもやはりⅠに属する語から生成される用例が断然多いのであって、可能動詞がⅠに属する語から生成され始めたことを示していると考えられる。

　以下に【表4】を用例数だけまとめて取り出したものを、【表5】として掲げておく。

【表5】

|  | 前期 | 中期 | 後期 | 計 |
|---|---|---|---|---|
| 無対他動詞（Ⅰ） | 11 | 31 | 38 | 80 |
| 有対他動詞（Ⅱ） | 0 | 2 | 7 | 9 |
| 無対自動詞（Ⅲ） | 0 | 0 | 5 | 5 |
| 有対自動詞（Ⅳ） | 0 | 0 | 4 | 4 |

　以上のように、可能動詞は、四段動詞の中でも「対応する自動詞を持たない他動詞」から生成され始めた、ということが分かった。やはり、可能動詞が生成される段階において、元の四段動詞にこのような条件があったのである。

## 4. 可能動詞の成立

　さて、これまでは江戸期の様相について見てきたのだが、室町期の「読むる」などの下二段動詞とはどのような関係にあるのだろうか。「読むる」の

ように、四段動詞から派生する下二段動詞が室町期に見られることは先述のとおりである。この派生現象が、具体的にどのような動詞に起こったかについては第1章でも見た通りであるが、ここでもう一度、【表6】として掲げておくこととする。

【表6】

|  | 異なり語数 | 用例数 |
|---|---|---|
| 無対他動詞（Ⅰ） | 19 | 449 |
| 有対他動詞（Ⅱ） | 1 | 1 |
| 無対自動詞（Ⅲ） | 2 | 2 |
| 有対自動詞（Ⅳ） | 4 | 6 |

この表から、江戸期に可能動詞が生成される場合と等しい条件の下に派生していることが見てとれる。すなわち、室町期においても「対応する自動詞を持たない他動詞」に最もこの派生現象が起こりやすかったのである。

この派生現象については、中世室町期における「四段動詞の下二段派生」と名づけ、第1章にて考察を試みた。そこでは、この派生現象は、四段他動詞対下二段自動詞の自他対応関係を基に、対応する自動詞を持たない四段他動詞が、自他のシステムの空き間を利用する形で、「自動詞的」な下二段動詞を作り出す文法現象であることを述べた。

可能動詞が生成される際の「対応する自動詞を持たない他動詞」という条件は、室町期の「四段動詞の下二段派生」の場合とほぼ一致する。そうすると、可能動詞は、この「四段動詞の下二段派生」によって生成されたのではないか、との見通しが成り立つ。しかしながら、この点については今一度慎重に考える必要がありそうである。派生の条件が等しいとはいうものの、室町期における派生は可能の意味のみを表すわけではなかったからである。

第1章で述べたように、室町期における「四段動詞の下二段派生」の意味・用法は、前期抄物と後期抄物の間で相違が見られる。前期抄物においては、次の(8)のように、可能・受身・尊敬と文脈に応じて色々な意味にとれるものが存した。これに対し、後期抄物においては、(9)のように尊敬すべき人

物が動作主となっており、ほとんどのものが尊敬用法として解釈できるのである。

(8) a. 此マデハ韻ガ三句ニフメタゾ　　　　　（史記抄・巻4・35オ）
　　 b. 叢林ニハワイトヨムルガ、コチニハクワイトヨムゾ
　　　　　　　　　　　　　　　　　　　　　　（蒙求抄・巻5・33オ）
　　 c. 夫ハ我ヲ戒メ女ハ我ガ禁メタトヨメテ候カ（毛詩抄・巻4・29ウ）
(9) a. 後漢ノ事ナラバ光武ノイエタ事ゾ　　　（玉塵抄・巻1・7ウ）
　　 b. 長楽ハ漢ノ高祖ノツクレタダイリノ中ノ宮ナリ（同・巻5・14ウ）
　　 c. 普広院ノ桃蹊翁ハ十笏トヨメタゾ　　（詩学大成抄・巻10・18ウ）

　それでは、このような意味・用法において、可能の意味を表すと考えられる用例はどのようなものであろうか。先に挙げた用例をもう一度ここで挙げておく。

(10) a. 上聲ニモ去聲ニモ成ト見ヘタゾ、此デハ今ハヨメヌゾ（(1a)の再掲）
　　 b. 得ノ字ガナケレバ心得ラレヌ、ヨメヌゾ　　　（(1b)の再掲）
　　 c. 漆—ヨメヌ字ゾ、シツシヨヨリトハヨミニクイゾ　（(1c)の再掲）

　さらに、『史記抄』の例をもう少し付け加えておこう。

(11) a. 乃請曰丞相御史言上ノ日字ガヨメヌゾ、由字デバシアル歟ゾ、サナ
　　　　ウテハチツトモヨメヌゾ　　　　　　　（史記抄・巻15・5オ）
　　 b. 中デアラウズガ此デ中トハヨメヌゾ　　　（同・巻15・31オ）

　これらの用例において注目されるのは、可能の用法がいずれも否定文中において現れるという点である。可能の意味が否定表現の中から見られるようになることは、助動詞「(ラ)ル」の問題も含め、これまでもたびたび指摘されていることであるが（渋谷1993a など）、山田潔（1995）においては、この

「読むる」などの下二段動詞の可能の用法も、やはり否定文中において発生したのではないかと述べられている[5]。

このような可能の用法は、ほぼ尊敬専用といえる『玉塵抄』においてもわずかではあるが見られる。用例の大多数を占める尊敬用法に凌駕されることなく、可能の用法は保持されたのであるが、これもやはり否定文の中においてなのである。

(12) a. 語而浮赤人大宅モヨメヌゾ　　　　　　　（玉塵抄・巻2・3ウ）
　　 b. 量モ字滅シソコネテヨメヌゾ　　　　　　（巻4・39オ）
　　 c. 二字ミエヌゾ、ヨメヌゾ　　　　　　　　（巻5・12ウ）
　　 d. 先輩ノ義ヲキカイデハ自己ニハヨメマイゾ（巻5・58オ）
　　 e. 此句モ含ノ字マメツシテ正字ヲシラヌホドニヨメヌゾ（巻7・2ウ）

山田潔(1995)において可能の用例として挙げられている2例も、やはり否定の形である。

(13) a. 高祖ニ酒ヲシイタニハサウハエノメヌト云タゾ
　　　　　　　　　　　　　　　　　　　（玉塵抄・巻21・71ウ）
　　 b. 晋カラ討テ囚ヲトラエテ晋ニヲイタゾ、別シタ功ヲナセヌゾ
　　　　　　　　　　　　　　　　　　　（同・巻29・52オ）

このように、否定表現の中で保持された可能の用法が、後に否定を伴わない形でも可能表現として機能することができるようになったのではないかと考えられる[6]。

「四段動詞の下二段派生」によって、「読むる」などの下二段動詞は、ある種の「自動詞的」な意味を表す動詞として作り出された。すなわち、その本質は「agent defocusing」であり、文脈に応じて可能・受身・尊敬の意を表し得た。このうちの可能の用法は、否定文中において発生したものと考えられるが、この可能の用法は、否定文中においては、その他の用法と紛れること

なく保たれていた。後の時代に入り、この可能の用法のみを担うものとして確立していったのが「可能動詞」であると考えられる[7]。可能動詞を作り出した「四段動詞の下二段派生」は、その初期段階においては可能・受身・尊敬などを表すものであり、後にその用法を可能専用へと狭めたものと考えられるのである[8]。

## 5. おわりに

　現在可能動詞は、五段動詞からだけでなく、一段動詞やカ変動詞からも生成されるようになっている。この「食べれる」「来れる」などの形は、従来「ら抜き言葉」などと言われ、「られる」の「ら」が脱落したものと説かれることもあった。しかしこれらは、五段動詞から生成される可能動詞への類推によってできた語であると考えられる[9]。したがって、派生を起こす元の動詞の条件に注目すると、可能動詞の生成には次の3段階があったことになる。

(14) 　第1段階：対応する自動詞を持たない四段他動詞から生成される段階
　　　第2段階：その他の四段動詞から生成される段階
　　　第3段階：四段動詞以外の一段動詞・カ変動詞から生成される段階

このような3段階を考えると、第1節の先行研究で触れた、①の助動詞ル（レル）起源説、および②の補助動詞ウ（エル）起源説は否定されることとなる。これらはあらゆる語に付くことができたと考えられるので、可能動詞が一段動詞よりも四段動詞から、四段動詞の中でも「対応する自動詞を持たない他動詞」から先に生成されたことの説明ができない。

　この可能動詞が文法現象として確立するのは意外に遅く、江戸中期から後期にかけて、およそ1800年頃かと考えられる。文法現象としての確立とは、語の持つ個別性を超えて、あらゆる四段動詞が下二段へと活用を変えると可能の意味を表すことができる、という状態のことを指す。江戸初期における可能動詞は、「読む」「飲む」などの一部の「対応する自動詞を持たない他動

詞」からしか生成されなかった。このような特定の条件を満たした動詞以外からも可能動詞が生成されるようになって、はじめて文法現象といえるのであって、これは【表5】が示すように、1800年頃のことと考えられる。

　江戸期の資料について、今回は江戸語資料と上方語資料とを分けることはしなかった。特に江戸後期の資料として扱ったものは、いずれも江戸語資料である。これは江戸後期の中央語として江戸語資料を用いたのであるが、今後は現在方言も考慮に入れ、江戸語資料と上方語資料とを慎重に扱う必要があるように思う。今後の課題としておきたい。

注
1　ただし、尊敬を表す「死ねた」が江戸期にもあることが指摘されているが（土井・森田1955: 114）、方言を除いてはこれ1語に限ったことであり、語彙的な現象とみなしてよいであろうと思う。
　　・蘇韶と云へる人病にあたりて死ねたり　　　　　　　（可笑記・巻4）
2　鶴岡(1967)および渋谷(1986)に従い、評価を表す「イケル」は可能動詞としての用例からは除外した。これは次のようなものである。
　　・どふもいけねエ客だ　　　　　　　　　　　　　　　（辰巳之園）
　　・かゝしがどうもいけるやつぢやアねへ　　　　　　（浮世床・初下）
3　(5a)の『歌枕棟棠花合戦』の用例は、『日本国語大辞典』（小学館）より引用した。
4　『虎寛本狂言』の同箇所に「讀る」という表記があり、これも「よむる」であろうが、確例ではないので用例からは除いた。
5　肯定文中で可能を表している例もいくらかは存する。
　　・此デ上ノ句モヨメタゾ　　　　　　　　　　　（史記抄・巻7・25オ）
　　・文字ハ読ハヨムレドモ、義理ニ不知事ガ多ゾ　（百丈清規抄・巻1・1オ）
　これらも含め、室町期から江戸初期にかけての可能の意味領域は、「自発」に近い点で自動詞のそれに近い、との説明が渋谷(1993a)にある。この記述も、その派生のあり方を考えると、頷けるものであると言えよう。
6　福田(1996)では、打ち消しを伴う用法（すなわち不可能を表す）が、近世を通じて見られる可能動詞の特徴であるとされる。そしてこの特徴から、直接的なつな

がりを持つものとして、助動詞「(ラ)ルル」が想定されている。しかし、可能を表す形式のうち、打ち消しを伴う用法が多いのはこの2形式に限ったことではなく、本文中でも述べたように、可能表現形式一般において認められるものである。

7　室町期の「読むる」は「自動詞」として散発的に作られたもので、江戸中期以降に生産的となる「可能動詞」とは直接結びつかないと見る説もある。確かに本文中で挙げた室町期の可能の例は「読むる」の場合がほとんどであるが、これは用例数の多さに比例したものである。「読むる」は「自動詞」ではなく、「自動詞的」なものとして「四段動詞の下二段派生」によって作られたものであって、次に示すように、尊敬を表す用法も当然存する(→第1章)。
　　・先達ノヨメタハカウゾ、サレドモ注ガナイ程ニ　　　(毛詩抄・巻12・28 オ)
　　・公家ガタ綏トスンデヒイテヨメウゾ　　　　　　　(玉塵抄・巻1・11 オ)
　　・迦維ト真乗ハヨメタゾ、ツネハ維ハ経ニハユイトヨムズ　(同・巻9・57 ウ)
また、「ひらく(開)―ひらくる」「とる(取)―とるる」のように、すでに自他対応語として下二段動詞を持っている四段他動詞からも、次のような派生形が作られている。
　　・湯王ノヒラケタ昔ノミヤコエ帰ラレテ殷ヲ再興シテメデタカツタゾ
　　　　　　　　　　　　　　　　　　　　　　　　　(玉塵抄・巻34・51 オ)
　　・金ハ太子ノトレヌゾ、園トマワリ森ヲバ太子ノ仏ニマラセラレタゾ
　　　　　　　　　　　　　　　　　　　　　　　　　(同・巻29・38 ウ)
つまり、ここに同形の別語が存することになる(ただし、意味的に両者は非常に近い)。これは後に、同形の下一段自動詞と可能動詞が共存することと全く同じ現象である。したがって、福田(1996)で「同形の可能動詞と下一段自動詞とは、本来互いに別語であって、同一語の意味が分化したものではない」と述べられる立場とは等しいと言える。

8　このように言うとき、前代に多用された尊敬用法は失われたことになるのだが、これはこの時代に存したその他の多様な尊敬表現形式に圧され、成長できなかったということなのだろう。成立当初よりその敬意は高くなく、使用されるうちに敬意が下がり、敬語としての機能を失っていったとも考えられるが、助動詞「(ラ)ルル」などの勢力に圧され、待遇表現体系の中に根付くことができなかったというのが実情であろう。

9　最近では、ほとんどがこの立場に立つ。宮地(1952)、中村(1953)をはじめとして、田中(1983)、渋谷(1993a)など多くのものが見られる。このうち、田中論文や渋谷論文では、特にラ行五段動詞から派生したものをモデルとした、との見解を示しているが、そのように考える必要はないのではないかと思う。ラ行動詞から派生する可能動詞の使用頻度が高くなったのに引き続いて、一段動詞から可能動詞

が派生しているかのように見えるのは、ラ行動詞に自動詞が多いためではないかと考えられる。
　この語形については、「新可能動詞」などの他、渋谷(1993a)では「B型可能動詞」、中込(1988)・佐々木(1993)などでは「一段系可能動詞」と呼ばれ、五段動詞から作られる可能動詞と区別されている。

# 第3章　四段対下二段の対応関係

## 1. 自他対応形式の成立

　四段活用と下二段活用は、川端 (1997) で「共存の形式」と述べられるように、ある種の対応関係にあると考えてよいだろう。これは、「四段・下二段両様の活用をもっている動詞は、全下二段動詞の三分の一弱に及ぶという事実」もそのことを示しているし、そして何より、次に掲げるように、四段・下二段の対応が自動詞・他動詞の対応を表していることは、上に述べたことを最も顕著に示していると言えるだろう。

（1）a. 高き嶺に雲の付くのす我さへに君に<u>つき</u>なな〔伎美尓都吉奈那〕高嶺と思ひて　　　　　　　　　　　　　　　　（万葉集・巻14・3514）
　　 b. うつせみの常なき見れば世の中に心<u>付け</u>ずて〔情都氣受弖〕思ふ日ぞ多き　　　　　　　　　　　　　　　　　　（同・巻19・4162）
（2）a. 臣の子の八重の紐解く一重だにいまだ<u>解か</u>ねば〔伊麻拕藤柯泥波〕皇子の紐解く　　　　　　　　　　　　（日本書紀・天智10年2月）
　　 b. 万代に心は<u>解け</u>て〔許己呂波刀氣氐〕我がせこがつみし手見つつ忍びかねつも　　　　　　　　　　　　　　　　（万葉集・巻17・3940）

　(1)は四段活用が自動詞で下二段活用が他動詞である場合、(2)はその逆で、四段が他動詞、下二段が自動詞となる場合である。
　このような自他の対応に関わる場合については、これまでにもかなりの研

究の蓄積がある。ルやスといった語尾の違いによる対応のタイプ(「残る―残す」「散る―散らす」「休む―休まる」)とともに、この活用の違いによる対応のタイプも、確固たるものとして重要な一角を占めているというのは衆目の一致するところである。例えば釘貫(1996: 235-335)では、動詞の自他の対応タイプが大きく3つに類型化され、その中で、今問題にしているタイプは「第Ⅰ群形式」と位置づけられている(→第1章)。

(3) 第Ⅰ群形式(活用の種類の違いによる自他対応)
 　　しる(知)四自―しる下二他 ／うく(浮)四自―うく下二他
 　　きる(切)下二自―きる四他 ／やく(焼)下二自―やく四他
 第Ⅱ群形式(語尾の違いによる自他対応)
 　　なる(成)自―なす他 ／よる(寄)自―よす他
 　　うつる(移)自―うつす他 ／かくる(隠)自―かくす他
 第Ⅲ群形式(語幹増加と語尾付接による自他派生)
 　　ある(荒)自―あらす他 ／かる(枯)自―からす他
 　　まぐ(曲)他―まがる自 ／わく(別)他―わかる自

上の(3)は古代語についてまとめられたものであるが、この枠組みそのものは現代語においても大凡あてはまる。ここでは、奥津(1967)の分類を掲げておこう。

(4) Ⅰ 「他動化」(Transitivization)…自動詞から他動詞への転化
 　　乾ク→乾カス／落チル→落トス
 Ⅱ 「自動化」(Intransitivization)…他動詞から自動詞への転化
 　　マゲル→マガル／ハサム→ハサマル
 Ⅲ 「両極化」(Porarization)…或る共通要素から自動詞および他動詞への転化
 　　帰ル―帰ス／アク―アケル／取レル―取ル

(4)では、「転化」という要素が注目されるため、四段対下二段(現代語では五段対下一段)の対応形式は、ル・スによる対応形式の一部と同じグループ(Ⅲ)に属することとなるが、この形式が確固たる位置を占めていることは確認することができよう。

　さて、ここであらためて注目されるのは、四段と下二段の「関係」である。確かに自他の対応を表す両者の関係は、まさに「対応」であり、「共存」している。そのこと自体は疑いのない事実であるが、「乾く―乾かす」「挟む―挟まる」のような場合、一方から一方が「派生」したという関係が認められている(「乾く→乾かす」「挟む→挟まる」)のに対し、四段と下二段の関係については、このような形での記述がなされていない。釘貫論文では、第Ⅲ群は「派生」であるが第Ⅰ群は「対応」であるとして区別され、奥津論文でも「他動化」「自動化」に対して「両極化」であるとして、一線が画されているのである。

　しかし、実のところ、釘貫論文や奥津論文でこれらが「対応」あるいは「両極化」と記述されたのには、積極的な根拠が存するわけではなさそうである。四段対下二段という形で自他の対応を表す場合、どちらが自動詞でどちらが他動詞であるかは、例(1)(2)でも見たように定まってはいない。「ル：自動詞」「ス：他動詞」という明確な表示を行うタイプとは、この点で大きく異なる。そこで、「自動化・他動化どちらか一方のみをとるわけにはいかない」(奥津)からといった消極的な理由により、「両極化」と記述せざるをえないというレベルにあるものと思われる。

　このような見方に対し、「四段→下二段」という派生の方向を想定する記述も行われている。例えば細江(1928)では、「太古に於ては恐らく四段言の一種であつた」、そして「四段言に次で発達したものは二段言で」あったと、活用体系全体へと通じる議論の中で述べられている。また、望月(1944)や山口(1985)、西尾(1988)などでも、「四段→下二段」という派生の方向が示されている。しかしながら、これらの論において、そのような想定を裏付ける十分な説明がなされていないという事実も、やはり認めなければならないように思う。

さらに、木下 (1972) などに示される、自他の表示に直接与らない形で、四段と下二段で意味の異なりを表す一群の語彙の存在を考慮に入れるとき、四段対下二段の関係について、「めったに時代の推移に説明を委ねてしまうことはできない」(木下 1972: 188) ようにも思えてくる。これは例えば、以下のようなものである。

(5) a. うちなびく春の柳と我がやどの梅の花とをいかにかわかむ〔伊可尓可和可武〕 　　　　　　　　　　　　　　　　　　　　　　　(万葉集・巻5・826)
　　 b. をみなへし秋萩しのぎさ雄鹿の露分け鳴かむ〔都由和氣奈加牟〕高円の野ぞ 　　　　　　　　　　　　　　　　　　　　(同・巻20・4297)

「別く」が四段に活用するときは「区別する」「分別する」という精神的作用を表し、下二段に活用するときは「掻き別ける」「押し別ける」という動作を表している、と木下論文では説かれている。そしてこのような例は、他にも「寄す」「放く」「隠る」「忘る」など数語が存するが、それぞれ語毎に異なる様相を呈しており、必ずしも一般化されるものではないことが述べられている[1]。

しかしながら、このような語彙レベルの関係については後述するとして、自他対応に関するもののみを対象とするならば、やはりこれは、「四段→下二段」という派生の方向を認めるべきなのではないかと考えられる。まず、現代語についての記述ではあるが、影山 (1996: 178–205) では次のような「派生」関係として捉えられている。

(6) a. 他動詞 + -e- → 自動詞〈反使役化〉
　　　　　割る／割れる、抜く／抜ける、砕く／砕ける、折る／折れる、……
　　 b. 自動詞 + -e- → 他動詞〈使役化〉
　　　　　建つ／建てる、進む／進める、並ぶ／並べる、整う／整える、……

このように、「-e-」という派生接辞が認められており、それぞれ「自動詞

化」「他動詞化」をつかさどるものとして記述されている。

　(6)は一見すると、現代語についてのみ適応可能な記述ともとれる。すなわち、現代語では、終止形の音節数が五段よりも下一段の方が多く、したがってその有標性を示していそうであるが、古代語ではそうではないことがその理由の一つである。また、現代語の「割る―割れる」を例にとると、五段は子音語幹であるとして「war-」、下一段は母音語幹であるとして「ware-」と表記するならば、やはり「e」の分だけ有標であるように見える。一方、古代語における四段と下二段の原初的な対応のあり方は、川端(1997)にも述べられるように、連用形にあたる「i甲」と「e乙」の相関であったと考えられ、そのように見ることができるならば、下二段活用における形態上の有標性は見出しがたいとも考えられるのである[2]。

　しかしながら、影山の記述で重要なのは、単に接辞の形態を記述するのみではなく、それと意味の関係を考察している点である。例えば「切る―切れる」のような場合、次の例文のように、自動詞「切れる」は「難なく」と共起するという。

(7)　ナイフでロープを切った。すると、ロープが難なく切れた。

これは、「切れる」という事態が、「切る」という他動詞の存在を前提としていることを示している。つまり、(7)のテストにより、「切る―切れる」の対応では他動詞「切る」が意味的に無標であることになる。

　同趣のことは、屋名池(2000)でも次のように述べられている。

(8)　ア　[自動：下二段／他動：四段]
　　　イ　[自動：四段／他動：下二段]
　　　アのパターンを取る動詞の組では、他動詞が《一体のものを損傷する》(「切る」「焼く」など)意味に偏っており、そもそもものというのは外力を受けない限り分割などの損傷を受けないものだとするなら、《損傷を受ける》ことをあらわす自動詞(「切れる」「焼ける」)は、外力

の作用をあらわす他動詞の存在を前提としており、後者の方が意味的に無標だといわざるをえない。
　一方、イの場合は自動詞は《自然力による変化》(「浮く」など)《二者の関係が秩序ある方向へむかう変化》(「並ぶ」など)などをあらわし、他動詞は《そうした変化を促す／放置する》意味をあらわすから、こちらは自動詞の方が意味的に無標であると考えるべきであろう。

　以上のように、「四(五)段自—下二(一)段他」の場合も「四(五)段他—下二(一)段自」の場合も、いずれも四(五)段の方が意味的に無標であると考えられる。したがって、仮に形態上の有標性を認めないという立場からしても、意味の面から「四段→下二段」という派生の方向を認めることができるのではないかと考えられる。
　影山(1996)の議論でさらに注目すべきは、「自動詞化」「他動詞化」を引き起こす接辞間の意味の相違にまで踏み込んでいる点である。例えば「自動詞化」に係る接辞としては「-e-」の他に「-ar-」という形態(「植える／植わる」「集める／集まる」など)が認められるが、両者のはたらきは大幅に異なるという。すなわち、「-ar-」の場合、動作主の存在を前提とし、その動作主を隠すという「脱使役化」が起こるのに対し、「-e-」の場合は、変化対象と使役主を同定する「反使役化」が起こるとされる。例えば「木が植わる」は、誰かが「木を植える」という行為を前提としているため、山に自然に生えている木について「植わっている」とは言いにくい。一方、「破れる」のような動詞は、逆に動作主を要求する動作を背景とした場合には用いることができない。

(9) a. ポスターを破った　→　ポスターが破れた。
　　 b. オリンピック記録を破った　→　*オリンピック記録が破れた。

すなわち、動作主の動作を背景とした事態を表す「-ar-」自動詞に対し、

「-e-」自動詞は対象物自らの性質によって状態変化を表しうるものであるといえるだろう。

(10) a. -ar-：木が植わる。命が助かる。大金が儲かる。
　　 b. -e-：糸が切れる。野菜が煮える。ポスターが破れる。

　このことは、異なる自他対応形式間に、異なる意味が備わっていることを示している。つまり、動詞の表す意味によって、どの対応形式に属するかがおのずから定まっていることを示唆するのである。そしてこれは、動詞が自動詞であるか他動詞であるかということと、同じレベルにあるものと考えられる。ヤコブセン(1989)でも述べられるように、その動詞の表す意味が、実世界における原型的な状況としてどのように認識されているかによって、「自他」という属性はおのずから定まってくると考えられるからである。
　以上のように見てくることによって、釘貫(1996)での自他対応形式に関する記述は、少し見直す必要があることとなろう。(3)をもう一度、下に掲げておく。

(3) 　第Ⅰ群形式(活用の種類の違いによる自他対応)
　　　　うく(浮)四自―うく下二他／きる(切)下二自―きる四他
　　　第Ⅱ群形式(語尾の違いによる自他対応)
　　　　なる(成)自―なす他／うつる(移)自―うつす他
　　　第Ⅲ群形式(語幹増加と語尾付接による自他派生)
　　　　かる(枯)自―からす他／まぐ(曲)他―まがる自

釘貫の第Ⅰ群形式が、「対応」ではなく「派生」とすべきであることはすでに見たとおりであるが、これらの3形式が「Ⅰ→Ⅱ→Ⅲ」の順序で成立したとする点も、別の見方を検討する必要があろう。上に述べたように、動詞の意味によって、その属する形式が定まっているとするならば、「異なった通時的段階において成立した」という点からのみ、この3形式の共存の理由を

説くのは、いささか不十分ではないかと考えられるからである。

　ただしⅡ群とⅢ群の関係については、釘貫論文で想定されるように、Ⅱ群を基にしてⅢ群の形式が発達したと考えてよいのではないかと思う。すなわち、「-ar／-or」「-as／-os／-us」といった接辞(以下、「-ar」「-as」で代表させる)として成立することによって、派生後の動詞の弁別性を保ち、なおかつあらゆる種類の語尾の動詞からの派生を可能にしたものと考えられる[3]。他動詞から自動詞を派生させる「自動詞化」、自動詞から他動詞を派生させる「他動詞化」は、これらの接辞の成立によって大きく整備されるに至ったといえよう。

## 2. 助動詞「る」「す」の成立

　前節では、自他対応に関わる場合の四段と下二段の対応については、下二段が意味的に有標であり派生形と考えられることを確認した。そうすると、「派生」という観点からみるなら、自他対応形式は、次の2通りの方法が認められることとなる。

(11) a. 「四段活用の下二段化」による派生
　　 b. 「r」「s」の付接による派生


　このように整理するとき、実は次のような問題点が存する。それは、接辞「-ar」「-as」という形式にあっても、そこに活用の違いが存するということである。すなわち、「ル」「ス」という語尾で「自動詞化」「他動詞化」が行われる場合にあっても、四段に活用するものと下二段に活用するものとが見られるのである。

　そこで、まずは、釘貫(1996)で「上代語文献で仮名書で確認されるもの及びそれに準ずるもの」という基準に沿って挙げられた語を、以下のように、四段に活用するものと下二段に活用するものとで分類してみた[4]。

(12) a. 四段に活用する「ス」
ほす(乾)、なす(寝)、あらす(荒)、からす(枯)、ならす(馴)、ちらす(散)、ふるす(古)、ぬらす(沾)、ぬらす(解)、くらす(暮)、てらす(照)、あかす(明)、わかす(沸)、つくす(尽)、すぐす(過)、おこす(起)、とばす(飛)、つかす(潰)、おほす(生)、かはす(替)、めぐらす(廻)、うらかす(楽)、くるほす(狂)、とよもす(響)、なびかす(靡)、なやます(悩)、にほはす(染)、ほろぼす(滅)、まとはす(惑)、ゆらかす(揺)

b. 下二段に活用する「ス」
あはす(逢)

(13) a. 四段に活用する「ル」
あがる(上)、まがる(曲)、さはる(障)、をはる(了)、こもる(籠)、よそる(寄)、かかる(懸)、さかる(放)、まかる(任)、かはる(替)、とまる(止)、やすまる(休)、くくもる(裹)、かがまる(勾)、かさなる(重)

b. 下二段に活用する「ル」
わかる(別)、うまる(生)、むすぼる(結)

　一見して分かるように、(12)(13)ともに、四段活用の例の方が圧倒的に多い。このことから、接辞「ル」「ス」は四段活用であることが基本なのではないかという予測が立てられる。もちろん、数の優劣で決定されるものではないであろうが、先に見た自他対応形式の場合を考え合わせると、「r」あるいは「s」という共通の語幹を有しながら四段と下二段とで対応しているのであるから、四段活用のものを基に下二段活用の接辞が派生したのではないかと考えられる。

　上に述べたことが証明されるには、四段のものに対して下二段の方が、意味の上で「派生的」であることが説明されなければならない。この点については、接辞「ス」の場合について、柳田(1993a: 658–673)に詳しく述べられるので、この記述に基づいて見ていくこととする。まず柳田論文では、四段

の「ス」がどのような動詞につくかが精査され、「散る」「落つ」「尽く」などの「無意志動詞」に限られることが指摘される。そしてここから、この「ス」は「他者の意志に関わりなく、一方的にある行為動作をそれに及ぼす」という、青木伶子（1977）で定義されるところの「他動詞」にあたることが述べられている。

一方、下二段の「ス」であるが、(12b) に掲げた「逢はす」以外にも、次のような語が存する。「逢はす」の例も含め、例文を以下に掲げることとする。

(14) a. をちこちに鳥踏み立て白塗の小鈴もゆらに<u>あはせ</u>遣り〔安波勢也理〕　　　　　　　　　　　　　　　　　　　　（万葉集・巻19・4154）
　　b. 二上の山に隠れるほととぎす今も鳴かぬか君に<u>聞かせ</u>む〔伎美尓伎可勢牟〕　　　　　　　　　　　　　　　　　（同・巻18・4067）
　　c. 常陸さし行かむ雁もが我が恋を記して付けて妹に<u>知らせ</u>む〔伊母尓志良世牟〕　　　　　　　　　　　　　　　　（同・巻20・4366）
　　d. 片思を馬にふつまに<u>負ほせ</u>持て〔於保世母天〕越辺に遣らば人かたはむかも　　　　　　　　　　　　　　　　　（同・巻18・4081）

このように、「聞かす」「知らす」「負ほす」といった語が見られる。ここで注目されるのが、下二段「ス」は「聞く」「知る」「負ふ」などの他動詞にも付接している点である。この時点で「他動詞化」を果たす四段の「ス」とは何らかの相違があることが確認されるが、柳田論文ではこの下二段の「ス」は「使役」のはたらきを果たすものとして、区別されることが主張された。すなわち、「ある者が他者に対して、他者自らの意志・或いは主体性をもって、又は他者に備わる能力・本性にもとづいて動作を行うようしむける」（青木伶子 1977）はたらきをしているものと説かれた[5]。

柳田論文の観察で重要なのは、四段の「ス」は無意志動詞に、下二段の「ス」は意志動詞にのみ付接する、と指摘される点である。「他動」と「使役」の区別は難解な問題であるが、ここに、「意志性」あるいは「コントロール」

といった概念を用いる説明が不可欠であることは、ほぼ間違いないように思う[6]。そういった意味で、下二段の「ス」が意志動詞にのみ付接するという点は注目され、使役文との近さを窺わせるものといえよう。

使役文との近さという点は、上の(14)の諸例が、いずれも「〜ヲ〜ニ……ス」という構文であることからも首肯される。これについては、夙に朝山(1942-1943)にもその旨の指摘があり、次に掲げる「見す」「着す」なども同様である。

(15) a. 山峡に咲ける桜をただ一目君に見せてば〔伎美尓弥西氏婆〕何をか思はむ　　　　　　　　　　　　　　　　（万葉集・巻17・3967）
　　 b. 別れにし妹が着せてし〔伊毛我伎世弖思〕なれ衣袖片しきてひとりかも寝む　　　　　　　　　　　　　　　　（同・巻15・3625）

「桜を君に見せ」「衣を我に着せ」という構文として解釈される。このような構文は、次に掲げるように、使役の助動詞「シム」が用いられた文とほぼ等しい。

(16) a. 布施置きて我は乞ひ祷むあざむかず直に率行きて天路知らしめ〔治思良之米〕　　　　　　　　　　　　　　（万葉集・巻5・906）
　　 b. 人よりは妹ぞも悪しき恋もなくあらましものを思はしめつつ〔於毛波之米都追〕　　　　　　　　　　　　　　（同・巻15・3737）

以上のことから、下二段に活用する接辞「ス」は、四段活用の接辞「ス」に対し、異なる意味を表すものとして作られたものと考えられる。すなわち、「他動詞化」をつかさどる四段の「ス」に対し、意志動詞に付接して「使役」に近い意味を表現するために、それに相応しく下二段という形態が求められたものと考えられる[7]。これは、ヴォイスに関わる異なりを表すために、四段から下二段を派生させた自他対応形式の場合と、ほぼ並行的に捉えることができるであろう。

そして、この後に成立した助動詞「す」が下二段活用であったという事実は、上の推定を裏付けるものとして重要であると考えられる。「使役」という、「他動」に対して「派生的」な意味であることを示すものとして、下二段という形態が、ここでも必然的に求められたのではないかと考えられるのである。

釘貫 (1996: 303) では、「「る」「す」の源泉を活用形式の如何にかかわらず、自他対応に関するル語尾、ス語尾に想定」するとされ、活用のあり方には言及されていない[8]。しかし、接辞から助動詞へ「発達」した際に、四段から下二段へと活用を変えた点は注目すべきであろうと思う。四段に活用する接辞「ス」を、有標形としての下二段活用へと変えることによってはじめて、「助動詞」として成立することができたものと考えられる。

上に述べたような「s」に関する記述は、「r」に対してもほぼあてはまるように思う。すなわち、「自動詞化」をつかさどる四段活用の接辞「ル」が基本にあり、それと意味の異なりを示す下二段の接辞「ル」が、派生形として存在したのではないかと考えられる。それらの例を以下に掲げておく。

(17) a. 我が中の生まれ出でたる〔産礼出有〕白玉の我が子古日は
 (万葉集・巻5・904)
 b. 一世には二度見えぬ父母を置きてや長く我が別れなむ〔阿我和加礼南〕 (同・巻5・891)
 c. ねもころに思ひ結ぼれ〔於母比牟須保礼〕嘆きつつ我が待つ君が事終はり帰り罷りて (同・巻18・4116)

そして助動詞「す」同様、「-ar」という接辞による派生と、下二段化という活用の転換による派生を、いわば組み合わせるような形で助動詞「る」は成立したものと考えてよいであろう。

(18) a. 勅旨戴き持ちて唐の遠き堺に遣はされ〔都加播佐礼〕

(万葉集・巻5・894)
b. 汝が母にこら<u>れ</u>吾は行く〔已良例安波由久〕あを雲の出で来我妹子
あひ見て行かむ　　　　　　　　　（同・巻14・3519）

　ところで、助動詞「る」は「ゆ」、助動詞「す」は「しむ」という、ほぼ同じ用法を持つ助動詞の存在が、上代において認められる[9]。これとの関係については、従来、おおよそ次のように言われている。

(19)　上代では「る」より「ゆ」の方が多く用いられるが、中古に入ると「る」が「ゆ」を圧倒していく。一方「す」の方は上代では未だ成立を見ず、「しむ」が使役化する唯一の助動詞としてはたらいていたが、中古に入ると「す」が「しむ」を駆逐していく。

しかし、シンメトリカルな体系をなしていたはずの「ル」と「ス」が、助動詞化に際し足並みが揃っていないかのような記述については、少し疑ってみる必要があるように思う。
　この点については、①上代文献の主たるものは『万葉集』などの和歌であること、②中古の散文では初期のものから大量の「す」が採集でき、「しむ」は漢文訓読文にしか見られないこと、などを考え合わせる必要があるように思う。すなわち、口語の世界にあっては、上代において助動詞「す」はすでに成立していたと考えた方がよいのではないだろうか。奈良時代にはすでに「る」が成立していたという事実は、「す」の成立を中古以前、少なくとも奈良時代までは遡らせる可能性があるのではないかと思う[10]。
　文献以前の段階で、それぞれの動詞が自動詞であるか他動詞であるか、そして「自動詞化」「他動詞化」は可能であるか(対応する自他動詞を持つことができるのか)、可能ならば活用の転換によるのか接辞によるのか、といったことは個々の動詞の意味に応じてすでに決まっていた。そして、接辞と活用の転換を組み合わせる形で、四段に活用する「r」「s」を下二段化することで意味の異なりを示す方法が生まれ、これがさらに助動詞として発達した

のが「る」「す」であったと考えられる。「自動詞化」「他動詞化」を果たすものとして機能した「四段活用の下二段化」は、「る」「す」の「助動詞化」に際してもまた、重要な役割を果たしたものと考えられる。

## 3. 語彙的派生と文法的派生

　さて、ここで先に少しく触れた、四段対下二段で意味の異なりを示す語彙群について述べておきたい。まず、上代のものについては、木下(1972)や釘貫(1996)などの検証を経て、「もつ(持)」「わく(別)」「さく(放)」「よす(寄)」「ふる(触)」「かくる(隠)」「はなる(放)」「みだる(乱)」「わする(忘)」といった語の存在が認められている。これらが語毎に異なる様相を示している事は先にも述べた通りであり、例を挙げての詳しい検討は省略する。しかしながら、これまで見てきたことを考え合わせると、四段活用がまず先にあって下二段活用が意味の異なりを示すために後から作られたという可能性は、やはり捨てがたいように思う。

　ここではその可能性の一端を示すものとして、「持つ」「頼む」「吹く」の3語について見ておきたい。まずは、これらの用例を下に掲げておく。

(20) a. 八田の一本菅は子持たず〔古母多受〕立ちか荒れなむ
　　　　　　　　　　　　　　　　　　　　　　　　　　　　（古事記・仁徳天皇）
　　 b. 片思を馬にふつまに負せ持て〔於保世母天〕越辺に遣らば人かたはむかも　　　　　　　　　　　　　　　　　　　　　　　((14d)の再掲)
(21) a. 悪しけくも良けくも見むと大船の思ひ頼むに〔於毛比多能無尓〕
　　　　　　　　　　　　　　　　　　　　　　　　　　　　（万葉集・巻5・904）
　　 b. 初めより長く言ひつつ頼めずは〔不令恃者〕かかる思ひにあはましものか　　　　　　　　　　　　　　　　　　　　　　（同・巻4・620）
(22) a. 海原に浮き寝せむ夜は沖つ風いたくな吹きそ〔伊多久奈布吉曽〕妹もあらなくに　　　　　　　　　　　　　　　　　　　（同・巻15・3592）
　　 b. 時に飄風忽ちに起りて御笠吹け落されぬ（日本書紀・仲哀9年3月）

(20)(21)の「持つ」「頼む」は、これまで説かれる通り、四段の場合が通常の他動詞であるのに対し、下二段では使役的な意味が付加されているものと見られる。構文的にも、「〜ヲ〜ニ」というニ格補語が現れる点など使役構文との近さも見てとれる。すなわち、これらの下二段動詞の例は、前節の(14)(15)で見た、下二段化した接辞「ス」を付接した「知らせ」「見せ」などの例と、非常に良く似ているといえる。下二段化することによって、四段に対して派生的な意味であることを示した「ス」と同様であると考えられるならば、この場合の「持つ」「頼む」も「四段→下二段」という派生の方向が想定されることとなろう。

そしてこのような派生は、中古以降、散発的とは言えいくつか見られる。四段他動詞を下二段化することによって使役的な意味を付加させた例として、「聞く」という語の例を、かなり時代は下がるがいくつか掲げておく[11]。

(23) a. 天子ニ物ヲ講ジテキケマイラセラル、人ナレバ

(四河入海・巻22ノ3・3ウ)

　　b. 伯禽ヲ魯ヘ封ズル時戒テ吐握ノ事ヲ語テキケラレタゾ

(古文真宝抄・巻10・19オ)

　　c. 是は思ひの外な事を仰出された、さあらば申てきけまらせふ

(虎明本狂言・さひの目)

この「聞く」の四段と下二段の意味の違いは、先と同様、構文の違いとして現れている。すなわち、「聞く」という動作を行うようしむけられる対象、すなわち、いわゆる使役対象がニ格として現れているのである。

しかしながら、次に掲げる「怪しむ」「塞ぐ」の例は、これらと少し異なっている。

(24) a. 当時御ちういんの最中にて候。折節出御あらんこと、人定めてあやしめ申すべし。いかゞあるべく候らむ　　　　(保元物語・巻上)

b. かゝる事候へども、真言はいかなるとがともあやしむる人候はず

(日蓮聖人遺文・4・金吾殿御返事)

c. シャント大きに怪しめて〔ayaximete〕イソポを召して、「汝はなぜに舌ばかりをば買うて来るぞ」と言はるれば

(エソポのハブラス・p.416)

(25) a. 伊豆国住人大見平次、返合テ佐ノ前ニフサゲタリ

(延慶本平家物語・巻2末・13)

b. イヤシイ貪タ者ガ位ヲフサゲテイタゾ　　(玉塵抄・巻8・17オ)

c. Fusague,uru,eta. フサゲ、グル、ゲタ（塞げ、ぐる、げた）場所を占拠する。

(邦訳日葡辞書・補遺編)

上の文には使役対象としてのニ格は現れておらず、通常の他動詞構文である。したがって、これらの下二段動詞は、「使役性」とは異なる、何らかの表現性を付加するために派生したのではないかと考えられる。

　まず「怪しむ」の下二段形であるが、四段の場合に比べて、対象へのはたらきかけが強いように感じられる。四段の「怪しむ」は疑いの気持ちを抱くという感情を表現するのに対し、下二段の場合、(24c)の例で顕著なように、さらに問いつめるようなニュアンスが含まれている。そのために、さらに時代を下がると、実際に対象を「叱る」といった場面で用いられるようになったものと考えられる。

(26)　さまざま養生する程に果敢どらずして、我と心腹たててすこしの事に人をあやしめければ、下々おそれて後は病家に行く人なく

(本朝二十不孝・巻5)

「塞ぐ」もほぼ同様で、「動きを封じて通れないように」とか、「他の人がその位・場所に就けないように」とかいったニュアンスを、下二段化することで表しているものと考えられる[12]。

　「怪しむ」「塞ぐ」の例から見てとれるように、四段他動詞を下二段化する

ことは、「使役化」することではないと考えられる。そうすると、使役構文をとる場合においても、助動詞「す」を用いた「使役」とは異なる意味を表すために、派生形としての下二段動詞が用いられているのではないかと考えられよう。注7にも示したように、助動詞「す」を用いた使役文においては、使役主体から使役対象へのはたらきかけと、使役対象の行為という2つの独立した行為が複合的に表される。しかし、これまで見てきた下二段他動詞が表すのは、あくまでも動作主の動作ではないかと考えられる。これは、使役主体は「動作主（Agent）」の他に「原因（Cause）」も取りうるのに対し、「持つ」にしても「頼む」にしても、これらの下二段動詞が用いられた文の主体は必ず動作主である、という事実が証明しているように思う[13]。

そうすると、以下に掲げるような四段自動詞を下二段化した例も、これまでは「使役」と解されることも多かったが、やはり動作主の動作を表したものと解すべきであろう。

(27) a. マルイマリガ身ニツイテ<u>マトイツケタ</u>如ニシテヲチヌゾ

(玉塵抄・巻12・34オ)

b. いやでもおふでもよひ所へ<u>ありつけて</u>やらふ程に

(虎明本狂言・猿座頭)

c. 一へんおひまはり、一ノ松の本にて<u>おいつけ</u>、女おとこをおいて入なり (同・釣針)

(27b)の例でいえば、「ありつく」ようにしむけられる使役対象は問題ではなく、そのようにしむけている動作主の動作が表されていると考えられる。「ありつかせ」ではなく「ありつけ」と表現することは、あくまでも「使役」とは異なる、「他動詞」としての動作を表すことになるのではないかと考えられよう。

さて一方、(22b)として掲げた「吹く」もやはり、四段活用を下二段化することで特殊な意味を付加しているものと見られる。これについては、此島

(1973)などで指摘されてきたように、受身的な意味を表していると解釈してよさそうである。そうすると、次のような例もこれと同様の例とみなすことができよう。

(28) a. 世の人聞きも、人わらへにならむこととおぼす　　（源氏物語・葵）
   b. あはれ、世にもあひ、年などもわかくて、みめもよき人にこそあんめれ、式にうてけるにか、此鳥は式神にこそありけれ
   　　　　　　　　　　　　　　　　　　　　　　　（宇治拾遺物語・巻2・8）
   c. 其内ニアツマリ居タル軍兵共五百餘人、一人モ不残壓ニウテ、死ニケリ　　　　　　　　　　　　　　　　　　　　　（太平記・巻13）

「笑ふ」「打つ」という四段動詞を下二段化することによって、やはり受身的な意味を表していると考えられる。

ここでひとつ問題となるのは、助動詞「る」との関係である。先の(23)から(27)の場合、下二段化した動詞は「す」とは違う役割を果たしていたのではないかということを述べた。そうすると、上の(28)の場合にしても、「る」と何らかの相違があったのではないかということが期待される。しかしながら、「吹く」「笑ふ」「打つ」などの下二段動詞は「受身」と解釈する以外なさそうであり、ここに「る」との意味上の相違は見出しがたいように思う。

これは、助動詞「る」が多義性を有することと密接に結びついているのではないかと考えられる。「る」の本質をShibatani (1985)で説かれるような「agent defocusing」と捉えるにしろ、尾上(1998–1999)のように「出来文」と捉えるにしろ、「自発・可能・受身・尊敬」の4用法が認められることは事実であり、これらの4つの意味は互いに関係が深い。つまり、自動詞側へ何らかの派生的な意味を表す形式を作り出すということは、必然的に「自発・可能・受身・尊敬」という意味領域へ踏み込むことへ繋がるのではないかと考えられる。

このような、自動詞側の意味を表す形式を作り出すものとしての四段動詞の下二段化は、室町期において、文法現象と呼べるほどの広がりを見せた。

(29) a. 乃請曰丞相御史言上ノ日字ガヨメヌゾ、由字デバシアル歟ゾ、サナウテハチツトモヨメヌゾ　　　　　（史記抄・巻15・5オ）

b. 秘セラル、ホドニ何タルコトヲカケタトモ不知ゾ

　　　　　　　　　　　　　　　　　　　　（同・巻8・25ウ）

c. 叢林ニハワイトヨムルガ、コチニハクワイトヨムゾ

　　　　　　　　　　　　　　　　　　（蒙求抄・巻1・54オ）

d. 先達ノヨメタハカウゾ、サレドモ注ガナイ程ニ

　　　　　　　　　　　　　　　　　　（毛詩抄・巻12・28オ）

e. 後漢ノ事ナラバ光武ノイエタ事ゾ　　　　（玉塵抄・巻1・7ウ）

　これらの新しく派生した下二段動詞は、可能・受身・尊敬といった意味を表している。この現象については第1章で詳しく述べたが、意味における助動詞「る」との相違は、ほとんどないと言ってよいであろうと思う。ただし、このような多義性を有したままの言い方は、長くは用いられなかった。しかしながら、可能の言い方については、否定文の中でその役割を発揮し、後世可能動詞として成立したものと考えられる（→第2章）。

(30) a. 漆─ヨメヌ字ゾ、シツショヨリトハヨミニクイゾ

　　　　　　　　　　　　　　　　　　（毛詩抄・巻10・27ウ）

b. 高祖ニ酒ヲシイタニハサウハエノメヌト云タゾ

　　　　　　　　　　　　　　　　　　（玉塵抄・巻21・71ウ）

c. 先よりおの〳〵書てもらいけるハ一字もよめず

　　　　　　　　　　　　　　　　　　（一休はなし・巻2）

d. 此中の御仕方、惣じてよめぬ事のみ　　（好色一代男・巻6）

e. 酒論さま〳〵の肴つくして、これでも呑めぬといふ時

　　　　　　　　　　　　　　　　　　（男色大鏡・巻7）

　下二段化した形態は、今度は意味においても可能のみを表すという特性を活かし、助動詞「る」の可能用法を浸食する形で伸長を遂げた。ここにおい

て、四段活用に対する有標形式としての下二段活用は、新たな文法的派生現象として確立されたといえよう。

## 4. おわりに

　以上、四段活用に対応する形で存在する下二段活用は、ヴォイスに関わる意味の異なりを示すために新しく派生してできた語形ではないか、ということを述べてきた。しかしこれは、あくまでも共通の語幹を有し、「i甲」と「e乙」で「対応」する場合のみについての記述であって、活用体系全体に亙る議論ではない。したがって、細江（1928）で「太古に於て四段の一種に止つた活用形式が分岐して二段言なるものを生ぜし」めた、と説かれるところの是非を問うものではない。

　ただし、二段活用一般における意味の特殊性に鑑みるとき、細江のように、二段活用は四段から「分岐」してできたと考える蓋然性はやはり高いように思う。実際、これまでの研究においても、意味論ばかりでなく形態音韻論的観点からしても、そのような考え方が大半を占めていると思われる。そうした中で、ひとり木田（1988）では「二段古形説」が唱えられており、注目に値する。木田論文の論拠のうち、

(31) a. 下二段は活用する行に制限がない（四段には制限がある）
　　 b. 下二段には音節数の制限がない（四段には一音節語がない）

といった2点は紛れもない事実であり、「四段のような整然とした母音交替の活用方式が、二段のような一部は母音交替をしつつ、一部で「る」「れ」を接尾させるという混合した活用方式に変化したとは考えにくいことである」と述べられる理屈も、あながち無視できない。

　本来ならば、これらの考え方を考慮に入れ、活用の成立そのものを考えていく必要があろうが、これについては今後の課題としたい。ただし、この問題を考える際には、これまで述べてきたような意味論的な見地から、動詞の

原初的なあり方をまず想定することが必要ではないかと思う。「自他」という観点からであるが、次のような整理の方法があり得るように思う。

(32)　　《自動詞》　　〈他動詞〉
　　a.　　○　　　　　×　　　　　走る、あり、死ぬ、……
　　b.　　四段　　→　下二段　　　止む、立つ、並ぶ、……
　　c.　　○　　　　→　ス　　　　明く、過ぐ、悩む、……
(33)　　〈自動詞〉　　《他動詞》
　　a.　　×　　　　　○　　　　　思ふ、打つ、誉む、……
　　b.　　下二段　←　四段　　　　切る、解く、焼く、……
　　c.　　ル　　　←　○　　　　　替ふ、生む、休む、……

　(32)は意味的にまず自動詞として認識される動詞、(33)は他動詞として認識される動詞である。そして、aは対応する自他動詞を持たないもの、bおよびcは対応語形を持つものである。

　b・cのように、派生関係が認められる場合、後から派生した有標の形式は、根源的な活用形式の成立を考えるにあたっては除外すべきであろうと思う。つまり、「明く→明かす」の関係をもって、「下二段→四段」と説かれるのは適当でないといえよう。動詞が自他のいずれに属するかというレベルにおいて、あるいはそれがカ行であるかガ行であるかラ行であるかといったレベルにおいて、どのような活用をするのか、そして異なる活用形式はどのような相違を表しているのか、といった問題は考える必要があるように思う。いずれにしても、今後の課題としたい。


注
1　釘貫(1996)の記述は、恐らくこの辺りの事情も考慮に入れ、「派生」という考え方に慎重を期したのであろう。ただし、「大体の所、四段が原形、下二段が派生

形である」という可能性については認められている。

2  もっとも、「e乙」はある種の融合によって生じた新しい音であるとする考え方からすれば、有標といえるのかもしれない。馬淵(1998: 300)では、「e乙」は「二次的」な音であり、「四段活用の動詞に対して派生的な形態である」と明言されている。

3  「r」「s」の前の母音「-a／-o／-u」については、屋名池(2000)において、名詞の露出形・被覆形の対応と並行的に捉えられると説かれている(「i2」「e2」「o2」は、それぞれイ列・エ列・オ列の乙類を表す)。

  イ) a. a= saka=《酒》 aka=s《明》他 maga=r《曲》自
    b. e2# sake2#  ake2#  自 mage2#  他
  ロ) a. o2= ko2=《木》  oko2=s《起》他
    b. i2# ki2#   oki2#   自
  ハ) a. u= tuku=《月》 tuku=s《尽》他
    b. i2# tuki2#  tuki2#  自

被覆形にあたる「a」「o2」「u」が、動詞では派生形の方にあたるため、新古からすると全くパラレルの関係ではないが、この考え方に従うなら、自他対応形式の成立は、相当古い時代に想定されることとなろう。

4  釘貫のII群に属するものについても、次のような分類が可能である。

  イ) a. 四段「ス」……なす(成)、なす(鳴)、よす(寄)、こす(越)、あます(余)、うつす(移)、かくす(隠)、かへす(反)、くだす(下)、ながす(流)、のこす(残)、わたす(渡)、のぼす(泝)、わしす(走)、ゆるす(緩)、あらはす(顕)、もとほす(廻)
    b. 下二段「ス」……しす(死)
  ロ) a. 四段「ル」……なる(成)、なる(鳴)、よる(寄)、あまる(余)、うつる(移)、かくる(隠)、かへる(反)、くだる(下)、のこる(残)、わたる(渡)、のぼる(泝)、わしる(走)、ひろる(広)、もとほる(廻)、あやまる(誤)
    b. 下二段「ル」……ながる(流)、はなる(離)

ただし、「しす(死)」は、馬淵(1998)で「検討を要するもの」とされている。

5  「青木伶子(1977)」は、『国語学大辞典』「使役表現」の項も適宜含めている。そこでの定義は次のようになる。

  使役とは、ある者が他者に対して、他者自らの意志・或いは主体性をもって、又は他者に備わる能力・本性にもとづいて動作を行うようしむけることである。そして、しむけられた他者は多くの場合、使役動作の客体ではありながら、動作としての主体性を保持する。
  他動詞は、その影響が他に及ぶことを意味する点では使役に近いが、影響を受けるものの主体性を全く没却している点において異なる。

6 青木伶子(1977)の定義で重要なのは、「意志性」という点であり（注5参照）、「使役」の意味を考えるには欠かせない視点であるといえる。早津(1998)でも、使役のプロトタイプ的な意味が以下のように示されるが、やはり「意志性」が1つのキーワードであると思われる。

「使役主体」から「使役対象」への「使役」というはたらきかけと、使役対象(=動作主体)の行為という二つの独立した事態が複合的に表現される。
使役主体も使役対象も意志的に行為を行い得る存在としての人であり、使役対象から使役対象へのはたらきかけは意図的になされる言語的・態度的なものである。

7 しかし、これらはやはりあくまでも「他動詞」であったものと考えられ、これら「あわせる」「知らせる」「聞かせる」「見せる」「着せる」が、現代語でも1語として認識されているという事実が証明している。これは、意味の上から必然的にそうなのであって、詳しくは早津(1998)などに拠られたいが、例えば「聞かせる」が表す意味は、単に動作主が「話す」動作と等しい。

8 もっとも、朝山(1942–1943)のように、ここに必ずしもス語尾下二段動詞を想定する必要もないように思う。「聞かす」「見す」から「聞か・す」「見・す」のように「異分析が行はれた」と考える必要はなく、「-as」という接辞を基に成立したと見るべきであろう。

9 「ゆ」と「る」の関係については、「ユ↔ル音転化説」や「ユ方言説」などが唱えられているが、朝山(1942–1943)・柳田(1993a)・釘貫(1996)らによって説かれるように、「ユ」語尾自動詞と「ル」語尾自動詞(すなわち、接辞「ユ」「ル」)を基に成り立ったものと考えればよいのではないかと思う。

10 接辞化・助動詞化の段階を見る限り、「る」と「す」はシンメトリカルであると考えられるが、その元となるル語尾動詞・ス語尾動詞の段階では、必ずしもそうではない。すなわち、ス語尾動詞はほぼすべてが他動詞であるが、ル語尾動詞は自動詞だけでなく、他動詞も数多く存する。それどころか、上代語の他動詞のうち、最も多くを占めるのが、実はル語尾動詞なのである。

このことから、フが「継続」、ユが「自発」などの標識であったのと同様、スに「他動」を認めることはできるが、ルに「自動」を認めるのは無理があると考えられる。自動詞も他動詞も、ル語尾が最も多いのであるから、結局、ルは単に「動詞」であることを示す、いわば無色の音形であったと考えられるかもしれない。そうすると、古代語の原初的な「ル自動詞」対「ス他動詞」の対応の在り方は、「自―他」という等価的なものでなく、「無標―有標(他動)」という関係を想定した方がよいのかもしれない。

11 「聞く」の下二段はかなり遅くまで残ったらしい。湯沢(1936: 72)にも挙げられているが、ここでは江戸期の『修紫田舎源氏』の例をいくつか掲げておく。

・さあらば是より館に帰り、譜代の郎当家の子に委細の事を言ひ<u>聞け</u>ん（第6編）
・其の先に只一言、いひ<u>聞け</u>置かん事ありて （第9編）
・此の後きつと差出ぬ様に、申し<u>聞け</u>るでござりませう （第30編）

12 「怪しめ」は「とがめ（咎）」、「塞げ」は「さまたげ（妨）」のような、マ行あるいはガ行下二段の良く似た意味を表す語への類推も、あるいは考えられるかもしれない。

　この他、柳田（1973）には、「はばむ（阻）」「こばむ（拒）」の下二段化の例が挙げられている。

13 このことを考えるとき、影山（1996: 195–198）は示唆的である。そこでは、「-e」他動詞と「-as」他動詞では、前者が主語を動作主に特定するのに対し、後者では動作主だけでなく出来事でもよい、という相違があるとされている。

・｛子供が／突風が｝ブランコを揺らした。
・｛父が／*地震の揺れが｝壁に穴を空けた。

ただし、出来事を主語にした他動詞文は、古代語では一般的でなかったものと見られる（→青木 2006）。

# 第 II 部
# カス型動詞の派生

# 第1章　カス型動詞の派生

## 1. はじめに

　現代語において、(1)に示すような「散らす」「冷やす」という言い方があるのに対し、(2)に示すような「散らかす」「冷やかす」といった言い方も存する。

（1）a. 風が花びらを散らす
　　　b. ビールを冷やす
（2）a. そんなに散らかしたら叱られますよ
　　　b. 新調で行ったらひやかされた　　　　　（以上、吉田1959a より）

ここでは、(2)のような「―かす」といった形式を有する動詞を「カス型動詞」と呼ぶこととする。

　このカス型動詞について、最も早く正面から論じられたものは阪倉(1946)であろう。そこでは、「―かす」という形は「なびかす」「とどろかす」などから異分析によって生じた「膠着肥大した接尾語」であり、「従来の語形を以てしては表し得ない特殊の色調を附加せんとした」ものであることが説かれた。その後の吉田(1959a)においてはさらに幅広く用例が報告され、「その本質も起源も口語的なものにある」とされた。これらの研究を受け、その表現価値に関して正面から論じられたものに松本(1977)がある。そこでは、動作が「よくない」という言語主体の価値評価を反映しており、中古

では「マイナス評価」を表していたが、中世になると「強調」表現へも展開していったことが論じられた。また、蜂矢(1991)はその語構成について分析されたものであるが、「タブル・タブラス・タブラカス」のような「〜・〜＋ス・〜＋カス」という対応関係にある「代入型」と、「サカユ・＊・サカヤカス」のように「〜＋ス」を持たない「直接型」とに二分する試みがなされ、代入型は直接型に先行して形成されたことが指摘された。また、柳田(1993a: 675–677)では、派生を起こす元の動詞の活用の種類が注目され、「はじめ語基が下二段活用である語にはじまり、ついで四段活用である語に拡大していった」と推測され、「肥大化接尾語カスは、使役の助動詞に肥大形サスが生まれたことに誘発されて生まれたものではないか」と述べられた。

以上のように、先行研究においては、阪倉論文で指摘された「肥大した接尾語」という形態的側面と、「特殊の色調」という意味的側面の2点を中心に議論が展開されてきた。まず、その形態面については、蜂矢論文によってかなり分析が深められたが、「代入型」と「直接型」とに分けることにはどのような意味があるのか、また、直接型より代入型の方が先に形成されたのはなぜか、という問題が残されているように思う。また、柳田論文で問題とされた活用の種類に関しては、四段と下二段の数値の差は絶対的なものではなく、カス型動詞が成立する直接の要因であるとは考えにくそうである。一方の表現価値については、それが「口語的」表現であり、「よくない」という表現であるとするならば、なぜそのような表現価値を担うようになったのかについて、さらに考える必要があるだろう。これらの点をふまえた上で、この派生現象の本質について考察を試みる。

## 2.「他動性」とカス型動詞

まずは、派生したカス型動詞の性質について観察する。カス型動詞は古くは中古の文献から見られるが、以下にその用例のいくつかを挙げることとする。

（3）a. 荒れたる所は狐など様のものの、人をおびやかさんとて、気おそろしう思はするならん　　　　　　　　　　　　　　　（源氏物語・夕顔）
　　　b. 日ごろも斯くなむ宣へど、邪気などの、人の心たぶろかして斯かる方にて進むるようもはべなるを　　　　　　　　　　（同・柏木）
　　　c. 今は限りの道にしも、我を後らかし、気色をだに見せ給はざりけるが、つらき事　　　　　　　　　　　　　　　　　（同・蜻蛉）
　　　d. かきみだるゝ心ちをまどはかさせ侍べき契にやと、かへりてはいとつらく思ひ給へらるゝ　　　　　　　　　　　　　（狭衣物語・巻1）

　これらの文にはいずれもヲ格の目的語が現われており、カス型動詞で表される動作はその目的語へと及んでいると考えられる。「人」「心」「我」「心地」という目的語に対して、それぞれ「おびやかす」「たぶろかす」「おくらかす」「まどはかす」という動作が影響を及ぼしているわけである。このように、カス型動詞によって動作主から対象へのはたらきかけが表されており、カス型動詞が用いられた文は、いわゆる「他動性」を表していると考えられる。
　この「他動性」という概念は、自他を相対的な程度差として捉えたものである。ヤコブセン（1989）では「他動性」のプロトタイプ（原型）として、次の4つの意味特徴が抽出されている。

（4）a. 関与している事物（人物）が二つある。すなわち、動作主（agent）と対象物（object）である。
　　　b. 動作主に意図性がある。
　　　c. 対象物は変化を被る。
　　　d. 変化は現実の時間において生じる。

　そして、これらの意味原型は文法に反映しており、「助詞『を』を伴う名詞句が文中にある」という統語論上の要素と、「動詞が他動性を表す特別な形態を持つ」という形態論上の要素の2つからなるとしている。今この分析に拠ると、確かにカス型動詞は「他動性」を表す動詞であるといえる。

カス型動詞の「他動性」に関しては、柳田 (1993a: 675–680) にも言及がある。そこでは、青木伶子 (1977) の「使役」の定義に基づき、カス型動詞は「使役動詞」ではなく、「他動詞」であることが論じられている。確かにカス型動詞が「使役」を表しているとは考えがたいが、このように単に「他動詞」として捉えるだけでは不十分である。上に (3) として挙げた「おびやかす」「たぶろかす」「おくらかす」「まどはかす」は、「おびゆ」「たぶる」「おくる」「まどふ」という自動詞から派生したものと考えられるが、これらはそれぞれ「おびやす」「たぶらす」「おくらす」「まどはす」という対応する他動詞を持っているからである。

これは上に挙げた例だけでなく、文献資料に用例が見られ始める中古において、共通して見られる特徴である。後掲するように、中古の文献資料においては、17 語のカス型動詞の用例を拾うことができたが、まず、これらを派生させた元の動詞を自動詞と他動詞とに二分すると、次のように著しい傾向のあることが分かる。

（5） ① 自動詞であるもの……16 語
   あらはる（顕）、いかる（嗔）、おくる（後）、おびゆ（脅）、
   くゆる（燻）、さかゆ（栄）、たぶる（誑）、ちる（散）、
   つひゆ（費）、にほふ（匂）、のがる（逃）、はふる（放）、
   まぎる（紛）、まどふ（惑）、めぐる（廻）、もどる（戻）
② 他動詞であるもの……0 語
③ 自動詞あるいは他動詞としての用例が見あたらないもの……1 語
   ししこる

上のように、カス型動詞を派生させる動詞は、不明である 1 語を除いていずれも自動詞であることが見てとれる。不明なものとして挙げた「ししこる」なる語形は、「ししこらかす」を派生させる元の動詞として想定したものであるが、文献上には現れない語形である。しかしながら、吉田 (1959b) において、自動詞として存在可能であったのではないかと推定されており、

ここでもこれに従うこととする[1]。したがって、カス型動詞を派生させる元の動詞は、いずれも自動詞として把握することができる[2]。

次に「ししこる」を除いたこれらの自動詞16語を、対応する他動詞を持つものと持たないものに分けると、以下に示すように、対応する他動詞を持つ自動詞から派生した例の方が圧倒的に多い（以下、対応する他動詞を持つ自動詞を「有対自動詞」、対応する他動詞を持たない自動詞を「無対自動詞」と呼ぶ→第Ⅰ部参照）[3]。

（6）①-A　有対自動詞……15語
　　　①-B　無対自動詞……　1語

したがって、カス型動詞は、先ず有対自動詞から生成され始めたと考えられる。つまり、新しく派生したカス型動詞は「他動性」を表す動詞ではあるものの、自他対応関係にある他動詞とは役割が違うのではないかと考えられるのである。

この点について柳田（1993a: 679-680）では、「後世における『～ス』形と『～カス』形との意味用法上の違いは、『カス』の方が強調の色あいを帯びるという点で共通するが」、これは「二つできた同一意味用法の語に、後世意味用法の分担を賦与していったことによる」と述べられている。しかしこのように、一旦「同一意味用法の語」が作り出され、その後で「意味用法の分担」が起こったとは考えにくい。むしろ初めから別の意味用法を担う語として、カス型動詞は、自他対応関係にある他動詞では表し得ない表現を担うために、新しく派生したと考える方が自然なのではないだろうか。

## 3. カス型動詞の表現価値

それでは、カス型動詞はどのような表現を担うために派生を起こしたのだろうか。カス型動詞の表現価値に関しては松本（1977）に詳しいが、中古における用例は「マイナス評価」という点で統括できるとされる。次に挙げる

(7a・b)の例は「非難」、(7c・d)の例は「軽蔑」、(7e・f)の例は「自嘲」であるという。

(7) a. さばかり思したりし身を今までをくらかし給へるが心憂き
　　　　　　　　　　　　　　　　　　　　　　　　（狭衣物語・巻2）
　　b. 今は限りの道にしも、我を後らかし、気色をだに見せ給はざりけるが、つらき事　　　　　　　　　　　　　　　（源氏物語・蜻蛉）
　　c. 年頃、知らで惑はかしつるも、わが罪にあらず（宇津保物語・俊蔭）
　　d. かゝる言の葉をば、よにあらはかひ給はじかし
　　　　　　　　　　　　　　　　　　　　　　（浜松中納言物語・巻2）
　　e. なぞや心づから今も昔もすずろなることにて身をはふらかすらむ
　　　　　　　　　　　　　　　　　　　　　　　　（源氏物語・明石）
　　f. むかしよりかゝるかたさまにつけて、我が心をも乱らかし人にも心をかれなげかせじと、心強う思したゝめしかひもなく
　　　　　　　　　　　　　　　　　　　　　　（浜松中納言物語・巻2）

これが院政鎌倉期に入ると、次のような「強調」表現が発生したと述べられる。

(8) a. 此レハ弟ノ思量ノ有リテ、射顕カシタル也トテゾ人讃ケルトナム語リ伝ヘタルトヤ　　　　　　　　　　　（今昔物語集・巻27・34）
　　b. なげてやりたるをぞ、はさみすべらかし給ひたりけれど、おとしもたてず、又やがてはさみとゞめ給ひける（宇治拾遺物語・巻4・17）
　　c. 此高山ノ僧ノ居タル所ニハ、几帳ヲ立廻カシテ、其内ニナム被居タリケル　　　　　　　　　　　　　　　（今昔物語集・巻20・4）

　そしてこのような表現価値が生じるのは、言語主体が動作に対してある評価を下すためであるとされる。中古ではマイナス方向への評価意識をもって言語主体は表現したが、中世に入ると、その動作が「非凡」「珍奇」である

という評価も加わることによって、珍しいものへの驚きの気持ちから強調表現へも展開していった、と説かれている。

　しかしながら、このように中古と中世の間に、断絶を見る必要があるのだろうか。先に(7)として掲げた中古の用例は、確かに「マイナス評価」として解釈できそうであるが、次に掲げるように、中古においてもマイナス評価とは解釈できない例も存する。

(9) a. わざとめきよしある火桶に侍従を<u>くゆらかして</u>、物ごとにしめたるに、衣被香の香のまがへる、いと艶なり　　　　　　（源氏物語・初音）
　　 b. 近き渡殿の戸押しあくるより、御簾の内の追風、なまめかしく<u>吹き匂はかして</u>、ものより殊にけだかくおぼさる　　　　　（同・初音）

　(9a)は「心をつくして香をたきしめる」動作を表していると考えられ、これを筆者は「いと艶なり」と評価しており、マイナス方向への評価は感じられない。(9b)も同様で、この場合「風」を動作主にとる擬人法であると考えられるが、これを源氏は「けだかくおぼさる」のである。上の２例は、いずれもプラス方向で動作が強調されているように感じられる。

　結局、このようなプラスやマイナスの「評価」は場面性によって決まるものと考えられる。ここで考えなければならないのは、このような評価を生み出すに至った、カス型動詞の本質的な意味であろう。前に述べたように、カス型動詞は自他対応関係にある他動詞では表し得ない表現を担うために派生したと考えられる。したがって、本来の他動詞と表現上どのような相違があるのか、今一度ここで詳しく見てみる必要があるように思う。

　次に挙げる(10)の例は、「笑はす」という他動詞があるにも関わらず、「笑はかす」というカス型動詞が用いられた例である。

(10)　入道、「己ハ、ロヅ、ニ侍レバ、人ノ咲ヒ給フ許ノ物語モ知リ不侍ラ。然ハ有ドモ、咲ハムトダニ有ラバ、<u>咲シ</u>(ワラハカ)奉ラムカシ」ト云ケレバ、女房ハ、「否不為、只<u>咲ハカサ</u>ムト有ルハ、猿楽ヲシ給フカ。其レハ物

語ニモ増ル事ニテコソ有ラメ」ト云テ咲ケレバ、入道、「然モ不侍ラ。只咲カシ奉ラムト思フ事ノ侍ル也」ト云ケレバ

(今昔物語集・巻24・22)

　これは「俊平入道弟習算術語」と題する、人並み外れた算術を使う男の話の一場面である。この場面において、入道は算術という特殊な手段をもって女房を笑わせようとしており、そのような動作を表現するものとして「笑はす」でなく「笑はかす」が用いられている。そうすると、ここで「笑はかす」によって表現されるのは、そのような特殊な入道の力というものではないかと考えられる。すなわち、カス型動詞を用いることによって、はたらきかける動作主をより強く感じさせることになるのではないだろうか。先に挙げた(8)の諸例においても、(8a)はすばらしい弓の腕前の持主、(8b)は豆をはさむ特技の持主、(8c)は一人だけ他の僧達と異なる行動をとる僧、といったように、カス型動詞の動作主はいわば特殊な人物として描かれている。すなわちカス型動詞は、本来の他動詞に比べ、動作主をより強く表出させた表現なのではないかと考えられる。

　「他動性」を表す文中における動作主は、前に(4)として掲げたプロトタイプにも示されるように、意図性を有する。動作主がより強く表出されるということは、必然的にその意図性が強調されることになると考えられる。次に挙げる「いからかす」という例を見てみよう。

(11) a. この、目をいからかして、吾をとく得んと、てをねぶりつる軍ども、うせにけり　　　　　　　　　　　(宇治拾遺物語・巻8・4)
　　 b. 大の眼をいからかし、しばしにらまへ奉り　　(平家物語・巻2)

　(11a・b)ともに「目をいからかす」という表現であるが、これは「目をいからす」という本来の言い方があるにも関わらず、カス型動詞が用いられた例である。この「いからかす」によって表現されているのは、ことさらに目をいからしてみせる動作主の動作であると考えられる。すなわち、動作主が

強く表出されることにより、一生懸命に、ことさらにその動作を行おうとする動作主の意図性が強調されているものと考えられる。このことは(9)の例でも同様で、(9a)の例では、香をたく動作を「くゆらす」ではなく「くゆらかす」を用いることで、ことさら心をつくそうとする動作主の意図性が強調されることになると考えられる。また、(9b)の例もカス型動詞を用いることによって、わざと風が薫りを送っている様子として描かれることになると考えられよう。このことは次に挙げるような、意図的なさまを表す副詞句などと共起した例をみることによって、よく理解できるように思う。

(12) a. コトサラニ口ヲユカメ音ヲナマラカシテマネミ讀

(三宝絵詞・巻中・30オ)

b. 「此レハ若シ、死人ノ物ナドニ成テ光ルニヤ有ラム、亦死人ノ所ニ物ノ来ルニヤ有ラム。然ラバ此レ、構ヘテ見顕カサバヤ」ト云合セテ

(今昔物語集・巻27・35)

(12a)は「ことさらに」、(12b)は「かまへて〜ばや」と共起した例であるが、カス型動詞によって、表出する動作主の意図性がさらに強調されることになると考えられる。

　以上のように、これまでに挙げた「強調」表現の例から共通してうかがえるのは、「一生懸命〜する」「ことさら〜する」という動作主の強い意図性ではないかと考えられる。つまり、カス型動詞は本来の他動詞に比べ〈動作主をより強く表出させた表現〉であると考えられるのである。そしてこのように、動作主が表出されるために「強調」表現が生じたと解することによって、(7)として挙げた「マイナス評価」という表現価値が生じる過程も同様に解することができる。すなわち、「動作主の意図的な動作」を第三者が苦々しく思うところに、そのような「評価」が生じてくるものと考えられる。先にも触れたように、中古における用法はこの「マイナス評価」に偏っているのであるが、これは、ことさら動作主の意図を表出させることを必要とする場面が、第三者にとってみれば好ましくない場合が多いためと考えられる。

このことは、意図的なさまを表す副詞「わざと」から派生した形容詞「わざとらしい」が、専ら好ましくないことを表す場合に用いられていることからも窺い知ることができよう。

　具体的に、まずは(7a・b)の「おくらかす」を例にとって考えてみたい。これまでの考察に基づくと、「おくらかす」は、動作主が意図的に「おくらかす」行為を客体におよぼしている様子を表しているということになる。ところがこの場合、その行為をおよぼされる客体にとってみれば、相手に意図的に「おくらかす」行為をされることは不本意なことなのである。死ぬ順番を決めることは意図的にやろうと思ってできることではない。それを「動作主が意図的に行おうとしている」と捉えるところに、「非難」の気持ちが生まれることになると考えられよう。(7c・d)も同様で、「惑はかす」や「あらはかす」は、そのような動作を動作主が意図的に行っている様子である。うっかり行ったというものではなく、意図的にそれを行っていると捉えることは、先と同様、「非難」の気持ちへとつながってゆくと考えられる。この場合、これらの動作が、松本論文で言うように「身分不相応」な動作として描かれているとするならば、そこには「軽蔑」という評価も込められていることになろう。(7e・f)は、「はふらかす」「乱らかす」動作主とその行為を及ぼされる客体が一致している例であるが、この場合、自分自身でみすみす「はふらかす」「乱らかす」行為を行ってしまったことに対する、不本意な気持ちを表していると考えられる。動作主である自分自身へ非難がむかうこと、これが「自嘲」ということなのであろう。このように、非難・軽蔑・自嘲などの「マイナス評価」も、動作主の表出によってその意図性が強調されるために生じたものと考えられるのである。

　以上のように、「マイナス評価」や「強調」などの表現価値は、カス型動詞が〈動作主をより強く表出させた表現〉であるために生じたものと考えられる。すなわち、中古においては「マイナス評価」を、中世においては「強調」を表すために派生したのではなく、その本質は〈動作主をより強く表出させた表現〉を作り出すことにあると考えられる。そして、中古においては好ましくない場面に偏って使用されていたカス型動詞は、次第にそれ以外の

場面においても使用されるようになっていったものと考えられよう。

## 4. カス型動詞の発達

　カス型動詞は、中古から中世へと下るにしたがってその数を次第に増やしていくが、ここではその伸長の様相について考察する。まずは中古の和文資料として、『宇津保物語』『源氏物語』『蜻蛉日記』『和泉式部日記』『狭衣物語』を調査した[4]。その結果、次に挙げるような14語を用例として拾うことができた。

(13)　あらはかす、おくらかす、おびやかす、くゆらかす、ししこらかす、
　　　たぶらかす、ちらかす、つひやかす、にほはかす、のがらかす、
　　　はふらかす、まぎらかす、まどはかす、めぐらかす

また、訓点資料などの漢文訓読系の資料には、和文資料には見られなかった「いからかす」「もどらかす」「さかやかす」といった語が見られた。

(14) a.　怒目　イカラカシテ
　　　　　（石山寺「阿吒薄倶元師大将上佛陀羅尼経修法儀軌」嘉保二年点：
　　　　　　　　　　　　　　　　　　　　　　　　　　　　　吉田 1959a）
　　 b.　俁　毛刀良我之天　　　　（興福寺本日本霊異記・巻上・19 訓釈）[5]
　　 c.　亦大夫名隆家、訓読云、伊部乎佐加也加寸、尤有興事也
　　　　　　　　　　　　　　　　　　　　（小右記・寛弘9年5月11日）

　以上のように、中古の文献資料においては、物語日記類に見られた14語に、その他の資料に見られるものを加えた、17語を用例として数えた。
　中世に入ると、カス型動詞は数多く見られるようになる[6]。院政鎌倉期については、説話類と軍記物として、『今昔物語集』『宇治拾遺物語』『平家物語』を調査した。また、室町期については、抄物資料として、桃源瑞仙・清

原宣賢・惟高妙安・洞門の4つの系統を調査した[7]。その結果、異なり語数は中古17語であったのに対し、院政鎌倉期20語、室町期36語と、次第にその数を増やしていっているという結果が得られた[8]。ただし、中古と中世の様相を比較するにあたっては、その資料性を考慮に入れると、単純にそこに現われた数値だけを比較することはできないのであって、数字そのものにはあまり意味がない。しかしながら、前に述べたように、カス型動詞は次第に意味・用法を拡大していったと考えられる。それに伴い、用例数が増加していったとも言えるが、派生を起こす元の動詞の拡がりに注目したとき、カス型動詞の発達の様相は顕著に示されることになる。

すでに述べたように、カス型動詞は先ず「有対自動詞」から生成され始めたが、有対自動詞の中でも、ある特定の形式に偏っている。ここでは釘貫(1996: 239-240)の自他対応形式の分類に従って(第Ⅰ部参照)、先に有対自動詞として数えた15語を分類してみると、以下のような興味深い結果が得られる[9]。

(15) 第Ⅰ群形式(活用の種類の違いによる自他対応)　……0 語
　　 第Ⅱ群形式(語尾の違いによる自他対応)　　　　 ……2 語
　　 第Ⅲ群形式(語幹増加と語尾付接による自他派生) ……13 語

上に示すように、釘貫のいうところの第Ⅲ群形式に属する語が大部分を占めていることが分かる。さらにこの第Ⅲ群形式に属する語は、いずれも「散る—散らす」のような、「u—asu」という対応関係にあるものばかりである点は注目される[10]。これは、カス型動詞が「u—asu」という自他対応関係にある有対自動詞から生成され始めたことを示していると考えられる[11]。

このことから、カス型動詞が形態素として「-akasu」の形であることの意味が理解される。先に挙げた「たぶろかす」などの例外は存するものの、「カス」の直前の音節はいずれもア段でほぼ規則的である[12]。柳田(1975)ではこの点について、「古くは、カスはア段につくとは一定していなかったようである」が、「やがて四段活用の例にならって、あらゆる場合にア段につくよ

うになったのであろう」と述べられている。しかし、「u—asu」という対応関係は、「散る」のように四段活用の自動詞であっても、「冷ゆ」のように下二段活用の自動詞であっても、規則的に「u—asu」の対応をなす（「散る—散らす」「冷ゆ—冷やす」）。カス型動詞は、この「u—asu」という自他対応関係にある「su」の前に「ka」という音を挿入するような形で成立したために、「-akasu」の形をとるものと考えられる。

「su」の前に「ka」が挿入されたということは、次の「あらはかす」「まぎらはかす」の例からも窺い知ることができる。

(16) a. かゝる言の葉をば、よに<u>あらはかひ</u>給はじかし

（浜松中納言物語・巻2）

　　b. いみじう忍びて<u>まぎらはかし</u>給へり　　　　（同・巻1）

これらは蜂矢(1991)で、「アラハカス・マギラハカスは、アラフ＋カス、マギラフ＋カスとしての形成と見ることが困難ないし疑問であるもの」であるが、「アラハス・マギラハスのスにカスを代入した」と捉えられると述べられている。そして、このような例は「スにカスを代入する形成過程のあることをはっきりと示していよう」と説かれている。

このように、「-asu」型の他動詞の交替形ともいうべき形で成立したカス型動詞は、「-akasu」の形で独立した形態素を担うようになることによって、有対自動詞からだけでなく、その他の動詞からも派生することが可能になっていったものと考えられる。次に挙げる「せせらかす」「たたくらかす」「せびらかす」「かどはかす」は、「せせる」「たたくる」「せびる」「かどふ」という他動詞から派生したものである。

(17) a. 母ガ幼キ子ヲ<u>セヽラカス</u>様ニ我ガ子我ガ子ト云テ

（今昔物語集・巻29・27）

　　b. 用ニモナイ輿車ヲモ輿舁ナンドガ<u>ツキタヽクラカス</u>ゾ

（史記抄・巻16・49オ）

c. 西国ノ間ニハサマツテシカモ魯衛ハ大国ナレドモ、チトモセビラカ
　　　ス事モナイホドニ奢タゾ　　　　　　　　　（毛詩抄・巻7・24オ）
　　d. ウツクシイ美人ノヤウナ花ヲ日暮ニタソカレ時ニ、春風ニフツトカ
　　　ドワカサレテ風ドノ、方ヘヨメリシテイカレタホドニ
　　　　　　　　　　　　　　　　　　　　　　　（詩学大成抄・巻7・10オ）

　有対自動詞や他動詞から派生される一方で、無対自動詞から派生された例
も存する。中古において無対自動詞から派生したカス型動詞は「さかやかす」
1語であったが、中世に入ると数多く見られるようになる。以下に、そのよ
うな例をいくつか挙げておく。

(18) a. 然レバ、君、我レヲ免ラカス事ヲ令得メヨ
　　　　　　　　　　　　　　　　　　　　　　　（今昔物語集・巻9・30）
　　b. 乳母ノ云ク、若君ヲ遊バカシ奉ツル程ニ　　（同・巻27・29）
　　c. 其伝ニヨリテハヤラカス辞ガサフゾ　　（漢書列伝竺桃抄・23オ）
　　d. 慈母ガ子ヲアマヤカイテムザウガルハ子ノ毒ゾ
　　　　　　　　　　　　　　　　　　　　　　　（史記抄・巻11・90オ）
　　e. カミヲ古ルバカイテ見セタゾ　　　　　　（蒙求抄・序2ノ2オ）

　有対自動詞や他動詞から派生される時、それは既存の他動詞の交替形とも
いうべき「特殊の色調」を担うものであった。しかし、(18)の諸例を通観す
ると、これらには必ずしも「特殊の色調」は感じられない。(18e)の「古ば
かす」を例にとると、これは「紙が古びた状態になるようにする」という、
「古ぶ」の他動詞形として機能していると考えられる。つまり、無対自動詞
から派生したカス型動詞は、対応する他動詞の役割を担っていると考えられ
るのである[13]。

　この無対自動詞がどのような性格を帯びているのかについては、早津
(1987)に詳しい。現代語の分析ではあるが、そこでは次の①から③の意味
領域を表すものには無対自動詞が多い、とされている。

(19) ① 動きや変化を伴わない静的な状態を表す(ある、居る、劣る、似る
　　　　など)
　　② 人の動作・行為・表情などを表す(走る、遊ぶ、笑う、甘える、迷
　　　　うなど)
　　③ 広い意味の自然現象を表す(曇る、降る、疲れる、太る、枯れるなど)

　また、ヤコブセン(1989)によると、ある事態を自動表現で表すか、他動表現で表すかは経験的に決まっているという。すなわち、その意味的特徴が文法表現にもそのまま反映されるのであり、次に挙げる例は、普段自発的に起こる変化として認識される事態である。

(20) a. 子供が(*を)成長する／子供を成長させる
　　 b. 水が(*を)蒸発する／水を蒸発させる

したがって、単独の形では他動表現として用いられず、使役形という特別な「有標」の形にしなければ他動表現として用いることができない。今、早津で分析された①から③までの意味領域を通観すると、いずれも他によって引き起こされることを必要としないで成立する事態を表していることが見てとれる。ここに、対応する他動詞を持たない自動詞が存することになるのは、意味的に必然的であるといえよう。
　しかし、助動詞「(さ)す」を用いた「使役」表現も、他動詞を用いたいわゆる「他動」表現も、ともに動作主から対象へのはたらきかけという、「他動性」を表すという点では一致している。青木伶子(1977)に拠ると、この両者の相違は次のようなところにあるという(→第Ⅰ部第3章)。すなわち、「使役」とは「ある者が他者に対して、他者自らの意志・或いは主体性をもって、又は他者に備わる能力・本性にもとづいて動作を行うようしむけることである」のに対し「他動詞は、その影響が他に及ぶことを意味する点では使役に近いが、影響を受けるものの主体性を全く没却している点において異なる」という相違である。また、「使役」表現において「しむけられた他者は

多くの場合、使役動作の客体ではありながら、動作としての主体性を保持する」のであるから、結局無対自動詞によって表し得ないのは、「動作としての主体性を動作主が保持しながら、動作主から対象へのはたらきかけを表す表現」ということになろう。

そうすると、「普段」はたらきかける動作主に主体性が認められない行為であっても、あくまでもはたらきかける動作主の行為として捉えることによって、「他動」としての表現が可能となるのではないだろうか。例えば(20)の場合、ある動作主が「子供を成長させる」「水を蒸発させる」ようにしむけていることは事実である。この動作主のはたらきかけに注目し、動作主の主体性を保持する表現があるとすれば、それは「他動」表現ということになるのではないだろうか。(18d)の「甘やかす」は現代語としても残っているが、対象に主体性を持たせ、「甘えさせる」と表現することは十分可能である。しかし、対象が「甘える」状態になることを引き起こそうとする動作主の動作は、カス型動詞を用いて「甘やかす」とすることによってはじめて表現されることになると考えられる[14]。「他動性」を有し、なおかつ〈動作主をより強く表出させた表現〉であるカス型動詞は、ここにおいて無対自動詞の「他動詞化形式」として機能することになったものと考えられる[15]。

## 5. おわりに

カス型動詞は、中古から中世へと下るにしたがって、有対自動詞からだけでなく、他動詞や無対自動詞からも派生されるようになり、勢力を拡大していった。これは、カス型動詞が本来自他対応という論理の枠組みを超え、自由な造語力を持つものであったからであり、そのために「口語」の世界で好んで使用されたからであろう。

以上考察してきたことをまとめると、次のようになる。

(21) a. カス型動詞の基本的な性格は、動作主から対象へのはたらきかけという「他動性」を表す点にある。カス型動詞は古くは中古の文献か

ら見られるが、先ず「有対自動詞」から生成され始めた。したがって、カス型動詞の派生は、自他対応関係にある本来の他動詞形では表し得ない表現を担うために起こったと考えられる。すなわち、それは〈動作主をより強く表出させた表現〉であり、そこから従来説かれてきたような、「マイナス評価」や「強調」などの表現価値が生じたものと考えられる。

b. カス型動詞は中古から中世へと下るにしたがって、有対自動詞だけからではなく、他動詞や「無対自動詞」からも派生されるようになり、勢力を拡大していった。ただし無対自動詞から派生される場合、カス型動詞は、無対自動詞の「他動詞化形式」として機能することになったと考えられる。

　残された問題としては、「ラス」「ハス」などではなく、なぜ「カス」という形をとるのかという点が挙げられる。これについては柳田（1993a: 677–679）に、「カス」という形をとるのは、「ラス」「ハス」などとくらべて誤認される恐れが少ないためであるとの説明がなされている。しかしこの他にも、異分析を起こしたとされる「ハタラカス」の「働く」などのカ行動詞に、何らかの要因があるのではないかと考えられる。カス型動詞は動作主の意図性に関わる表現であるので、カ行自動詞に意志動詞が多いことと関係があるのかもしれない。今後の課題としておきたい。

注
1　「ししこらかす」とは、次のような例である。
・しいこらかしつる時はうたて侍るを、とくこそ心みさせ給はめ
（源氏物語・若紫）
吉田論文で想定された「ししこる」について、原田（1962）では「ししこる」という1語ではなく、「し・しこる」という2語からなるとされる。しかしいずれにしても、「ししこらかす」を派生させる元の動詞として、自動詞を認めるという

2 ラハ行の動詞にカスがつくことが多い、との指摘が阪倉(1946)にあるが、これは派生を起こす元の動詞が自動詞であるためと考えられる。この点については柳田(1993a: 679)にもほぼ同趣の指摘がある。ただし、ハ行動詞の例は必ずしも多くはないようで、この点については蜂矢真郷氏より私信にて指摘を受けた。

3 対応する他動詞の有無の判定は非常に困難ではあるが、蜂矢(1991)で設けられた基準に拠るところが大きい。ここで無対自動詞としたものは「さかゆ」である。

4 中古における用例は、阪倉(1946)の他、吉田(1959a)に幅広く提示されている。

5 本来「毛刀良奈之天波リ天」とあるものだが、国会図書館本は「毛トロカシテ」であり、「奈」は「我」の誤写であるとする通説に従った。「モドラカス」は、『観智院本類聚名義抄』にも「綟 モトラカス(法中 127)」とみえる。また、「波リ天」については、別字に対する訓釈が紛れ込んだものとする、蜂矢(1988)に従った。

6 『今昔物語集』および院政期の資料については山田巌(1982)、『平家物語』については山田孝雄(1914)に、それぞれ用例が報告されている。また、抄物資料については、湯沢(1929)にいくつか紹介されている他、柳田(1975)に数多くの用例が幅広く提示されている。そして、蜂矢(1991)では中古中世の資料によって、カス型動詞の初出と見られる例が詳細にわたって挙げられている。

7 調査した抄物は、具体的には次のとおりである。

　　桃源……史記桃源抄、漢書列伝竺桃抄
　　宣賢……毛詩抄、蒙求抄
　　惟高……詩学大成抄、中興禅林風月集抄
　　洞門……松ケ岡文庫蔵人天眼目抄、吉岡泰雄氏蔵無門関抄、長興寺蔵碧巌代語

8 調査によって得られた数値をまとめたものを、平安期を【表1】、院政鎌倉期を【表2】、室町期を【表3】として、参考のため掲げておく。

【表1】

|  | 宇津保 | 源氏 | 蜻蛉 | 和泉式部 | 狭衣 | 計 |
|---|---|---|---|---|---|---|
| 用例数 | 3 | 23 | 3 | 2 | 6 | 37 |
| 異なり語数 | 3 | 9 | 3 | 2 | 3 | 14 |

【表2】

|  | 今昔 | 宇治 | 平家 | 計 |
|---|---|---|---|---|
| 用例数 | 40 | 13 | 11 | 64 |
| 異なり語数 | 11 | 5 | 7 | 20 |

【表3】

|  | 桃源 | 宣賢 | 惟高 | 洞門 | 計 |
|---|---|---|---|---|---|
| 用例数 | 36 | 32 | 16 | 19 | 103 |
| 異なり語数 | 20 | 16 | 11 | 4 | 36 |

9　第Ⅱ群形式に属するとしたものは「あらはる」「のがる」である。

10　有対自動詞からの派生に注目した場合、このように一部の形式に偏るという傾向は、中世以降においても引き続き見られる。したがって、カス型動詞の派生という観点から、自他対応形式の階層性が読みとれるのではないかと考えられるが、この問題に関しては第3章にて述べる。

11　「u―asu」という自他対応関係にあるものから派生したカス型動詞は、蜂矢(1991)の呼ぶところの「代入型」であり、「代入型は直接型に先行して形成された」と述べられることと一致する。

12　この他の例外として、阪倉(1946)に「於比江加之」「タホロカス」、小林(1971)に「ホロホカシ」、蜂矢(1991)に「モドロカス」「ヒボカス」といった形が示されている。

13　「おびやかす」「たぶらかす」という語は早くから定着したものと思われ、「おびやす」「たぶらす」に取って代わり、「おびゆ」「たぶる」の他動詞形として機能したのではないかと考えられる。「おびやす」「たぶらす」は、訓点資料に見られる以外、和文資料ではほとんど用例が見られないのに対し、今回調査した範囲において「おびやかす」は平安期6例、鎌倉期7例、室町期12例、「たぶらかす」は平安期1例、鎌倉期2例、室町期6例と、かなり多くの用例を拾うことができた。

14　ただしこの時、文中の動作主は、その「状態」の直接の引き起こし手とはなれないはずである。「甘ゆ」という事態は他によって引き起こされるものではなく、それは対応する他動詞を持たないという事実が証明している。直接引き起こすことはできないながらも、「一生懸命に引き起こそうとする」動作主の動作を表現したものがカス型動詞であるといえよう。

　　須賀(1994)で「雨やめて」という他動詞用法について、自他の対応が論理的にゆるやかなものとして認識されていた古典語において許されるものであった、と述べられるが、このような用法との関係も考える必要があろう。

15　他動詞を自動詞へ、自動詞を他動詞へ変える形式をそれぞれ「自動詞化形式」「他動詞化形式」と呼んでおく。

# 第2章 「デカス」の成立

## 1. 問題の所在

　現代語において、「うまく事を成した」という意で、感動を込めて用いられる「でかした」という言い方がある。

（1）　でかした松井。よくやった。

これは、「でかす」という語が「た」と熟合して、一種の慣用句となったもののようである。一方で、「でかす」が「する」と熟合してできた「しでかす」は、むしろ非難の意を込めてマイナス評価的に用いられている。

（2）　大変なことをしでかしてくれましたね。

　ただし、一部の方言においては、このような評価的なニュアンスを含まない「でかす」の用法も見られる。『日本方言大辞典』（小学館）によると、青森・山形・栃木・群馬・山梨・長野・岐阜・愛知・島根で「作る、こしらえる」の意（「寝床をでかす」『栃木県方言辞典』1983）、青森・山形・栃木・新潟・山梨・岐阜・島根で「仕上げる、完成させる」の意（「この仕事、明日まででがす予定だ」『山形県方言辞典』1970）、岩手・山梨で「出す」の意（「百円ずつでかす」『気仙ことば』1965）で用いられているという。
　この「でかす」という語がいつ頃から見られるようになったかについて

は、前田(1983)に次のような記述がある。

（３）『仏師』(虎明本狂言)に、
　　　○あすの今比でかすは、たけなんじゃくの仏をうけとったが、いそぎ
　　　　じゃ程に作てこひといへば、
　　とあるなど、自動詞の「できる」に対応する他動詞の「でかす」が使
　　われるようになってくる。

確かに、中世前期以前にこの語は見あたらないようで、中世後期頃に成立したものと考えてよさそうである。ただし、この語がいつ成立したかについては、もう少し詳しく見てみる必要があるように思う。また、上の『虎明本狂言』の例において、「でかす」は「作り上げる、こしらえる」という意を表しており、現代共通語に見られるような評価的な意味は感じられない。このような例が「でかす」の初期例であるとすると、成立当初から現在に至るまで、何らかの意味変化があったことになる。この点については、現在方言も含めた上でさらに考察する必要があろう。

　また、前田論文の記述では、「でかす」は「できる」の他動詞形であるとされている。これは『日本国語大辞典』(小学館)においても同様の立場のようであり、見出し語「でかす」は、「でか・す〔出来〕」と記されている。しかし、このように「でかす」は「できる」の他動詞であるという時、その成立の仕方について問題とされなければならない。他動詞化する接尾辞としては、上代から存する四段活用の「す」(散る→散らす)だけでなく、前章で見たように、中世に発達した「かす」(甘ゆ→甘やかす)という形も存するからである。「でかす」という語が、「できる＋す」によって成立したのか、「できる＋かす」によって成立したのかについては、さらに検討されなければならないだろう。また、このように、他動詞化する接尾辞として「かす」を認めるならば、語構成から見て、「で・かす」、つまり「でる＋かす」の可能性についても検討されなければならないこととなる。すなわち、「でかす」の成立には、「できる＋す」「できる＋かす」「でる＋かす」の３つの可能性が

考えられるのであり、それぞれの語形成パターンについて検討する必要があると考えられよう。

　以上のように、本章では、「でかす」という語がいつどのようにして成立したのか、そして成立以後、どのような意味変化があったのかについて考察を試みる。なお、「でる」は「いづ」「いづる」「づる」、「できる」は「いでく」「いでくる」「でくる」などの語形が見られるが、ここでは汎称として「デル」「デキル」を用いることとし、「でかす」についても同様に、汎称として用いる際には「デカス」と記すこととする。

## 2.「デカス」の用法

　前田（1983）でも挙げられたように、狂言資料にこの語は多く見られる。『虎明本狂言』では計13例の用例を拾うことができたが、そのいくつかを以下に挙げておく。

（4）a. 今日中にでかす約束であつらへてござる程に、定ていできぬ事はござるまひ　　　　　　　　　　　　　　　　　　（虎明本狂言・麻生）
　　 b. 一日の間もはやふ出かしてしんぜうと存て、でかひておいてござる
　　　　　　　　　　　　　　　　　　　　　　　　　　　　　　（挂杖）
　　 c. いずれもしうくをでかひたな　　　　　　　　　　　　（ぬらぬら）
　　 d. やれ〳〵三人の者共が、はやし物できた、でかひた、是は又めでたひ　　　　　　　　　　　　　　　　　　　　　　　　　（三本の柱）
　　 e. 夫はでかひた、今二つあらふが、それは何としたぞ　　　　（柑子）
　　 f. 一段でかいた、さらばたすくるいね　　　　　　　　　（連歌盗人）

　(4a・b)の例は、先の「仏師」の例同様、「作り出す、こしらえる」の意で用いられている。これが(4c)では、単に「作り出す」ということに加え、「うまく作った」という評価的なニュアンスが感じられるものとなっている。そして(4d・e・f)では、「作る」という具体的な内容は抽象化されており、「う

まく事を成した」という評価だけが表されている[1]。このように、虎明本においては、単に「作り出す」という意味に加え、「うまく作り出した」あるいは「うまくやった」という評価的な用法も存すると考えられる。

　次に抄物資料を調査したところ、抄物資料ではあまり多くの用例を拾うことができなかった。それらのうちのいくつかを以下に挙げることとする。

（5）a. ナマジイニミセテイトウシゲニ喉ニ豆ヲデカサウゾ、ナント心得フゾ　　　　　　　　　　　　　　　　　　　　（百丈清規抄・巻1・70オ）
　　　b. 廉頗ハ名人ヂヤホドニ趙ニ居テハ秦ノ難儀ト思テナントシテモ廉頗ヲノケウト千金ヲヤリテ趙王ト廉頗トガ中ヲワルクスルゾ、反間ハ反シテ間ヒゞヲデカスルゾ　　　　　　　（史記抄・巻11・9ウ）
　　　c. 天ガ吾貧ヲアワレンデ此ノ菜ヲデカシテ天苴此徒助予鼎俎〈中略〉ソノ代ニ菜ヲ天ガヨイ時分ニ雨ヲソゝイデ菜ヲヨウデカイテクレタゾ　　　　　　　　　　　　　　　　（詩学大成抄・巻7・25オ）

桃源瑞仙が携わったとされる、『百丈清規抄』や『史記抄』といったいわゆる前期抄物の例が、調査した限りでは「デカス」の最も早い例である。『史記抄』の「でかする」という語形は問題があるが、意味としては「ひびを入れる、作る」という、「デカス」の用法と認めてよいのではないかと思う[2]。これらの例を見る限り、「デカス」はいずれも「作り出す」という意で用いられていることが見てとれる。

　これが『日葡辞書』に至るとやや異なってくるようである。次に示すように、評価的な意味が記載されていない点は抄物資料の例と同様であるが、「物事をなしとげる」という、やや抽象化した意味が示されている点は注目に値する。

（6）　Decaxi, su, ita. デカシ、ス、イタ（出かし、す、いた）物事をし終える。
　　　また、それを完全になし遂げる。　　　　（邦訳日葡辞書・p. 183）

抄物資料の用例や『日葡辞書』の記述から推察すると、「デカス」の本来の意味は「モノを作り出す」という意味であると考えられる。それから次第に「コトをなしとげる」という抽象的な意味が生じ、そこから「うまく物事を成す」という評価的な用法へと発展したものと考えられる。
　これらの例を通観すると、「デカス」の初期の用法は、意味的に「デキル」と対応していると考えられる。例えば(4b)として挙げた「しゆじやう」の例では、「しゆじやうは出きて御ざるか」という問いに対して「でかひておいてござる」と答えている。つまり、「デカス」は「デキルようにする」という意味を表していると考えられ、これらは自他対応関係にあるものと考えられる。対応する自動詞文と他動詞文の間では、構文論的な対応が認められなければならないが、先に挙げた(4b)と(5a)の文は、それぞれ以下のような対応する自動詞文を想定することができる。

（7）a. しゅじょうヲ　デカス。――　しゅじょうガ　デキル。
　　　b. 喉ニ　豆ヲ　デカス。――　喉ニ　豆ガ　デキル。

　したがって成立当初、「デカス」は「デキル」の他動詞として機能したものと考えられる[3]。

## 3. 「デキル」の変遷

　それでは、「デカス」と自他対応をなすと考えられる「デキル」は、中世後期においてどのような振る舞いをしていたのだろうか。「デキル」の語史については前田(1983)に詳しいが、以下この記述に沿う形で、時代の変遷とともに見ていくこととする。「デキル」は、「いでく→いでくる→でくる→できる」という形を経て成立したものである。「いでく」は「いづ(出)」と「く(来)」が複合したものであるが、この「いでく」は『万葉集』から見られる。

（8）a. 大君の命かしこみ出で来れば〔伊弖久礼婆〕我ぬ取り付きて言ひし

児なはも　　　　　　　　　　　　　　　（万葉集・巻 20・4358）

　b. 遭ふよしの<u>出で来る</u>までは〔出来左右者〕畳薦隔て編む数夢にし見えむ
　　　　　　　　　　　　　　　　　　　　　　　（同・巻 12・2995）

(8a)は「出てくる」、(8b)は「生ずる」の意で用いられているが、この時期には完全に複合動詞化しておらず、「いづ」と「く」の間に助詞が入ったものも見られる。

（9）　もみち葉の散らふ山辺ゆ漕ぐ船のにほひにめでて<u>出でて来</u>にけり〔伊侶弓伎尓家里〕
　　　　　　　　　　　　　　　　　　　　　　　（万葉集・巻 15・3704）

中古に入っても、「いでく」は上代とほぼ変わらない用法で用いられている。(10a)は「出てくる」、(10b)は「生ずる」の意を表している。

(10) a. 廿日の夜の月出でにけり。山の端もなくて、海の中よりぞ<u>出で来る</u>
　　　　　　　　　　　　　　　　　　　　　　　　　　　（土佐日記）

　b. 秋まつころをひに、こゝかしこより、その人のもとへいなむずなりとて、口舌<u>いでき</u>にけり　　　　　　　（伊勢物語・第 96 段）

これが中世に入ると、(11)の例のような、「生ずる」の用法の方が優勢になってくる。

(11)　風烈しく吹きて、静かならざりし夜、戌の時許、都の東南より火<u>出で来</u>て、西北に至る　　　　　　　　　　　　　（方丈記・2）

そして中世後期になると、意味・用法とともに、語形においても大きな変化を遂げることになる。まずその語形は、「いでく」の前項動詞である「いづ」の語頭の母音イが脱落することに伴い、「いでく」の方も同様の変化を遂げた。(12a)として挙げるように、『日葡辞書』では「いでくる」の形も見

られるが、前田 (1983) で「『でくる』と対照すると、やや雅語的なものと意識されていたものと思われる」と述べられるように、(12b) あるいは (12c) の「でくる」の形の方がこの頃では一般的であったと考えられる。

(12) a. Ideqi, uru, ita. イデキ、クル、キタ（出で来、くる、きた）ある事が思いがけなく起こる。あるいは、もちあがる。

（邦訳日葡辞書・p. 331）

b. Deqi, uru, ita. デキ、クル、キタ（出来、くる、きた）物事が完了する、またはできあがっている。また、物事が起こる。例、Coconi nagueqi no nacani fitotçuno yorocobiga deqita.（ここに歎きの中に一つの喜びが出来た）ここに、心配や悲しみの中に、一つの喜び事が生じた。　　　　　　　　　　　　　　　　　　　　（同・p. 184）

c. Dequi, dequru, dequita.（出来、出来る、出来た。）ある事が完成する、又は、起る。　　　（土井訳ロドリゲス日本大文典・p. 121）

また、同時に「でくる」の活用はカ変から上二段へと変化する傾向があった。湯沢 (1929: 67) によると、抄物資料において、「でくる」はほとんどのものが (13a・b) のようにカ変であるが、(13c・d) のような上二段の例もまま見られるという。

(13) a. 伏令ハ千歳ヲヘタル松ニナラデハデコヌモノナル程ニ

（四河入海・巻 13 ノ 4・25 ウ）

b. 必ズ大事ガデコウト思フゾ　　　　　（蒙求抄・巻 5・28 オ）
c. 達磨ハ天竺カラデキラレタホドニ　　（百丈清規抄・巻 1・39 オ）
d. スキマヲエデキサセヌゾ、中ヱ物ノ入テヘダテノヤウニハナイゾ

（史記抄・巻 10・45 オ）

ただし、カ変と上二段の相違は未然形でしか判別できず、また、否定の「ヌ」・推量の「ウ」に続くときは「デコ」、使役・尊敬の「サス」や受身・

尊敬などの「ラル」に続くときは「デキ」という使い分けがなされているようにも見受けられる。したがって、何時「でくる」がカ変から上二段へと変化したのかは確定できそうにないが、「デカス」が成立した中世後期において、「デキル」は終止連体形「でくる」であり、カ変から上二段へと変遷する過渡期であった、という事実については確認することができよう。

　一方の意味については、具体的に物が「出てくる」という意から、やや抽象的な物が「生ずる」という意へ、そして物事が「起こる」、あるいは「完成する」という意へと、意味の抽象化（semantic bleaching）が起こった。ここにおいて、「デキル」は現在の用法へかなり近付いたといえよう[4]。現代語ではさらに可能（「彼女はドイツ語ができる」）や評価（「よくできた人だ」）の用法を持つが、これらは渋谷（1993a）によると、近世後期まで見られないという[5]。中世後期における「デキル」は、先にも述べたように、「デカス」と自他の対応をなす用法であったといえよう。そしてまた、「デカス」のたどった意味変化は、結局「デキル」のたどったそれと、ほぼ平行的であったことが見てとれるのである[6]。

## 4.「デカス」の成立

　第Ⅰ部第3章で見たように、「他動詞化」を引き起こすものとしては、四段活用の接尾辞「す」が上代以来機能していたことが明らかとなっている。また、第1章で見たように、中世においては「かす」という接尾辞も他動詞化形式として機能していたと考えられる。これは、例えば次のような例である。

(14) a. 乳母ノ云ク、若君ヲ遊バカシ奉ツル程ニ　（今昔物語集・巻27・29）
　　 b. 慈母ガ子ヲアマヤカイテムザウガルハ子ノ毒ゾ
　　　　　　　　　　　　　　　　　　　　　　（史記抄・巻11・90オ）
　　 c. カミヲ古ルバカイテ見セタゾ　　　　　　（蒙求抄・序2ノ2オ）

したがって、「デカス」の成立には、「デキル＋ス」「デキル＋カス」「デル＋カス」の3通りが考えられることになる。ただし、接尾辞「す」は、上代およびそれ以前に造語力を持っていたものであり、この頃にはさほど造語力を有していなかったと考えられる。したがって、この中世室町期という時期に、他動詞化形式として機能することができたのは、接尾辞「す」よりはカス型動詞による派生の方が可能性は高いのではないかと考えられる[7]。

しかし、このように「デカス」をカス型動詞であると考える時、2つの問題が生じることになる。1つ目は、「カス」の直前の音節は規則的にア段であり、形態素としては「-akasu」であるという点である。今、「デカス」の語構成について見てみると、「カス」の直前は「デ」でエ段であるから、例外と言わざるを得ない。また、2つ目の問題点は「デキル＋カス」を想定した場合についてであるが、カス型動詞はラハ行の動詞から派生したものが多く、カ行から派生したものは見あたらないという点である[8]。「デキル」は、先に見たように、この頃は終止連体形「でくる」であり、活用の種類はカ変から上二段への過渡期にあったとはいうものの、活用行はまぎれもなくカ行であった。したがって、この点についても「デカス」は例外ということになる。

しかしながら、これらの問題点について、次の『漢書抄』の例はひとつの手がかりとなるのではないかと考えられる。

(15) a. チツト欲心ヲ<u>デカヽス</u>ヤウニシテ田地ヲカイモゲテコヽニ始終クルヤウニサシメゾ　　　　　　　　　　（漢書列伝綿景抄・3ウ）
　　b. 姦―声ガデコウズト云心ゾ、黄老公ヲ守ホドニゾ、姦人ガセバメツメラレテアゲクニ乱ヲ<u>デカヽサウ</u>ゾ　　　　　　（同・4オ）

ここに、「でかかす」という語形が見られるのは重要であると考えられる。意味を見ても、「デキルようにする」という、「デカス」の用法とみなして間違いないように思う。そうすると、これは形態素としては「-akasu」であるという、カス型動詞の「原則」から何ら外れたものではないということにな

る。そして、「でかかす」という語構成上、これは「デキル＋カス」によって生じたものではないかと考えられる。また、『四河入海』には、次に挙げるように「でこかす」という語形も見られる[9]。

(16) a. 水ヲ飲テサテ水ヲハイテ雨ヲフラシテ水ヲデコカス事ハ蜺ガスル事デ有ル程ニ今柳湖ニ水ノデキタハ蜺ニヨリテカウアリゲナソ
(四河入海・巻8ノ1・50ウ)
b. 又穀苗ハ牛ノ見エヌホドニ長クナリタル時分ニ天公カナンドシタレバ不得心忍入シテ蝗ヲ多クデコカスゾ　（同・巻17ノ4・41オ)

この「でこかす」の形は問題があるが、恐らくは一旦「でかかす」となったものを、「でこかす」としたのではないかと思う。先に見たように、この頃「デキル」はカ変から上二段へと変化する最中にあった。カス型動詞は未然形接続ではなく、四段活用であっても二段活用であっても規則的に「-akasu」という形態素であるのだが、これを未然形接続と「誤認」し、古い活用であるカ変の「でこ」という形に接続したのではないかと考えられる。いずれにしても、この『漢書抄』と『四河入海』の例は、「デカス」が「デキル＋カス」によって派生したカス型動詞であることを示しているものと考えられる[10]。

(15)として掲げた『漢書抄』の「でかかす」という語形が「デカス」の原初形ではないかと考えられるが、このように、カ行から派生したカス型動詞はやはり落ち着きが悪かったものと考えられる。「でかかす」が「-akasu」の原則を外れて「でこかす」となったのも、この落ち着きの悪さのためであったのではないだろうか。しかし結局のところ、カ行に接続したカス型動詞は許されなかった。その結果、カ行音を脱落させた「でかす」の語形が選ばれることになったものと考えられる。

このようにして成立した「デカス」であるが、最終的に落ち着いた「でかす」という語形は、形態素としては「-akasu」であるというカス型動詞の「原則」からは、結局のところ外れることになった。しかし、このようにエ段音

に接続することを「許容」されたカス型動詞は、新しい語を生み出すことになったと考えられる。それが次に挙げる「ねかす」である。

(17) a. どふもねかさないで、何かねむふ御座ります　　（遊子方言・更の体）
　　 b. はあ、今から寐かしはしましねへ　　　　　　　（道中粋語録）
　　 c. いやだよ。ねかしヤァしねへよ。ばんにねなんしな
　　　　　　　　　　　　　　　　　　　　　　　　　（傾城買四十八手）

(18) a. おれかそばにねろとねかして、親ちもそばニねて、むすこのむねを、ぢつとおさへて居る　　　　　　　　　　（今歳笑・高輪の呼出し）
　　 b. かのむすこ、いろ〳〵おこせどもおきぬゆへ、そのまゝにてねかしおき　　　　　　　　　　　　　　　　　（万の宝・煤掃の朝寐坊）
　　 c. おつとのミこみ山と内へかへり、女房におもいれめしをくわせ、そう〳〵ねかして、かならずねて居てくりやれといゝながら、友だちの所へゆき、女房をねかして置た　　　　（鶴の毛衣・女房を牛）

　(17)の用例は洒落本、(18)の用例は噺本から拾ったものであるが、どちらも1770年代の資料より見られる。上方資料ではこれよりもやや遅れて見られるようであるが、いずれにしても18世紀の後半にはこの語は成立していたようである。
　「ネル」（「いぬ」「ぬ」「ぬる」などの形も含む）という自動詞は上代から存していたものの、長い間対応する他動詞形を欠いていた[11]。したがって、「ネル」を用いて「他動性」を表すのは「ねさす」という形で、使役の意味を表す場合に限られていた。しかし、ここにおいて「対象がネルことを引き起こす」動作主のはたらきかけは、カス型動詞を用いることによって、はじめてその表現が可能となったと考えられる。「ネル」の他動詞形がこの頃に至るまで成立を見ることができず、しかもそれがカス型動詞でなければならなかったことは、「他動詞化形式」としてのカス型動詞の派生の造語力をうかがわせるものといえよう。

## 5. 「デカス」の変遷

　「デカス」の用例について、これまでは京都五山系の抄物資料や狂言資料など、いわゆる上方資料を中心として見てきたが、江戸の資料にも「デカス」は17世紀初めの文献には既に見られる。

(19) a. 殿さまのくたんの物を、ちゃんとでかさせられ候て

　　　　　　　　　　　　　　　　　　　　　　　　　　（戯言養気集・上）

　　b. わかき男の聟入するといふに、知音の者異見し、かまへて時宜を出かせ　　　　　　　　　　　　　　　　　　　　　　　　（醒睡笑・1）

　　c. たゞ今のゐんだうは、よくでかしたる小僧かな、風骨によると思しめし、大きによろこばせ給ひ　　　　　　　　　（一休はなし・3）

　(19a・b)は抄物資料に見られたような、「作り出す」という意で用いられているが、(19c)は虎明本に見られたような、プラス評価的な用法であると考えられる。
　評価を伴わない「デカス」の用法は、方言を除いて現在ではあまり見られないが、中央語でもかなり遅くまで残っていたものと考えられる。(20)のように、狂言記類にはまだこの用法が見られる。

(20) a. いや、そのぎで御ざるならば、あすでかしてしんぜう

　　　　　　　　　　　　　　　　　　　　　　　　　　（狂言記・仏師）

　　b. 明日の今比出来さして被下▲心得た。出かしてやらふ

　　　　　　　　　　　　　　　　　　　　　　　　（続狂言記・六地蔵）

　ただし、ここでもすでに、次のような評価を表す「でかした」の用法の方が一般的である。

(21) a. おゝ一段でかした、いそいでおわれ。はゝ、是は何とする

（狂言記・輝）

b. それは<u>出かした</u>。きかふ程に、うたふてきかせい

（続狂言記・寝声）

　これが『狂言記拾遺』になると、「でかした(でかいた)」の形しか見えず、また、近松の作品でも(23)として挙げるように、「でかした」の形しか見られない。

(22) a. 是は一段と<u>出かした</u>。さあ〰汝もよめ　　（狂言記拾遺・餅酒）
　　 b. いかにもかゝへてまいりました▲<u>出かした</u>〰　　（同・人馬）
(23) a. 是も馬子殿おかげじや<u>でかいた</u>〰そちにはれいいふほうびやる

（丹波與作待夜の小室節）

　　 b. 皆<u>でかいた</u>よふいふてくれた　　　　　（夕霧阿波鳴渡）
　　 c. ヲ、<u>でかいた</u>〰侍とてもたつとからず　　　　　（同）

　この頃にはすでに「デカス」は評価的な用法でしか使われていなかったものと考えられる。これは専ら「でかした」という慣用句に固定されていたが、次のような「でかしがお」という言い方も生み出された。

(24)　<u>出来し貌</u>に偽物を見出し　　　　　　　（鬼一法眼虎の巻・巻6）

　また、専らプラス評価として用いられていた「デカス」であるが、「する」という動詞と結合することにより、マイナス評価をも表すことになった。次の(25)の例が、その比較的早い例といえようか。

(25)　コリヤ、とんだ事を<u>仕でかした</u>ハ。モミ上ケを剃て仕まつた

（春みやげ）

　専らプラス評価で用いられる「デカス」が、「しでかす」という語形をと

ることによって、マイナス評価を担うようになるというのは、いささか奇妙な感がある。しかし、この「しでかす」という語形が果たした機能は、実は、サ変動詞「す」のカス型動詞としての役割ではなかったかと考えられる。「す」は言うまでもなく他動詞であるが、他動詞からカス型動詞を派生させることによって新たな表現性を獲得する方法は中世より見られる（ex. かどふ→かどはかす）。ところが、この「す」のような語幹一音節動詞にとっては、カス型動詞の形態素が「-akasu」であることは大きな障害であったと考えられる。「ネカス」が「デカス」の成立を待たねばならず、「なかす」にならなかったのと同様、その語幹を保持するために「す」も「さかす」とはなり得なかった。ただし、漢語サ変として語幹が単音節でなくなる場合には、次のような派生形もとり得た。

(26) a. 墓ニ松ナンドヲ種テ有ガ孝心ニ感ジテヤラン、鹿ノ触テ<u>損ザカス</u>事モナイゾ　　　　　　　　　　　　　（四河入海・巻3ノ2・10ウ）
　　 b. 身体手足ヲ<u>損ザカス</u>ハ不孝ナル程ニ、父母ヨリ此身ヲ伝ヘシヲ<u>損ザカス</u>ヨト思テサテ憂ゾ　　　　　　　（同・巻19ノ2・2オ）

しかし、語幹を保持しようとする力は、単独の「す」からのカス型動詞の派生を許さなかったものと考えられる。「デカス」は、具体的な物を「作り出す」という意から、抽象的な物事を「なす」という意へと変化することで、「す」の意味領域へと近付いていた。ここにおいて、「しでかす」という「複合動詞」を形成することによって、「す」は「カス型動詞」としての表現性を手に入れることができたのではないかと考えられる。その一方で、「す」のような音的な制限を持たない、俗的な言い方である「やる」は、容易にカス型動詞を派生させたのであった。

(27) a. 主は誹諧も、すこし<u>やらかした</u>な　　　　　　（辰巳之園）
　　 b. 貴様またいつものやうに、いざこざを<u>やらかす</u>なよ　（卯地臭意）
　　 c. おもしろし、おれも其通に<u>やらかそう</u>と行　　　（鹿の子餅・悔）

  d.　なんとあの一の谷で、熊谷と敦盛と、きつたりはつたり<u>やらかした</u>が
                 （鯛の味噌津・敦盛）

## 6.　まとめ

　本章では、「デカス」という語の成立に注目し、それをカス型動詞の勢力の伸長の中で捉えようと試みた。結論を示すと、以下の2点になる。

(28) a.　「デカス」は、「デキル＋ス」「デル＋カス」ではなく、「デキル＋カス」によって成立したカス型動詞であると考えられる。
  b.　「デカス」の成立は、「ねかす」という新しいカス型動詞を生み出す要因となったと考えられる。

　「デカス」は成立当初こそ「デキル」の他動詞であったが、後には専ら評価的な意味を担うものとなり、現在では「でかした」「しでかす」という、固定化した表現の中にその姿をとどめるのみとなった。このような用法の変化は、その他のカス型動詞にも見られるものなのか、カス型動詞全体の枠組みの中でさらに考察する必要があるように思う。また、中世頃を中心に、カス型動詞はかなりの造語力を持っていたと考えられるが、「甘やかす」「ねかす」などの一部の語を除いて、現代語では多くの語が見られなくなっている。どのような語が生き残り、どのような語が消滅していったのかといったことも含めた、カス型動詞の消長の様相については次章で詳しく論じることとする。

注
1　北原保雄・池田廣司『大蔵虎明本狂言集の研究』（表現社）の頭注は、(3c)の例に対して「見事にやりおったな」（上 p. 249）、(3d)の例に対して「うまくやった」（上

p. 102）と記されている。また、『虎明本狂言』の「デカス」の例については、柳田（1993b）にもいくつか取り上げられている。
2　「でかする」は、早くは新村（1905）で指摘されており、湯沢（1929）でも「デキル」の他動詞として示されている。
3　本文中で示したように、岩手・山梨に「出す」の意味で用いられる「デカス」があるが、この地方では、「出る」の意味を表現する際に「デキル」を用いるらしい。『日本方言大辞典』に、「布団から足あできた」「お月様あできた」（『気仙ことば』1965）と見える。したがって、ここでも「デカス」は「デキル」の他動詞であると言えそうである。
4　現代語の「デキル」の意味・用法については森田（1989）に詳しい。
5　渋谷（1993a: 151–152）では「自発形式の可能表現化」として、次のような流れが描かれている。
　　　Ⅰ　モノYの出来：Yガ　デキル
　　　・酒がようできたとは申たれ共、心もとなふ御ざる
　　　　　　　　　　　　　　　　　　　　　　（虎明本狂言・河原太郎）
　　　Ⅱ　モノYの、人物Xへの出来：Xニ　Yガ　デキル
　　　・今夜は何とやらんおそろしい心がいできた　　　　（同・瓜盗人）
　　　Ⅲ　コトYの、人物Xへの出来：Xニ　Yガ　デキル
　　　・ヲヤおまへモウお仕舞が出来たネ　　　　　（浮世風呂・巻2上）
　　　Ⅳ　Xの意志的な働きかけを伴う可能表現形式化：Xニ／ガ　デキル
　　　・江戸へ金を持て帰ることは出来ません　　　　　（同・巻4上）
6　「評価」の用法が「可能」から生じるケースもあるが（「イケル」など）、「デキル」の場合は少し事情が異なるようである。「デキル」という語に可能の用法が生じたのは、注5に従えば近世後期ということであるが、以下に示すように、室町期にはすでに評価の用法が存していたものと見られる。
　　　・Deqimono. デキモノ（出来物）ちょうどうまく出来上がった物。たとえば、職人の細工物とか酒とかなど。　　　　　　　（邦訳日葡辞書・p. 184）
　　　・一段できた、さりながら、さしあひが有よ　　（虎明本狂言・連歌盗人）
7　蜂矢（1991）では、この点に関して次のような記述がある。
　　　代入型は、平安時代18例、鎌倉時代7例、室町時代11例のようで、平安時代のものが最も多く、これに対して、直接型は、平安時代14例、鎌倉時代7例、室町時代25例のようで、室町時代のものが最も多い。
　　前章で見たように、蜂矢論文では、「散る・散らす・散らかす」のような「〜・〜＋ス・〜＋カス」という対応関係にある「代入型」と、「甘ゆ・＊・甘やかす」のような「〜＋ス」を持たない「直接型」とに二分されている。上の記述は、無対自動詞がその対応語を求める時には、「ス」ではなく「カス」を利用すること

が多くなったのであり、「他動詞化形式」としてのカス型動詞の派生は、時代を下るにしたがって盛んになった、ということを示していると考えられよう。

8 ラハ行の動詞から派生するカス型動詞が多いことは、阪倉（1946）ですでに指摘されている。これは第1章で述べたように、派生を起こす元の動詞が自動詞であるためと考えられ、この点については柳田（1993a）にも同趣の指摘がある。しかし、カス型動詞がなぜカ行動詞から派生されないのかについては、明確な答を持たない。これは、カス型動詞が「ラス」「ハス」などではなく、あくまでも「カス」であったことと関係があるのであろう。

9 「でこかす」の例は湯沢（1929: 67）にも挙がっている。鈴木博（1966）では、『四河入海』の「でこかす」は東福寺本にも見えるが、比較的規範形が多く見える両足院本では「でかす」になっていると指摘されている。両足院本を実際に調査したところ、確かに2例とも「でかす」であった（巻8ノ上34オ、巻17ノ下65ウ）。また、漢書抄の「でかかす」の例は、柳田（1973）にも挙がっている。

10 「デル＋カス」ではないと考えられる理由は、「デル」は古くは「いづ」であり、対応する他動詞「いだす」を持っているという事実より、以下の諸点を挙げることができる。まず、有対自動詞から派生するカス型動詞は、平安時代に最も造語力を持っていたのであるから（注7参照）、「デカス」は「いでかす」のようなイ音を脱落させる前の形で早くから見えてもよさそうであること。また、有対自動詞から派生する場合には、「マイナス評価」や「強調」などの特殊の表現価値を有するが、「デカス」の初期例にそのような表現価値は感じられないということ。そして、カス型動詞は「-akasu」という形態素であるが、これは「u—asu」という自他対応関係にある「su」の前に「ka」という音を挿入するような形で成立したためであり、「-asu」型他動詞の交替形であったと考えられる。「いづ」と「いだす」は、この「u—asu」という自他対応関係にあるため、「-asu」の方に牽かれる形で「いだかす」あるいは「だかす」となることが予想されること、などが挙げられる。

11 『万葉集』に見られる「なす」という語形は、「ネル」の他動詞であるとされている。

・まなかひにもとなかかりて安眠しなさぬ〔夜周伊斯奈佐農〕

(万葉集・巻5・802)

しかし、尊敬語としての用法ではない、他動詞としての「なす」は、この例以外は見あたらないようである。

# 第3章　カス型動詞の消長

## 1. はじめに

　現代語において、次のようなカス型動詞を用いた言い方がある（→第1章）。

（1）a. そんなに散らかしたら叱られますよ
　　　b. 新調で行ったら冷やかされた

まず「散らかす」の意味について見てみると、『日本国語大辞典』（小学館）に次のように記述されている。

（2）① はなればなれに落ち飛ぶようにする。ばらばらになるようにする。
　　　② 物をあちこちに乱雑に広げる。
　　　③ 他の動詞の下に付けて、さかんに…する意を表す。

上に挙げた(1a)の用例は、この記述によると②の意味ということになろう。「散らかす」が表すのは「乱雑に」広げる動作であり、この点において「散らす」とは異なる表現価値を担っている。そして、「散らかす」ことによって「叱られる」のであるから、「散らかす」という行為そのものにマイナスの要素が含まれている。

　次に「冷やかす」について、同辞書の記述を見ると、以下のようになって

いる。

（３）① 氷・水・冷風などにひたしたり、さらしたりして冷たくする。ひえるようにする。
② 遊郭で、登楼しないで張り見世の遊女を見て回る。
③ 用もないのに盛り場や場内などを歩き回る。買う気もないのに、品物の値段を尋ねたり商品などを見て回ったりする。
④ 悪口など言って興をさます。嘲弄する。冷評する。また、からかう。

上の(1b)の用例は、④に示される「からかう」の意味で用いられている。④の記述では、興を「さます」や「冷評する」のようにして、「冷やかす」を派生させた「冷ゆ」という動詞の原義を残し、そこからの派生的な意味を示そうとしているようだが、「からかう」という意に至っては、「冷ゆ」という原義からはかなりかけ離れたものとなっていると言えよう。

これら「散らかす」「冷やかす」という語は、次に挙げるように中古頃の文献資料より見られるが、(1)として挙げた現代語の用法とはかなり異なっている。

（４）a. 風ノ水ヲ激イテ（チラカ）　　　（石山寺蔵金光明最勝王経古点：阪倉 1966）
　　 b. 寒心　ムネヒヤカス　　　　　　（観智院本類聚名義抄・法下 47）

(4)はともに漢文訓読系の資料の用例であるため、精確な意味を把握するには及ばないが、いずれも『日本国語大辞典』の①の意味に近いようである。すなわち、「散らかす」「冷やかす」を派生させた「散る」「冷ゆ」の原義からはそう遠くない意味で用いられていると考えられる。したがって、(1)と(4)の用例を比較すると、これら「散らかす」「冷やかす」は、成立当初から現代に至るまでにかなりの意味変化があったものと考えられる。

一方で、次に挙げる「おびやかす」「甘やかす」といった語の用法は、現代語とほぼ変わらない。

(5) a. 荒れたる所は狐など様のものの、人を<u>おびやかさ</u>んとて、気おそろ
　　　しう思はするならん　　　　　　　　　　　　　（源氏物語・夕顔）
　　b. 慈母ガ子ヲ<u>アマヤカイ</u>テムザウガルハ子ノ毒ゾ
　　　　　　　　　　　　　　　　　　　　　　　（史記抄・巻11・90オ）

また、次に挙げるような「くゆらかす」「ふくらかす」「つからかす」といった語は、方言を除いて、現代語には見られない。

(6) a. わざとめきよしある火桶に侍従を<u>くゆらかし</u>て　（源氏物語・初音）
　　b. 皆馬ヨリ下テ装束ヲ只解ニ解ケルニ、此ノ袴<u>複ラカシ</u>タル検非違
　　　使、此レヲ見テ　　　　　　　　　　　　（今昔物語集・巻29・15）
　　c. 敵ニ箭種ヲツクサセヨト云テ<u>ツカラカス</u>ゾ　（史記抄・巻12・2ウ）

　以上のような例を通観すると、カス型動詞には、古くは見られるが現在では見られなくなっているもの、また、現在でもその語形は引き続き見られるが、意味用法を大きく変えたものなど、いくつかのパターンがあるように見受けられる。本章では、近世以降を中心としたカス型動詞の消長の様相を体系的に描くことを試みる。

## 2. カス型動詞の派生

　中古中世におけるカス型動詞の派生現象そのものについては、第1章で詳しく述べた。ここではその概略を示しておくこととする。カス型動詞は古くは中古の文献から見られるが、その基本的な性格は、動作主から対象への「はたらきかけ」を表す点にある。

(7) a. 日ごろも斯くなむ宣へど、邪気などの、<u>人の心たぶろかし</u>て斯かる
　　　方にて進むるようもはべなるを　　　　　　　（源氏物語・柏木）
　　b. 今は限りの道にしも、<u>我を後らかし</u>、気色をだに見せ給はざりける

が、つらき事　　　　　　　　　　　　　（源氏物語・蜻蛉）

　また、この時期のカス型動詞を派生させた元の動詞の環境としては、「有対自動詞」が圧倒的に多い。したがって、カス型動詞の派生は、自他対応関係にある本来の他動詞では表し得ない表現を担うために起こったものと考えられる。
　このカス型動詞の表現価値に関しては、従来、中古においては（8）のような「マイナス評価」を、中世に入ると（9）のような「強調」を表すものと捉えられてきた。

（8）a.　年頃、知らで惑はかしつるも、わが罪にあらず

　　　　　　　　　　　　　　　　　　　　　（宇津保物語・俊蔭）
　　b.　むかしよりかゝるかたさまにつけて、我が心をも乱らかし人にも心をかれなげかせじと、心強う思したゝめしかひもなく

　　　　　　　　　　　　　　　　　　　　　（浜松中納言物語・巻2）
（9）a.　此レハ弟ノ思量ノ有リテ、射顕カシタル也トテゾ人讃ケルトナム語リ伝ヘタルトヤ　　　　　　　　　　（今昔物語集・巻27・34）
　　b.　なげてやりたるをぞ、はさみすべらかし給ひたりけれど、おとしもたてず、又やがてはさみとどめ給ひける（宇治拾遺物語・巻4・17）

しかしながら、これらの用例から共通して窺えるのは、動作主の強い意図性であると考えられ、カス型動詞の本質は〈動作主をより強く表出させた表現〉であると考えられる。
　中古から中世へと下ると、カス型動詞は、有対自動詞からだけでなく、他動詞や無対自動詞からも派生されるようになった。ただし、無対自動詞から派生される場合は、自他の対応をなす形での「他動詞化形式」として機能することになったと考えられる。これは文法体系の空き間にうまく適合したといえるが、無対自動詞の他動詞化には、カス型動詞を用いることはいわば必然的であったと考えられる。「甘やかす」という語を例にとると、これを「甘

えさせる」と「使役」の形で表現することも可能である。しかし「他動詞」としての形式は、「甘やかす」というカス型動詞の形をとることによってはじめて、成立することができたものと考えられる。

　中世に至ると、形態素として「-akasu」という形が確立したと見られる。これは、カス型動詞が「u—asu」という自他対応関係にある「su」の前に「ka」という音を挿入するような形で成立したためであると考えられる。初期の用例においては、「たぶろかす」「おびえかす」などの例外もいくつか存するが、ここにおいて、「カス」の直前の音節はいずれもア段で規則的となったと言える。「su」の前に「ka」が挿入されたということは、次の「あらはかす」の例からも窺い知ることができる（「*あらはらかす」）。

(10)　か丶る言の葉をば、よに<u>あらはかひ</u>給はじかし
　　　　　　　　　　　　　　　　　　　　（浜松中納言物語・巻2）

　また、この「あらはかす」の例は、音節数との関係をも示している。カス型動詞の全体の音節数としては、5音のものが好まれたらしく、調査した限りではあるが、用例数全体の8割超が5音節のものである。「あらはかす」と「あらはらかす」では、多用される5音節のものとして、「あらはかす」が選ばれたということは十分に考えられる[1]。そしてまた、全体として3音節となるカス型動詞が存しないことも注目される。言い換えるなら、元の動詞の語幹が単音節であるものからは派生を許さなかったということである。これは、カス型動詞の形態素が「-akasu」であったことが原因であると考えられる。「寝ヌ」や「為ス」からカス型動詞を派生させるとすると、「なかす」「さかす」という形にしなければならない。しかし、「なく」「さく」といった自動詞が存することも含め、「なかす」「さかす」では、「寝」「為」という動詞の語幹が保持できなくなるため、このような派生を許さなかったものと考えられる。

　また、ラ行の動詞に続くものが多いということも、カス型動詞の特徴のひとつである。これは本来、カス型動詞が自動詞から派生されるものであった

ためであると解される。ただし一方で、カ行に続くものが見られないということには注目すべきである。単に「〜カカス」という音になるのを回避したためとも考えられるが、ここにカス型動詞が「ラス」「ハス」などではなく、あくまでも「カス」であったことの意味があるのであろう(→第2章)。

## 3. 近世におけるカス型動詞

　以上、中古中世におけるカス型動詞の派生の様相を示したが、ここでは、時代が下った近世の様相について見ていくこととする。近世の文献資料としては、近松浄瑠璃、西鶴浮世草子、洒落本、噺本を調査した。これらの資料を見る限り、中世の爆発的な生産力は翳りを見せ、カス型動詞の勢力は落ち着きを見せたように見える。この頃の資料より見られるようになった新しい語は少ないが、次のようなものが注目される。

(11) a. 御台所か姫君のやうに、猫ちゃうらかしてござっても済まぬ事
　　　　　　　　　　　　　　　　　　　　　　　　（大経師昔暦・巻上）
　　 b. 大事の金銀を湯水のやうに川遊び、ちょがらかされにゃ来申さない
　　　　　　　　　　　　　　　　　　　　　　　　（女殺油地獄・巻上）

　(11a)の「ちゃうらかす」は「からかう」の意、(11b)の「ちょがらかす」は「なぶる、もてあそぶ」の意で用いられているようである。しかし、これらの派生の元になったと想定される「ちゃうる」「ちゃうらす」、「ちょがる」「ちょがらす」などの動詞は、文献上には見あたらなかった。中世までに見られたカス型動詞は、いずれも派生を起こす元の動詞が存しており、この点において異なっている。このような派生の仕方は、現在方言に通ずるものといえよう[2]。
　また、次に挙げる「ねかす」という語が1770年頃の資料より見られるようになる。

(12) a.　はあ、今から寐かしはしましねへ　　　　　　　（道中粋語録）
　　 b.　おれかそばにねろとねかして、親もそばニねて、むすこのむねを、ぢつとおさへて居る　　　　　　　　　　　　（今歳笑・高輪の呼出し）
　　 c.　かのむすこ、いろ／＼おこせどもおきぬゆへ、そのまゝにてねかしおき　　　　　　　　　　　　　　　（万の宝・煤掃の朝寐坊）

　この「ねかす」という語は、「でかす（出来）」という語が現れたことによって成立することができたものと考えられる（→第2章）。前節で確認したように、カス型動詞は、形態素としては「-akasu」であるというのがこれまでの「原則」であった。しかしながら「でかす」という語の成立により、エ段音に接続し、なおかつ全体として3音節であるという、これまでの「原則」を破ることを、カス型動詞は結果的に許容されることとなった。次に挙げる「そばえかす」も同様に解すことができるであろう。

(13)　飼猫なつけて、夜もすがら結髪にそばへかしける程に
　　　　　　　　　　　　　　　　　　　　　　　　　（好色一代女・巻3）

　また、次の「やらかす」という語もこの時期より見られるようになった語である。

(14) a.　主は誹諧も、すこしやらかしたな　　　　　　　　（辰巳之園）
　　 b.　貴様またいつものやうに、いざこざをやらかすなよ　（卯地臭意）
　　 c.　おもしろし、おれも其通にやらかそうと行　　　　（鹿の子餅・悔）

　「やらかす」は、「する」の俗的な言い方である「やる」から派生したものである。「する」という動作をカス型動詞によって表そうとしても、「する」は語幹一音節語であり、その派生を許されなかった。しかし、そのような表現への欲求が、「する」のような制限を持たない「やる」から、カス型動詞を派生させたのであろう。また、この「やる」のような俗的な語からの派生

が見られるということは、カス型動詞の派生が、口語の世界では未だ根強く勢力を保っていたものとも考えられる。そして、この期の資料に用例があまり見えないというのも、口語的な言い方が反映されない資料性の問題といえるのかもしれない。

　この時期の用例を通観することによって感じられるのは、用例数の少なさだけでなく、その異なり語における偏りである。それは、「やらかす」に代表されるような、「マイナス評価」という枠組みで捉えることができそうなものである。特に、江戸中期から後期に至っては、現れる語はほぼ固定化していると言ってよい。今、試みに噺本大系の第13巻から第16巻まで（1800年〜1880年頃）を調査してみると、「やらかす」「ねかす」を除くと、以下に挙げる数語しかカス型動詞は見られない。

(15) a. うぬハ此あたりに住で人をたぶらかす狐であろふ
　　　　　　　　　　　　　　　　　　　　（無事志有意・野狐）
　　 b. むちうになつてうれしがり、店へもどつてひけらかせバ、よりたかつて評判せしが　　　　　　　　　（新製欣々雅話・珊瑚珠）
　　 c. こんどきさしつたら、なんとでもいゝよふにだまかしてかえして下せへ　　　　　　　　　　　　　（種がしま・手くだのうら）
　　 d. 其つらハなんだ。そんなにほうをふくらかすな　　　（落咄熟志柿）
　　 e. 其はたらき誠ニと、口から出しだいしやべりちらかすと
　　　　　　　　　　　　　　　　　　　　（春興噺万歳・船弁慶）
　　 f. 御所ハどこでおますといヘバ、道修町三丁目じやといひはぐらかしてゐたりしに　　　　　　　　　（落噺頤懸鎖・大和ことば）
　　 g. べらぼうめ。化ものくれへ、こわい物か。どふせ今夜ひやかしに行ア　　　　　　　　　　　　　　　（笑語草かり篭・化物）

用例数は延べ70例ほど数えられるのであるから、その異なり語数は非常に少ないと言ってよいであろう。そして、上に挙げた例のように、いずれも「マイナス評価」としての表現を担っていることが見てとれるのである。

ここで注意されるのは、中古中世におけるカス型動詞は、派生を起こす元の動詞の自他における環境によって、その果たす役割は異なっていたということである。ところがここにおいて、そのような環境に関わらず、一様に「マイナス評価」という枠組みで捉えることができる表現を担うものへと変化したかのようになってきている。ここに、近世という時期を境とした、ひとつの隔差を見ることができるように思う。

## 4. 評価語としてのカス型動詞

　そもそもカス型動詞は、自他対応関係にある本来の他動詞では表し得ない、〈動作主をより強く表出させた表現〉を担うものとして派生された。動作主の意図性を表出させることがマイナス評価へとつながってゆくことは先述のとおりである。しかし、中古から中世にかけて、カス型動詞がマイナス評価のみを担うものではないことも、すでに見た通りである。ここでもう一度、強調表現の例をいくつか掲げておこう。

(16) a. 「此レハ若シ、死人ノ物ナドニ成テ光ルニヤ有ラム、亦死人ノ所ニ物ノ来ルニヤ有ラム。然ラバ此レ、構ヘテ見顕カサバヤ」ト云合セテ
　　　　　　　　　　　　　　　　　　（今昔物語集・巻27・35）
　　b. 目をいからかして、吾をとく得んと、てをねぶりつる軍ども、うせにけり
　　　　　　　　　　　　　　　　　　（宇治拾遺物語・巻8・4）

　このような「強調」の例を現代語の感覚をもって眺めるとき、「顕はかす」「いからかす」といったカス型動詞と、「顕す」「いからす」といった本来の他動詞との間には大きな差異はないように感じられる。吉田（1959a）で「その意味には、特別な使役や強調はない」とされ、松本（1977）で「強調というもの自体、強調であると見れば強調と見られ、強調ではないと考えればそうも考えられるというような曖昧なものではあるが」と述べられるのも故なしとしない。しかし、これは現代語の感覚をあてはめるからであって、カス

型動詞がこれだけの造語力を持ち得たのは、本来の他動詞にはない「特殊の色調」(阪倉1946)を表すものであったからと考えるべきであろう。

ところが、これら強調表現としてのカス型動詞は、少しずつ見られなくなっていくことになる。これは、本来の他動詞とは「動作主の表出」という点で異なるカス型動詞であったが、次第にその用法の差異が希薄になっていったためではないかと考えられる。そしてその結果、多くのものはその存在価値を失って消えていったのではないかと思う。したがって、本来存する他動詞の用法と重ならないように、マイナス評価の要素を強めるか(「散らかす」など)、または独自の意味世界を切り開くか(「冷やかす」など)、といった形で意味変化を遂げた語については、生き残ることができたものと考えられる。「散らかす」に至っては、完全に「散る―散らす」という関係からは切り離され、「散らかる」という対応する自動詞形までも生み出している[3]。

その点において、他動詞から派生したものは、成立当初からカス型動詞と派生の元となった他動詞との間で、意味的な棲み分けがなされていたのであろう。

(17) a. ウツクシイ美人ノヤウナ花ヲ日暮ニタソカレ時ニ春風ニフツト<u>カドワカサレ</u>テ風ドノ、方ヘヨメリシテイカレタホトニ

(詩学大成抄・巻7・10オ)

b. なんとあの一の谷で、熊谷と敦盛と、きつたりはつたり<u>やらかした</u>が

(鯛の味噌津・敦盛)

「かどはかす」と「かどふ」、「やらかす」と「やる」は、それぞれ両者の間で、かなり異なった意味を表している。このような明らかな差異を有する語であったからこそ、これらは現在まで生き残ることができたものと考えられる。

有対自動詞や他動詞から「特殊の色調」を表すものとして派生したカス型動詞のうち、本来の他動詞と明らかに異なる意味分野を担うものについては、現在まで生き残っている。このことを裏付けるかのように、無対自動詞

から「他動詞化形式」として派生したものは、ほとんどのものが見られなくなっている。次のようなものは現代語には見られない。

(18) a.　然レバ、君、我レヲ免ラカス事ヲ令得メヨ（今昔物語集・巻9・30）
　　 b.　其傳ニヨリテハヤラカス辞ガサフゾ　　　（漢書列伝竺桃抄・23オ）
　　 c.　カミヲ古ルバカイテ見セタゾ　　　　　　（蒙求抄・序2ノ2オ）

　しかしながら、無対自動詞から派生したもののうち、「おびやかす」「たぶらかす」「あまやかす」などは、江戸期を通じて現在にも残っている。「おびゆ」「たぶる」「あまゆ」には対応する他動詞が存しないのであるから、「本来の他動詞との棲み分け」のためにこれらのカス型動詞が生き残ったとは考えられない。これらが現在まで生き残ることができたのは、その他のカス型動詞が持っていた「マイナス」という意味を、これらも同様に持っていたためではないかと考えられる。対応する「他動詞」として機能していたものが、成立当初からマイナスの意味を有していたというのは矛盾するようでもあるが、確かにこれらは、マイナスの評価を帯びた意味で用いられている。
　そもそも自動詞に、対応する他動詞を持つものと持たないものとの2種類が存するのは、意味的に必然的であったと考えられる。ヤコブセン（1989）では、その意味的特徴が文法表現にもそのまま反映され、次の例のように、普段自発的に起こる変化として認識される事態は単独で「他動」を表すことができない、とされる。

(19) a.　子供が（*を）成長する／子供を成長させる
　　 b.　水が（*を）蒸発する／水を蒸発させる

　したがって、無対自動詞で表すような事態を、他動表現で表すことは「普段」起こらないことであるといえる。つまり、無対自動詞が対応する他動詞を持たないという事実は、他動詞を用いて表現することがない事態を表す表現であるからということになろう。

このような「無対自動詞」が、カス型動詞を派生させることによって「他動詞」を獲得したとしても、そこには論理的に矛盾が生じることになる。カス型動詞は、〈動作主をより強く表出させた表現〉であり、動作主の動作に焦点を当てたものである。すなわち、動作の主体性をあくまでも動作主に持たせるように表現した、という点において「他動」なのである。したがって、それが結果として「他動詞」の役割を果たすことになっても、論理的な因果関係としての自他対応関係にはないものと思われる。すなわちカス型動詞は、対象の変化を「一生懸命に引き起こそうとする動作」を動作主の側から表現するものであり、その動作主は、必ずしも対象の変化の直接の引き起こし手とはなっていない場合もあると考えられる。

動作主と対象の関わりから捉えた時、「他動詞」に2種類のものが存するということはよく知られている。1つは動作主の動きだけを表し、対象の変化までは表さないとされるもの、そしてもう1つは動作主の動きと同時に対象の変化をも表すものである。そして前者は「無対他動詞」とほぼ一致し、後者は「有対他動詞」とほぼ一致する。これらの関係を天野(1987)に基づき、諸論考とともに示すと、以下のようになる。

(20)　工藤(1982)
　　　　①客体の変化を問わない他動詞　　②客体の変化を問う他動詞
　　仁田(1983)　　　　　‖　　　　　　　　　　‖
　　　　結果の副詞を取らない他動詞　　　結果の副詞を取る他動詞
　　　　（叩く・殴る…）（動かす・飛ばす…）　（開ける・切る…）
　　天野(1987)　‖　　　　　　＼　　　　／
　　　　主体の動きを表す他動詞　　主体の動きと客体の変化を表す他動詞
　　宮島(1972)　‖　　　　　　　　　　　　　‖
　　早津(1987)　‖　　　　　　　　　　　　　‖
　　　　対応する自動詞を持たない他動詞　　対応する自動詞を持つ他動詞

このような立場から、カス型動詞を含めた三者の「他動性」について位置

づけを試みるなら、以下に示す図のようになるのではないかと考えられる。

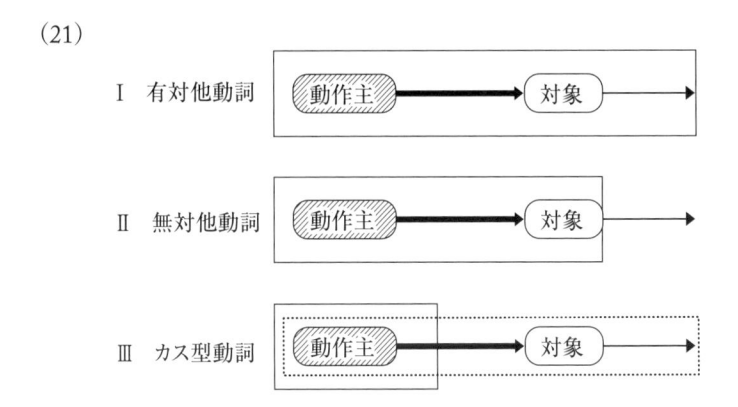

(21)

Ⅰ　有対他動詞　［動作主 ━━▶ 対象］━▶

Ⅱ　無対他動詞　［動作主 ━━▶］対象 ━▶

Ⅲ　カス型動詞　［動作主 ━━▶ 対象 ━▶］

　図中の太線矢印は動作主の「はたらきかけ」を示し、細線矢印は対象の「変化」を示す。そして、実線で囲んだ部分が、動詞が表す範囲である。すなわち、Ⅰの有対他動詞は、対象の変化までが範囲として括られるが、Ⅱの無対他動詞は、対象の変化までは範囲として括られない[4]。これに対し、カス型動詞は派生を起こす元の自動詞が存するわけであるから、対象の変化をも表しそうである。しかし、無対自動詞から派生した例を考えるなら、動作主の動きと対象の変化は論理的な因果関係にはなく、そのような変化を期待する動作であって、図で示したように、点線で括るべきようなものと考えられる。すなわち、カス型動詞が表す動作とは、実線で括ったように、動作主側にのみ焦点をあてたものであり、従来の「他動詞」の枠組みとはいささか異なっているものと考えられる。

　カス型動詞の派生が、結果的に「他動詞化形式」として機能し得たとしても、それはいわば「無理矢理に」作った形であり、自他の論理の枠組みを超えたところにあった。したがって、カス型動詞が無色透明な、純粋な「他動詞」として存在すること自体不可能で、必然的にマイナスの意味を帯びることになったと考えられる。すなわち、ヴォイスを転換するために、本来存在しなかった動作主を無理矢理に参画させるのであるから、間接受身文が「迷

惑の受身」となることと同じ状況が考えられる。森山(1988: 107)では、迷惑受身の「迷惑」の意味は、「もともと動きに対して参画しない名詞(主体)を動きに無理に関与づけることで出てくるものと説明される」と述べられている。カス型動詞の派生も同様であって、その動作は好ましくない場合において用いられ、必然的にマイナスの要素を帯びることになったと考えられる[5]。

〈動作主をより強く表出させた表現〉であるカス型動詞は、元の動詞の環境によって、その果たす機能は異なっていた。しかし、その変化の要因は一様ではないものの、方向としては統一的に「マイナス」という要素を帯びる方向へ向かっていったと考えられる[6]。

## 5. 自他対応形式の階層性

すでに述べたように、カス型動詞は「u—asu」という自他対応関係にあるものから派生を起こし始めた。カス型動詞の形態素が「-akasu」であるのはこのためであるが、中世以降においても、有対自動詞から派生する場合には、ほとんどのものがこの「u—asu」という対応関係にあるものから派生を起こしている。これまでの研究において、この「u—asu」という自他対応関係は、「-u」で終わる自動詞から「-asu」という他動詞が「派生」されたとみなされている。例えば、歴史的な観点から自他対応形式を整理した釘貫(1996)では、以下に示すような3つの分類がなされており、「u—asu」という対応関係は、「自他派生」による「第Ⅲ群形式」として分類されている。

(22)　第Ⅰ群形式(活用の種類の違いによる自他対応)
　　　　うく(浮)四自—うく下二他/きる(切)下二自—きる四他
　　　第Ⅱ群形式(語尾の違いによる自他対応)
　　　　なる(成)自—なす他/うつる(移)自—うつす他
　　　第Ⅲ群形式(語幹増加と語尾付接による自他派生)
　　　　かる(枯)自—からす他/まぐ(曲)他—まがる自

また釘貫論文では、ル語尾自動詞から受身の助動詞「(ら)る」が、ス語尾他動詞から使役の助動詞「(さ)す」が分出されたと述べられるが、このル語尾ス語尾動詞は第Ⅱ群Ⅲ群形式のものとされている。すなわち、第Ⅰ群形式と第Ⅱ群Ⅲ群形式との間には格差が認められているが、第Ⅱ群と第Ⅲ群の間の差は、ここでは重要な問題として扱われていない。しかしながら、どちらからどちらが派生したのか分からない第Ⅰ群Ⅱ群形式と、明らかに一方から一方が派生したとみなされる第Ⅲ群形式の間にも、やはり何らかの階層差が認められるものと考えられる[7]。ヤコブセンの記述を再び引用すると、「その意味的特徴は文法表現にもそのまま反映される」のである。その意味において、第Ⅲ群形式に属する、新たに派生した他動詞は形態的に「有標」であり、意味的にも何らかの「異常さ」があると考えられる。普通は自動表現で表されるべき事態を、新たに他動表現として表そうとするわけであるから、その実現の「正常さ」において、無標のものよりも劣ることになると考えられよう[8]。このように、形態的にそして意味的にも有標である、第Ⅲ群形式に属する「-asu」という他動詞の語尾こそ、さらに有標である「sasu」という「使役」の助動詞を生み出すものとなり得たと考えるべきであろう(→第Ⅰ部第3章)。

　このように、「-asu」他動詞は、本来「対象の変化」として「自動」表現で表されることが普通であった事態を、その「対象の変化」を引き起こす動作主の「動作」によるもの(すなわち「他動」表現)として、新たに作り出されたものであった。したがって、(21)で示したように、「対象の変化」と「動作主の動作」という2つの意味的な要素を含んでいる。そして「使役」とは、第Ⅰ部でも見たように、「使役対象の行為」と「動作主体から使役対象へのはたらきかけ」という2つの事態を複合的に表現するものであるから、意味的観点から「-asu」と「sasu」は連続的であるといえる。そして、この「u―asu」という対応関係にある「-asu」他動詞からカス型動詞を作り出すということは、「変化」の主体である「対象」を完全に「没却」することであったと見ることができよう。本来的には「対象の変化」として表される事態を動作主側から見るだけでなく、対象には目を向けず動作主にのみ焦点を当て

た表現を作り出したというわけである。カス型動詞が「u—asu」という特定の自他対応形式から作られることになったのは、このように意味的に必然的であったともいえるだろう。

## 6. おわりに

　以上のように、ここでは、近世以降を中心にカス型動詞の変化の様相とその要因について考察してきた。カス型動詞の発生から現在に至るまでが決して一様ではなく、いくつかのレベルに分けられることが見てとれるように思う。

　また同時に、自他の枠組みにおけるカス型動詞の位置づけを試み、そしてそこから読みとれる自他対応形式の階層性についても考察した。日本語の自他は、それ自体としては体系的であるが、語毎に異なる形式が用意されており、その意味では語彙的である。派生を生み出す背景となった自他の体系については、史的観点からもう少し細かく分析していくことが必要であろう。

　本書では専ら「自他」という枠組みでこの問題を考えてきたが、より大きな「ヴォイス」という枠組みで捉える必要も当然あるであろう。その際、自動詞の延長上に受身、他動詞の延長上に使役、といった単純な構造ではなく、主語のコントロール（意図性）からみた「能動」「受動」などの概念、また、それに基づく「能格性（非対格性）」などの概念も取り入れる必要があろうか。いずれも今後の課題としておきたい。

注
1　柳田（1975）において、すでに「カスの形をした動詞は三音節＋カスの例が多い」ことは指摘されている。そして「アラワカスはアラワラカスの形も可能であった」が、「落着きのよい語形が選ばれたのであろうか」と述べられている。
2　吉田（1959a）では、「弄ぶ」「からかう」意を表す、「―かす」という語形を持つ方

言として、次のような語形が示されている。

あやかす(近畿)いばらかす(大分、鹿児島)いらまかす(岡山、広島)えぞーかす(同上)よぞーかす(岡山)えどーかす(広島)えどらかす(岡山)えらかす(九州)おがらかす(愛知、岐阜)しやまかす(八丈島)せだやかす(隠岐)せぶらかす(中国、九州)ちょーくらかす(福岡、壱岐)ちょーじらかす(高知)ちょーらかす(愛知、三重)ちょくらかす(熊本、鹿児島)ちょちょくらかす(熊本)ちょろかす(東北、和歌山)もどかす(九州)よせらかす(京都)えびらかす(愛媛)ひょーらかす(千葉)ぼやかす(鹿児島)

これらの大半は、派生を起こす元の動詞が想定できない。

3　「ちらかる」という形の成立については、橋本(2001b)に詳しい。また、カス型動詞から派生する自動詞の形式については、橋本(2001a)で詳しく論じられている。

4　これまで、「他動性」のプロトタイプについては、ヤコブセン(1989)に拠ってきた(→第1章)。

　　（a）　関与している事物(人物)が二つある。すなわち、動作主(agent)と対象物(object)である。
　　（b）　動作主に意図性がある。
　　（c）　対象物は変化を被る。
　　（d）　変化は現実の時間において生じる。

しかし、日本語は約半数の他動詞が対応する自動詞を持たないのであるから、「対象の変化」という意味特徴は、半数の他動詞についてあてはまらないことになる。したがって、日本語により即して見た場合、「他動性」のプロトタイプは、酒井(1990)で示されるような4つの「段階」を想定してもよいかもしれない。

　　（a）　動詞が動作主の動きを示す。
　　（b）　動作主の対象に対する働きかけがある。
　　（c）　働きかけが対象に届く。
　　（d）　対象に変化(特に物理的変化)を及ぼす。

5　ただし「ねかす」に関しては、マイナスの要素を帯びず、「ねる」の他動詞として機能している(→第2章)。

6　現在方言にカス型動詞は数多く残っているが、やはりそのほとんどがマイナス要素を担っている。吉田(1959a)においても、「からかう」「欺く」「放置する」などの良くない意味を表す語が多く挙げられている。中世においては〈動作主の表出〉という点で、これまでの他動詞と異なるニュアンスを帯びるものとして多用されたが、ここにおいて、カス型動詞は〈マイナス〉というニュアンスのもとに新たな語形を作り出していると考えられる。統一的にマイナス方向の意味へと変化していったそのような流れにおいて、現在方言に見える様相は、古形の残存というよりは、比較的新しい「生きて動いている」(吉田1959a)ものと言えるかもしれな

い。
7 奥津(1967)では、現代語における分析によって次のような分類がなされている(→第Ⅰ部第3章)。
    Ⅰ 「他動化」(Transitivization)…自動詞から他動詞への転化
      乾ク→乾カス／落チル→落トス
    Ⅱ 「自動化」(Intransitivization)…他動詞から自動詞への転化
      マゲル→マガル／ハサム→ハサマル
    Ⅲ 「両極化」(Porarization)…或る共通要素から自動詞および他動詞への転化
      帰ル―帰ス／アク―アケル／取レル―取ル
上のように、「転化」という要素に注目がなされており、釘貫の第Ⅰ群Ⅱ群と第Ⅲ群の間に、ひとつの階層差を見ていると言える(→第Ⅰ部第3章)。
8 釘貫(1996: 301)では「自他の対立という単一にして均質の文法機能が、共時態において三つの異なった形式によって担われるという奇妙な現象が存在するのである」と述べられるが、少なくともその意味においては、「単一にして均質」とは言えないこととなろう(→第Ⅰ部第3章)。

# 第Ⅲ部
# 動詞の複合

# 第1章　「〜ナス」の構造

## 1.　はじめに

　抄物資料に、次のような「〜ナス」という動詞が、しばしば見られる。

（1）a.　越王勾践ヲノコリズクナニ<u>ウチナス</u>也（中華若木詩抄・巻上・17オ）
　　　b.　此帳中香ヲ聞テ蝎ノイラレテクサイ様ニ<u>カギナス</u>者ガ有ゾ
　　　　　　　　　　　　　　　　　　　　　　　　（山谷抄・巻1・73ウ）
　　　c.　コレハ根本ソナワラヌヲ<u>削ナス</u>ホドニ削其性ヲ本自天然不労彫琢ゾ
　　　　　　　　　　　　　　　　　　　　　　　　（荘子抄・巻2・28オ）

　これらは、「なす」という動詞と、それぞれ「打つ」「嗅ぐ」「削る」という動詞が複合してできた、複合動詞であると考えられる。
　このような「〜ナス」複合動詞は、現代語ではあまり見られない。試みに、田島毓堂・丹羽一弥『日本語尾音索引—現代語編—』（笠間書院）に拠り、『岩波国語辞典』に掲げられた見出し語を拾ってみると、以下の5語が見えるのみである。

（2）　みなす（見）、すみなす（住）、おりなす（織）、つくりなす（作）、とりなす（執）

　これに対し、古典語ではかなり多くの語が存したようで、先と同様に、田

島毓堂・丹羽一弥『日本語尾音索引―古語編―』(笠間書院)を使い、三省堂『新明解古語辞典』に見出し語として採用された語を拾うと、以下の18語が得られた。

（３）　きなす（着）、かきなす（書）、ききなす（聞）、ふきなす（吹）、しなす（為）、うちなす（討）、いひなす（言）、おひなす（負）、おもひなす（思）、わびなす（詫）、みなす（見）、すみなす（住）、たたみなす（畳）、そめなす（染）、ほめなす（誉）、つくりなす（作）、かたりなす（語）、とりなす（取）

このように、一見して、現代語と古典語との間には相違が見られるのであるが、この相違がどこからもたらされるのかについて、まず考えてみる必要があろう。そのためには、古典語の「〜ナス」複合動詞について、もう少し詳しく観察する必要がある。

　古典語における意味・用法については、三省堂『新明解古語辞典』に、次のような記述がある。

（４）　①（上の補足語を受けて）ドノヨウニスルカトイウ…ノヨウニスル、の意を表す。「直衣ばかりをしどけなく着―・し給ひて（＝しどけないト形容サレル着方ヲナサッテ）」〔源氏・帚木〕
　　　②（言語・活動・思考を表す語に付き）上ニ述ベタ内容ヲ言ウ（思ウ）、の意を表す語。「『君をし見れば』と書き―・したる（＝ナント書イタカトイウ『…』ト書イタノヲ）」〔枕・二三・清涼殿の〕
　　　③コトサラニ…スル、…シナイデモイイノニト思ッテイルノニ…スル、の意を表す語。「なかうど、いづかたも心にくきさまに言ひ―・して（＝実際ハソレホドデモナイノニ、コトサラ心にくいヨウニ言ッテ）」〔徒然・二四〇〕

現行の辞書類の中では最も多くの記述が費やされており、注目に値する。

ここでは、その意味が3つに分類されているが、①②はほぼ同趣のことを述べたものと理解される。すなわち、「～ナス」複合動詞が表す意味は、共起する連用修飾句や引用句を含めて記述されなければならないというものである。ただしその結果、後項「なす」の表す意は非常に希薄なものとして記述されることになる。①の「しどけなく着なす」、②の「『君をし見れば』と書きなす」は、それぞれ「しどけなく着る」「『……』と書く」と言い換えても、大した意味の差はないかのようである。そうすると、この場合の「なす」は一体どのような機能を果たしているのか、今少し考えてみる必要があろう。

さらに注目されるのが③の記述である。「ことさらに」のように、動作主の意図性が強く表出されたものと述べられている。このように、「～ナス」複合動詞を「故意に」「作為的に」行う動作と捉える見方は、『角川古語大辞典』『小学館古語大辞典』『岩波古語辞典』『旺文社古語辞典』などにも示されている。しかしながら、この点については、北山谿太『源氏物語辞典』（平凡社）に、「有意的になすの意にはあらず」との反論がある[1]。確かに、すべての用例を「故意に」と訳すことは難しいようで、そうすると、どのような場合に「意図性」が感じられるのか、検討されなければならないだろう。さらに、「意図性」が感じられる用例もやはり存在するとするならば、その表現性がどこからもたらされるのかについても、考察の必要があろう。

これまでの研究において、「～ナス」複合動詞について正面から論じられたものは見あたらない。したがって、その意味・用法については辞書類を参照する以外ないのであるが、上述のように必ずしも一致した見解が示されているとは言い難い。本章では、古典語の「～ナス」複合動詞について、語形成論の立場から考察を試みる。

## 2. 古典語における様相

古典語の「～ナス」複合動詞について、まずはその様相を概観しておく。この動詞結合は上代にはすでに行われており、『万葉集』には次の2例が見られる。

（5）a. 照る月を闇にみなして〔闇尓見成而〕泣く涙衣ぬらしつ乾す人なしに
　　　　　　　　　　　　　　　　　　　　　　　（万葉集・巻4・690）
　　　b. 味飯を水に醸みなし〔水尓醸成〕我が待ちしかひはさねなし直にしあらねば
　　　　　　　　　　　　　　　　　　　　　　　（同・巻16・3810）

一字一音表記でないとはいうものの、この時代に「見なす」「醸みなす」という複合動詞が存したことは認めてよいものと思う[2]。
　次に、中古については『源氏物語』を資料として用いたところ、異なり語数としては49の用例を拾うことができた。以下、いくつかその例を掲げておく。

（6）a. いと心ことによしありて同じ木草をも植ゑなし給へり
　　　　　　　　　　　　　　　　　　　　　　　（源氏物語・若紫）
　　　b. さらぬ法師ばらなどにも、皆いひなすさま、ことに侍り　（夕顔）
　　　c. 御几帳などを、風の、あらはに吹きなせば、中の宮奥に入り給ふ
　　　　　　　　　　　　　　　　　　　　　　　（総角）
　　　d. かく、女々しうねぢけて、まねびなすこそ、いとほしけれ　（宿木）

このとき、次に掲げるように、待遇を伴った語とも複合する点は注目される。

（7）a. われはおぼし咎めずとも、よからぬさまにきこえなす人々、かならずあらん
　　　　　　　　　　　　　　　　　　　　　　　（源氏物語・若菜下）
　　　b. をむながたの心浅きやうに思しなすぞ、わりなきや　（夕霧）
　　　c. ちさうどきて、らうがはしく聞し召しなすをとがめ出つゝ　（賢木）
　　　d. 物語を、いとわざとの事にのたまひなしつ　（蛍）

これらの例は、複合動詞を形成する「なす」の造語力の一端を示しているといえる。ただし、これまでの研究でも明らかなように、この期の複合動詞は

現代語ほど結合度が高くないと考えられ、次のように、前項動詞と後項動詞の間に助詞が入ったものも見られる[3]。

（8）香をとめて来つるかひなくおほかたの花のたよりといひやなすべき
　　　　　　　　　　　　　　　　　　　　　　　　　　（源氏物語・幻）

　次にやや時代を下り、院政期の資料として『今昔物語集』、鎌倉期の資料として『延慶本平家物語』を調査したところ、『今昔物語集』には19語、『平家物語』には14語の用例が見られた。以下に、中古には見られなかったものをいくつか掲げておく。

（9）a. 三年ヲ経テ、如此ク運ブト云ヘドモ、埋ミ成ス事ヲ不得ズ
　　　　　　　　　　　　　　　　　　　　　　　　　（今昔物語集・巻9・46）
　　　b. 下ナル弟押返シテ、兄ヲ下ニ押成シテ、頸ヲフツト昨切落シテ
　　　　　　　　　　　　　　　　　　　　　　　　　　（同・巻27・13）
　　　c. 左右ノ袖ヲ引跣テ、片膝ヲ立テ、今片膝ヲバ臥テ、極テ月々シク居成シテ
　　　　　　　　　　　　　　　　　　　　　　　　　　（同・巻28・30）
　　　d. アラワセテミ給ヘバ、シラガフウキニ洗ヒナシテケリ
　　　　　　　　　　　　　　　　　　　　　　　　　（平家物語・巻3末・38オ）
　　　e. 褐ノ鎧直垂ニ火威ノ鎧着テ、五枚甲居頚ニ着ナシテ、重藤ノ弓ニ、廿四指タル高ウスベヲノ矢ヲ、後高ニ負ナシテ、三尺五寸ノマロマキノ太刀ヲカモメ尻ニハキナシテ　　（同・巻2中・52ウ）
　　　f. 高山三百余騎ノ勢、五十余騎ニセメナサル　（同・巻3本・82オ）

(9e)のように、「着なして」「負ひなして」「履きなして」と、続けて「〜ナス」複合動詞が用いられる例は特徴的である。また(9c)の例については、『今昔物語集』と同文説話を持つ、『宇治拾遺物語』の対応箇所でもやはり「居なす」が用いられており、「〜ナス」複合動詞が一般的であったことを示している。

(10)　左右の袖つくろひ、くゝりひきゆひ、かた膝たて、今かた膝ふせて、
　　　いみじくつきゞしくゐなして　　　　　　　（宇治拾遺物語・巻2・5）

　以上のように、限られた作品においてであるが、古典語における「〜ナス」複合動詞の用例について調査したところ、かなり多くの語が見られることが分かった。得られた語の一覧を、(11)として以下に掲げておくこととする。

(11)　あつかひなす、あらひなす、いひなす、うちなす、うづみなす、うゑなす、おこなひなす、おしなす、おひなす、おもひなす、おりなす、かきなす、かこちなす、かすめなす、かたりなす、かまへなす、かみなす、合薬しなす、ききなす、きなす、さしなす、しつらひなす、しなす、すみなす、すまひなす、すりなす、せめなす、奏しなす、たたみなす、たばかりなす、つかひなす、つくりなす、つくろひなす、ととのへなす、とひなす、とりなす、はきなす、ひきなす、ふきなす、ふみなす、ふるまひなす、まかなひなす、まつりごちなす、まねびなす、みなす、むすびなす、やすらひなす、やりなす、ゆひなす、よせなす、よみなす、ゐなす、をしへなす
　　　おしゃりなす、おぼしなす、おもほしなす、きこえなす、きこえさせなす、きこしめしなす、御覧じなす、つかうまつりなす、のたまはせなす、のたまひなす、まうしなす、めされなす、ものしたまひなす、をもたまへなす

## 3.　「〜ナス」複合動詞の構造

　複合動詞「〜ナス」の用法を分析するにあたり、後項動詞「なす」が単独で用いられる際の用法とどのような関わりがあるのか、まず検討されなければならないだろう。「なす」は、(12)に示すように、「なる」という自動詞と自他対応関係にある[4]。

(12) a. しなてる片岡山に飯に飢て臥せるその旅人あはれ親無しに汝なりけめや〔那禮奈理難迷夜〕　　　　　（日本書紀・推古21年12月）
　　 b. 大君は神にしませば赤駒の腹這ふ田居を都となしつ〔京師跡奈之都〕　　　　　　　　　　　　　　　（万葉集・巻19・4260）

したがって、「なす」は、〈「なる」ようにする〉という意を表しているといえる。「なす」の用法を記述するにあたり、まずは、この自動詞「なる」の用法から検討していくこととする。
　「なる」の用法は非常に幅が広く、すべてを記述し尽くすことは難しいが、大まかに捉えるならば次の3種に分けられよう。

(13) a. 踏み脱きて行くちふ人は石木よりなり出し人か〔奈利提志比等迦〕
　　　　　　　　　　　　　　　　　　　　　　　　（万葉集・巻5・800）
　　 b. 世の中は恋繁しゑやかくしあらば梅の花にもならましものを〔奈良麻之勿能怨〕　　　　　　　　　　（同・巻5・819）
　　 c. 思ふことならでは世中に生きてなにかせん　　（竹取物語）

(13a)に代表されるのは、「生る」と表記されるようなもので〈新たに生じる〉という意を表すものである。現代語の「実がなる」のような「なる」もこの類であろう。(13b)は、〈ある状態への変化〉を表したものの例である。(13b)では、「梅の花になる」のように「に」が現れているが、ここに「と」が現れ、「～となる」と示されることもある。そして(13c)は、〈ある事柄の成立〉あるいは〈結果の実現〉というような意で用いられた例である。これは、現代語ならば「成る」と表記されるもので、いわゆる可能や尊敬の用法はここから派生したものと考えられる。
　これに対応する形で「なす」について示すと、次のような例が挙げられる。

(14) a. おのがなさぬ子なれば、心にも従はずなんある　　（竹取物語）

  b.　かたちこそみ山がくれのくちきなれ心は花になさばなりなん

（古今集・875）

  c.　ことなし草は、思ふ事をなすにやと思ふもをかし　（枕草子・66段）

　(14a)は「生み出す」の意、(14b)は「変化」を引き起こす意、そして(14c)は「成就する」の意である。これらはそれぞれ、(13)の「なる」と自他対応をなしていると考えられる。

　上に掲げた「なす」の3つの用法について、これらは文型から見ると2種に分けることができる。すなわち、「AヲBニ　ナス」と、「Cヲ　ナス」の2種であり、(14b)の例が前者、(14a)(14c)の例が後者である。(14b)では、「心」から「花」への「変化」が表されており、元の状態が「ヲ」、その結果が「ニ」で表されている。つまり、これは「AヲBニナス」という文型で一般化することができ、AからBへの「変化」を表していると考えられる。これに対し、(14a)あるいは(14c)のように、「生み出す」「成就する」といった意味を表す場合、ヲ格に現れるのは、「子」や「思ふ事」といった、実現の「結果」である。つまり、これらはともに「Cヲナス」という文型によって一般化できると考えられる[5]。この場合のCは「結果状態」であり、その意味において、「AヲBニナス」のBに近いものといえる。逆に言えば、同じヲ格であっても、Aは変化を受ける前の対象、Cは変化結果を表すという点で、全く異なることが分かる。

　このような観点から「〜ナス」複合動詞を分析してみると、どのような結果が得られるだろうか。これは、次のように、「ニ」を伴う句と共起する例が非常に多いことから帰納することができよう。

(15)　a.　思はぬ人を思ふ顔にとりなす言の葉、多かる物　（源氏物語・総角）
  b.　現ニ人ヲ馬ニ打成ケル、更ニ不心得ズ　（今昔物語集・巻31・14）
  c.　入道是ヲ取テ打返シ〱ヨク〱ミルニ、文字ノスガタニゾ見ナヒ
  　　タル

（平家物語・巻1末・91ウ）

これまで挙げた例においても、「ニ」句を伴う例が多かったのであるが、結局これは、どのような「変化」であるのか、その変化結果を具体的に示したものと考えられる。『日葡辞書』にも、次のように見られる。

(16)　Caburo. カブロ（禿）頭髪をやや長めに切り回した髪形。〈中略〉
　　　Yamauo caburoni qiri nasu.（山を禿に切りなす）山林や木の枝などを間伐したり、刈り込んだりする。　　　　　　　（邦訳日葡辞書・p.71）

　以上のように、「…ニ〜ナス」という文型が数多く存することから、「〜ナス」複合動詞の場合の文型は、「Ｃヲナス」ではなく「ＡヲＢニナス」であると考えられる。実際、ヲ格に現れている(15b)の「人」や(16)の「山」が、「変化結果」を表したものではなく、変化を受ける「対象」であることは明らかであろう。すなわち、「〜ナス」複合動詞は、ある状態からある状態への「変化」を表したものであると考えられる。
　先にも触れたが、「変化結果」を示すという意味では、「ト」で受けた引用句も、「ニ」句の場合とほぼ同じはたらきをなすものといえる。

(17) a.「さらに浅くはあらじ」と思ひなし給へと　　　（源氏物語・帚木）
　　 b.「皇子ニハオハシマサズ」ト云ナシテ、源以光ト号シ奉ル
　　　　　　　　　　　　　　　　　　　　　　　　（平家物語・巻2中・72オ）

引用句として示された内容は、具体的にどのように「思ひなし」たのか、あるいは、「云ひなす」ことによって生じる変化結果が、具体的にはどのような形で顕現したのかということを、いわば「連用修飾」する形で示しているものと考えられる[6]。

　以上のように、「〜ナス」複合動詞は、ある種の「変化」を表すものであると考えられる。したがって、「ニ」句や「ト」句のような「結果を表す副詞句」[7]と共起することは、いわば自然な現象として理解される。しかしなが

らここで注目すべき点は、「〜ナス」が用いられる文においては、「ニ」句や「ト」句が文中で必須の要素となっているのではないかという点である。

これは、「〜ナス」はある種の「変化」を表すとはいうものの、それがどのような「変化」なのかということを、動詞のみでは表し得ないためではないかと考えられる。「くだく」とは「くだける」ようにする行為であるし、「倒す」とは「倒れる」ことを引き起こそうとする動作である。ところが、「なす」は、「なる」ようにする、というわけであるから、どのように「なる」のか、という具体的な「変化」の方向性を持たないのではないかと考えられる。

影山(1993: 120)では、語彙概念構造を用いて、「切り倒す」という語の構造が次のように示されている。

(18) 切り倒す：[$_x$ CAUSE [BECOME [$_y$ FALLEN]]] BY [$_x$ CUT $_y$]

「切る」という動作様態が、「倒れる」状態になることを引き起こす、という構造を抽象化して示したものである。これにならって、(16)でも触れた「切りなす」という語について示すと、次の(19)のようになるのではないかと思う。

(19) 切りなす：[$_x$ CAUSE [BECOME [$_y$ $\phi$ ]]] BY [$_x$ CUT $_y$]

すなわち、切る(CUT)という動作によって、ある状態になる(BECOME)ことを引き起こす(CAUSE)というのであるが、この場合、引き起こされる状態がどのような状態であるのかが示されないのではないかと考えられる(したがって(19)では「$\phi$」で示した)。

このように、「〜ナス」複合動詞は、動詞それ自体では「変化の方向性」を表し得ないものと考えられる。「木を切り倒す」は、「木を真っ二つに切り倒す」とも表現できるが、「真っ二つに」という副詞句は、いわば任意の要素である。したがって、「木を切り倒す」でも十分に表現として成り立つ。しかし、「木を切りなす」では、どのように「切りなし」たのか分からない

ため、表現として不十分である。ここに、「禿に」のような「ニ」句が必須の要素として求められることになると考えられる。「桜を見なす」ではやはり不十分で、「桜を雪にみなす」のように、「雪に」を補わなければ文は成り立たない。すなわち、変化の具体的な方向を示す「ニ」句は、「〜ナス」複合動詞にとっては、いわば必要条件として備わっていると考えられるのである。

　このように見ることによって、「〜ナス」複合動詞が用いられる文における「ニ」句を「副詞句」と記述することは、いささか不適切であることが分かる。すなわち、これらの「ニ」句は任意の要素としての付加詞(adjunct)ではなく、述語に選択される項(argument)としての性質を持つものと考えられる。そして、これらの「ニ」句は、ある種の結果状態を表すのであるから、Takezawa(1993)やKoizumi(1994)で説かれるような、「結果の二次述部(secondary resultative predicates)」として捉えるべきではないかと考えられる[8]。二次述部の具体的な例は、次のようなものである。

(20) a.　太郎が壁を真っ白に塗った
　　 b.　花子がくたくたに疲れた

　(20)の文における「真っ白に」「くたくたに」は、述語「塗る」「疲れる」に選択される一方で、「壁」「花子」に対し述語として機能している。
　「〜ナス」複合動詞が用いられる文における「ニ」句もこれら同様、「結果の二次述部」と捉えるのが妥当であると考えられる。「山を禿に切りなす」「桜を雪に見なす」の「禿に」「雪に」は、目的語「山」「桜」に対して、結果状態を表す述語として機能していると見ることができよう。これは、次のような「ト」句の場合も同様であると考えられる。

(21) 「国府ニ召ス」ト云成テ、経方彼ノ女ノ許ニ行ニケリ
　　　　　　　　　　　　　　　　　　(今昔物語集・巻31・10)

(21)は、嫉妬深い妻に対し、経方が嘘をついて愛人のところへ行く場面である。どのように「言いなし」たのか、という結果状態が「国府に召すと」という「ト」句で表されているのであり、「女のところへ行くことを」という様な目的語が省略されているものと考えられる。すなわち、これは「Aヲ Bト〜ナス」という文型で捉えられ、「Bト」で表される「ト」句もやはり、二次述部として捉えることができるものと考えられる。

以上のように、「〜ナス」複合動詞が用いられる構文は、〈「結果の二次述部」を項としてとる〉と記述されるものと考えられる。

## 4.「〜ナス」複合動詞の表現性

前節で見たように、「〜ナス」複合動詞は、ある「結果状態」をもたらす「変化」を表す。この「結果状態」を表す句は、いわゆる「二次述部」として「〜ナス」複合動詞が用いられる文においては必須の要素であった。これは逆に見れば、ある動作を必ず何らかの変化結果をもたらす動作として表現しようとしたものが、「〜ナス」複合動詞であるということができる。

「〜ナス」が有するとされる「ことさらに」といった表現性は、このような性格に求められるのではないかと考えられる。すなわち、具体的な「変化の方向づけ」を行おうとするところに、その動作主の「意図性」が表出されることになるのではないだろうか。次に挙げる例は、「ことさらに」とか「故意に」とかいった形で訳出されることが多い例文である。

(22) a. 人にも見え知られ、ことさらに許されたる有様にしなして
 (源氏物語・若菜下)
 b. せめてわれ賢にかこちなし給へば、女房などは少しつきしろふ
 (同・若菜下)
 c. 己が好む方にほめなすこそ、その人の日ごろの本意にもあらずやと覚ゆれ
 (徒然草・143段)

(22a)の「しなす」は、単に「す」ではなく、「許されたる有様に」なるような「変化結果」を生じる動作として表現したものであると考えられる。そのような「変化の方向づけ」を行おうとする動作主の意識が、「ことさらに」と共起することによって、より強く感じられることになっていると解釈される。(22b・c)も同様で、「かこつ」「ほむ」という動作を変化結果を伴う動作として表現したものが、「かこちなす」「ほめなす」であると考えられる。その結果状態が、(22b)では「われ賢に」、(22c)では「おのれが好む方に」という様に、動作主よりの表現となっていることも、これらの例が「ことさらに」と訳出されやすい要因であろうと考えられる。

　逆に、次のような例は、「ことさらに」といった訳はあてにくいものである。

(23) a. 女どちは草繁う住みなし給へりしを　　　　（源氏物語・夕霧）
　　 b. 物狂をしげなる様どもを、さしも思知らぬにや、安らかに乗りなして　　　　　　　　　　　　　　　　　（狭衣物語・巻4）

　(23)における「住みなす」「乗りなす」は、意図的な動作としては解釈しにくい。これは、「草繁う」「安らかに」という結果状態への到達が、動作主が積極的に関わらないことで成り立つものであるからと考えられる。

　このように、「結果状態」をもたらす「変化」を引き起こすための「動作」に、動作主が積極的に関与する時、その意図性が表出され、「作為的な動作」というニュアンスが生じるものと考えられる。このことを考えるにあたって、次の『日葡辞書』の記述は非常に示唆的である。

(24) a. Iynaxi, su, aita. イイナシ、ス、イタ（言ひなし、す、いた）物事の良い面、または、悪い面を強調して、それと断定するようなふうに言う。　　　　　　　　　　　　　　　　　（邦訳日葡辞書・p.352）
　　 b. Qiqinaxi, su, aita. キキナシ、ス、イタ（聞き做し、す、いた）ある事を聞いて、それを良い方へか悪い方へか解して受け取る。

(同・p. 497)
　　c. Minaxi, su, aita. ミナシ、ス、イタ（見なし、す、いた）物事を見るのに、良い方、または、悪い方へと引きつけて、それを良く見る、または、悪く見る。
(同・p. 407)
　　d. Yominaxi, su, aita. ヨミナシ、ス、イタ（読みなし、す、いた）ある事を、書いてあるとおりに読まないで、自分の思うようにとりなして読む。
(同・p. 827)

　(24)は、いずれも文例を省略し、見出し語に対する説明の部分のみを抽出したものである。このように、文情報の助けを借りずにその単語の意味を記そうとすると、「良い方へか悪い方へか解して」といった補足説明が必要となっている点は注目に値する。すなわち、これらの動作によってもたらされる「結果状態」は、動作主の恣意性によって決まるような性質のものと考えられるのである。
　「言いなし」たり「聞きなし」たりする行為は、「良い方、または、悪い方へと引きつけ」ることによって成立するが、それは動作主が「自分の思うように」行うことができるものである。そうすると、この場合の「ＡヲＢニ～ナス」におけるＡからＢへの「変化」は、現実世界で起こるものではなく、動作主の意識の下において起こるという性質のものと考えられる。言い換えるならば、「言いなす」「聞きなす」行為は、「言う」「聞く」動作を、動作主の意識下で操作することにより、ある「変化」を生ぜしめるものとして表したものと考えられるのである。
　「見なす」「読みなす」も同様で、これらの動作によって引き起こされる「変化」は、動作主自身にとっての「変化」であると考えられる。「桜を雪に見なす」という場合、現実世界において「桜」が「雪」に変化するわけではない。「桜」から「雪」に「変化」するのは、あくまでも動作主の意識下においてである。「桜を見る」ことによって、それを「雪」というものに変化せしめて認識する行為、これが「桜を雪に見なす」という行為であるといえよう。

以上のように、これらの「〜ナス」複合動詞は、その変化の具体的な方向性が、動作主の認識によって決定されるものと考えられる。これは、「言う」「聞く」「見る」などの動詞が、主体の「動作」のみを表して「変化」を表さない、「主体動作動詞」であるためであると考えられる[9]。「主体動作動詞」によって、何らかの「変化」を表そうとすることは論理的に飛躍があるが、それでも「なす」という動詞と複合することによって、ある種の「変化」を表す表現を手に入れることはできた。しかしそれは必然的に、現実世界における「変化」ではなく、動作主の頭の中で起こる「変化」を表すものであったのである。そして、このような動作主の意識に基づいて「変化」の方向性が決定されるような動作であるがゆえに、動作主の「意図性」が強く表出されることになるものと考えられよう。

　その点において、次に掲げる、前出の「着なす」「履きなす」などは、「ことさらに」といったニュアンスはあまり感じられないとされる。

(25)　褐ノ鎧直垂ニ火威ノ鎧着テ、五枚甲居頚ニ着ナシテ、重藤ノ弓ニ、廿四指タル高ウスベヲノ矢ヲ、後高ニ負ナシテ、三尺五寸ノマロマキノ太刀ヲカモメ尻ニハキナシテ　　　　　　　　((9e)の再掲)

「どのように」着ているのか、あるいは「どのような様子で」身につけているのかという、結果状態に注目した表現と見るべきもののようである。次の諸例も同様であるといえる。

(26) a.　この人々は、安らかにおりなしつるを、車は高く、おるゝ所はくだりたるを　　　　　　　　　　　　　　　　（源氏物語・宿木）
　　 b.　太刀を栲のやうにとりなして、走りはやまりたる者に、俄にふと立むかひければ　　　　　　　　　　　　（宇治拾遺物語・巻11・8）
　　 c.　孟浩注ニ地ノ白カミヲ赤ウソメナイタヲ云ゾ（蒙求抄・巻5・14ウ）

このうち、(26a)として挙げた例は、北山谿太『源氏物語辞典』(前出)に、「故

意ニナス意ナキコトヲ知ラン」として挙げられたものである。

　これら「着なす」「履きなす」などの動詞が、「見なす」「聞きなす」などと異なるのは、前項動詞の「変化」に関する性質ではないかと考えられる（以下、「変化」を表すものを［＋変化］、そうでないものを［－変化］と記す）。「着る」「履く」は、そのはたらきかけの動作の結果、動作主体自身も変化を起こす「再帰動詞」であるから、［＋変化］である。「降りる」「取る」「染める」行為もやはり［＋変化］であり、この点において「見る」「聞く」などとは異なっている[10]。

　これはすなわち、「なす」単独では担い得ない「変化の方向づけ」が、前項動詞によって表されているためではないかと考えられる。つまり、「着る」にしても「履く」にしても、そのような状態への「変化」が起こることは約束されている。これらの動詞の後項に「なす」を複合させ、「ＡヲＢニ～ナス」という文型を作っても、「着る」「履く」状態への「変化」は、現実に生じることが既に定まっている。したがって、「着る」「履く」と「着なす」「履きなす」の違いは、二次述部を要求するか否かの相違のみということになる。このため、表現性としては、二次述部としての「Ｂニ」の部分、すなわち「どのように」着ているのか、履いているのかという、「結果状態」が強調されるような表現になるのではないかと考えられる。

　このように、前項動詞が［＋変化］である場合、「変化の方向づけ」を行おうとする動作主の関与は、いささか弱くなる。その「変化」自体は、前項動詞によって既に定まっているためで、そのために「意図的な動作」という解釈があまり成り立たなくなるものと考えられる。逆に前項動詞が［－変化］である場合、「変化」それ自体が動作主によって定められなければならない。こちらは、動作主が強く関与することで成り立っている表現であるといえるだろう。

　以上のように、「変化」を引き起こす「動作」に、動作主が強く関与するとき、「ことさらに」といった表現性が生じるものと考えられる。これは、「～ナス」複合動詞が、必ず変化結果を伴う動作として表現しようとする形式であったためと考えられよう[11]。

## 5. おわりに

　複合動詞は、2つの異なる動詞が複合して1つの「語」となったものであるから、個々の動詞の元の単独用法との関わりを考えることは、当然の手続きである。そしてその際、本来の意味をどれだけ残しているかという観点からの分析が、これまでの研究において重要な側面を明らかにしてきた。そのような意味において、「～ナス」の場合、元の動詞単独では感じられない「意図性」が備わっているものもあり、「複合」によってさらなる表現性が付加されているという点で、非常に興味深い語形成であるといえよう。

　「～ナス」複合動詞は、古代語から現代語へと移り変わるにしたがって、次第にその勢力を弱めていっている。これには、「なす」という動詞そのものがあまり使用されなくなり、「する」に取って代わられているという事実をまず考える必要があろう。しかし、衰退の要因は、古代語と現代語の複合語形成の本質的な相違に基づくものかもしれない。複合動詞一般からみた位置づけについては、今後の課題としておきたい。

注
1　同趣の考え方は、北山(1951)などにも示されている。
2　阪倉(1966)では、書紀古訓の「カキナス(書)」の例が挙げられている。
3　関(1977)で述べられるように、係助詞の介入は、「て」「つつ」などの介入と異なり、その複合の緊密性を否定するものではないと考えられる。個々の動詞の叙述性は保たれながらも、複合形式としての緊密度は高い、というのがこの期の「～ナス」複合動詞の状況ではないかと考える。
　このことと関連して、次のように、前項がサ変動詞であるものがいくつか見られる点は注目される。
　　・「身を捨つるさまにも」とこそ、思う給へ知りて侍るを。いかに御覧じなす
　　　ことにかは侍らん　　　　　　　　　　　　　　　　　（源氏物語・藤裏葉）
　　・然レドモ、思ヒ煩テ乳ヲ非ヌ様ニ合薬シ成シテ、「他ノ薬ゾ」ト云テ奉リツ
　　　　　　　　　　　　　　　　　　　　　　　　　　　（今昔物語集・巻4・31）

影山(1993: 74-177)では、現代語を対象として、語彙部門で形成される複合動詞と統語部門で形成される複合動詞の区別が主張されている。そして、統語的に派生されるサ変動詞は、統語的複合動詞の前項にしかなり得ないことが述べられている。つまり、古典語の「〜ナス」複合動詞は、影山のいう「統語的複合動詞」に近い性格を有する部分があることになる。

4 奥津(1967)に、「なる」と「する」の間に自他の対応を認めるような記述があるが、「なる」に対応する他動詞形は、あくまでも「なす」であると考えられ、これは現代語でも同様であろうと思う。

5 同じ「Cヲナス」でも、「子をなす」と「思ふ事をなす」では、前者がモノ、後者がコトという相違がある。「喜ヲナス」「怒ヲナス」など、青木毅(1997)で「機能動詞」とされた「なす」の用法は、「コトヲナス」の一部として捉えられよう。すなわち、「喜び」「怒り」という「結果状態」への到達を表したものと考えられる。

6 「〜ト」引用句が副詞的成分であるとされる、藤田(1999)などに拠った。

7 仁田(1983)の用語に拠る。

8 二次述部にはこの他、「記述の二次述部(secondary depictive predicates)」と呼ばれるものがある。これは、次のようなものである。
・太郎が鰹を生で食べた
・花子が着物姿で踊った

9 工藤(1995)の用語に拠る。以下の記述においても、工藤論文の動詞分類を参考としたところがある。

10 複合動詞を「変化」という観点から分析されたものに、石井(1983a・1983b)がある。そこでは、現代語の複合動詞においては、前項が[−変化]、後項が[＋変化]という組み合わせが最も一般的であることが述べられている。しかし、今回得られた、古典語の「〜ナス」複合動詞の前項動詞は、約半数が[＋変化]である。この相違は、注3とも関連することで、古典語の複合語構造を考える上で重要な問題であろうと考えられるが、詳細は別の機会に譲りたい。

11 時代は下がるが、「しなす」という語が狂言資料に多く見られ、「しなひたり」の形で「しくじった、仕損なった」の意で用いられている(坂口至氏のご教示による)。
・あゝしなひたり、是をぬらすまひと思ふてかしらまでぬらひた
(虎明本狂言・輝)
・あゝ、なむさむぼう((てをうち))しなひたりなりかなやれ　　(同・粟田口)
ここでの「しなす」は、マイナス評価を帯びているものと考えられる。意図的な動作を表現する形式がマイナス評価へとつながっていくことは、「散らかす」「冷やかす」などの「カス型動詞」と共通するものである(→第Ⅱ部参照)。このような例の存在は、「〜ナス」複合動詞に「意図性」が備わっていることを支えるも

のといえよう。

# 第2章 「〜キル」の展開

## 1. はじめに

現代共通語において、複合動詞「〜キル」は次のように用いられる。

（1）a. 完全に…する。最後まで…する。「全財産を使い―」「坂道を上り―」
　　 b. すっかり…する。ひどく…する。「分かり―ったことを言う」「澄み―った空」
　　 c. はっきり…する。きっぱり…する。「必ずやって見せると言い―」「関係を断ち―」　　　（北原保雄編『明鏡国語辞典』大修館書店）

（1）では3つの意味が示されているが、これらの意味は前項動詞によって定まっている。(1c)の意味は「言い切る」「断ち切る」「思い切る」などにしか見られず、多分に語彙的である。(1a)と(1b)の相違については、金田一(1950)にすでに指摘がある。

（2）a. 継続動詞につくと「全部」「終わりまで」を意味する
　　　　例：「本を読み切る」
　　 b. 瞬間動詞にはあまりつかないが、もしつけば「十二分に」の意となる
　　　　例：「分かりきったこと」

金田一論文では、状態動詞の類には付接しないことも指摘されている (ex.

*ありきる)。
　これを受けてさらに詳しく記述されたものに、姫野(1999: 173–195)がある。

（３）a. 語彙的複合動詞〈他動詞＋きる＝自動詞＋きる＝他動詞〉
　　　　① 切断(鉄棒を焼ききる、はさみきる、すりきる、ねじりきる)
　　　　② 終結(難局を乗りきる、振りきる、思いきる、割りきる、言いきる)
　　b. 統語的複合動詞〈自動詞＋きる＝自動詞、他動詞＋きる＝他動詞〉
　　　　① 完遂(学生が走りきる、小説を読みきる)…継続動詞・意志動詞
　　　　② 極度(手足が冷えきる、相手をなめきる)…瞬間動詞・結果動詞

影山(1993)の「語彙的複合動詞」「統語的複合動詞」の区別を用いたもので、おおむね妥当なものといえよう。ただし、(3a)②「終結」と、(1c)の「きっぱり〜する」「はっきり〜する」という意味の関係が若干問題となるが、これについては後ほど検討したい。ここでは、これらが「語彙的」なレベルのものであることを確認するにとどめておく。
　さて、現代語におけるこのような様相は、どのようにして形成されたのであろうか。これらの意味用法の歴史的展開は、文法化の研究が盛んになってきた現今の状況に鑑みても、考えてみる必要があろうと思う。
　さらに興味深いことに、九州方言においては、この形式が可能表現として用いられる。九州方言学会(1969: 274–275)の記述を以下に掲げておこう。

（４）　可能態は、「能力可能」と「状況可能」とが、異なった叙法によって表される地域が多い。「能力可能」としては、肥後および日向北部を含む中・北部一帯で、「酒オ飲ミキル」などのように、「〜キル」がおこなわれる。

「〜キル」の歴史的展開の中に、この可能の意味も位置づけることができよう。したがって、「可能」という意味の発生のプロセスについて、古典語か

ら現在方言にわたる、幅広いデータに基づいた考察が可能であるように思う。また、(4)では「能力可能」と「状況可能」という分類がなされているが、渋谷(1993a)では、これとは異なった新しい枠組みも提案されている。「～キル」が「可能」というカテゴリーの中でどのように位置づけられるべきかについても、あらためて考察してみる必要があろう。これは同時に、「～キル」という形式を手がかりとして、適切な「可能」の枠組みを考えるということにもなろう。

　以上のように、本章では、「～キル」の意味・用法について、現在方言の状況をも視野に入れながら、その歴史的展開について考察を試みる。

## 2. 古典語(中古～中世)

### 2.1 中古語

　中古における実態を知る手がかりとして、まず『平安時代複合動詞索引』(東辻保和他編 2003、清文堂)をひもとくと、以下のような語が得られた。

> 射―、言ひ―、打ち―、押し―、思ひ―、掻き―、聞こえ―、食ひ―、食ひ―落す、差し―、定め―、奏し―、断ち―、立て―、摘み―、挟み―、食み―、張り―、引き―、吹き―、申し―、寄せ―

一見して分かるように、「射切る」「打ち切る」のように、「切断」を表すものが圧倒的に多い。そのいくつかを下に掲げる。

(5) a. 夏冬の御装束、朝夕さりの御物に多くのものを尽して、頭より足末まで綾錦を裁ち切りて　　　　　　　　　(宇津保物語・忠こそ)
　　b. 先ヅ干瓜ヲ三切許ニ食切テ、三ツ許食ツ。次ニ鮨鮎ヲ二切許ニ食切テ、五ツ六ツ許安ラカニ食ツ　　(今昔物語集・巻28・23)
　　c. 御几帳を奥の御障子より廂の柱までひまもあらせず立てきりて
　　　　　　　　　　　　　　　　　　　　　　　　　　　(紫式部日記)

(5a・b) ともに物体の切断を表しており、本動詞「切る」の本義に最も近いものといえる。その点(5c)は「切る」対象が見あたらないようであるが、この場合「几帳」が「切る」のは、空間というべきものであろう。すなわち、空間の「遮断」を表していると考えられる。「切る」対象が、物体から空間へという〈抽象化〉が起こっているといえよう。

さらに、このような「切断」の意味が抽象化し、行為に「区切りをつける」という「終結」を表したものが、次の「言い切る」「定めきる」であろう。

（6）a. 一の宮のことも聞えきりてあるを、さりとて山のあなたにしるべする人もなきを　　　　　　　　　　　　　　　　　（和泉式部日記）
　　 b. 「……。世の人ノ、物不思ヌガ云ハム事ヲ何カ捕ヘ仰セ給フ」ト申シ切リツ　　　　　　　　　　　　　　（今昔物語集・巻4・12）
　　 c. 今宵あしともよしともさだめきりてやみなんかし　（枕草子・82段）

「言う」ことによって「区切りをつける」、ということであるから、そこから「きっぱりと」のような強調のニュアンスが生み出されるものと考えられる。(6a・b)ともに、「終結」というよりは「強調」と解した方が分かりやすい。(6c)も同様で、「はっきりと」「きっぱりと」その行為を行った、と解釈できる[1]。この他、「思い切る」にも「きっぱりと」といった意味があることから、人の認識・思考・発話といった動作と「〜キル」が複合した場合、「終結」という意味は、「強調」のニュアンスを生み出すものと考えられる。

以上のように、(5)(6)に示した、「切断」「遮断」「強調」の例は、後項「切る」の本動詞が持つ意味の広がりにおいて捉えることができる。すなわち、「切る」動作の対象が、「物体」→「空間」→「時間」と、抽象化する形で連続的に展開していると考えられる。したがって、「〜キル」の構造そのものは、前項動詞の動作によって何かを「切る」、ということで変わるところがない。中古は、このように前項・後項ともに動詞の原義を残し、なおかつ特定の語としか結びつかない、現代語の「語彙的複合動詞」にあたるものしか存在しない。

## 2.2 中世後期語

　中古で用いられた、切断・遮断、そして終結・強調の用法は現代でも用いられるもので、中世でも多くの例が見られる。(7)は前者、(8)は後者の意味で用いられたものである(以下の挙例において、【　】内は抄の原典を示したもので、抄文中には存しない)。

(7) a. 左ノワキカラ右ノワキヘトヲシテムネノ中ノ糸ヲ射キルゾ
　　　　　　　　　　　　　　　　　　　　　(漢書列伝竺桃抄・58 オ)
　　b.【未有不須友以成者】未有トマヅヨミ切テヲクガコナタノ家説ゾ
　　　　　　　　　　　　　　　　　　　　　(毛詩抄・巻9・12 ウ)
　　c. 日本ノ梁ニ有二也、一大川ヲツントセキ截テ取魚也
　　　　　　　　　　　　　　　　　　　　　(杜詩続翠抄・巻8・35 オ)
(8) a.【知死必勇、非死者難也、處死者難】思キリテ死ナウトスルハ勇ナリ、死ガ大事ナデハナイ、可死処デ死ガ大事ナゾ
　　　　　　　　　　　　　　　　　　　　　(史記抄・巻11・53 オ)
　　b. 比武フリキツテ千里ニ行ホドニ是ホド我心ノ悲事ヲバソナタモ知マイゾ
　　　　　　　　　　　　　　　　　　　　　(蒙求抄・巻1・26 ウ)
　　c. イヤト云キリタゾ　　　　　　　　　(漢書列伝綿景抄・15 オ)

　(8a)のような「思い切って」は現代語でも用いられるが、この頃に多く使用されるようになり、語彙化していったものと考えられる[2]。
　「言い切る」や「思い切る」は、「終結」させるために行う動作そのものであり、動作強調と解釈できるようなものであった。ところが、これは次第に、「終結」させる動作の結果の方が注目されるようになっていったと考えられる。そしてその動作は「きっぱりと」行われたわけであるから、結果としてそれが「十分に」「満足いく形で」行われたという解釈を生み出すようになったのではないかと考えられる。このようにして、「～キル」は、前項動詞で表される動作・作用が〈十分な／完全な状態へ至ること〉を表す文法的な形式として成立したと考えられる。

(9) a. 澄靖トハスンデ<u>シヅマリキツタ</u>者ゾ　　　　（蒙求抄・巻3・63ウ）
    b. 今ハサヤウノ事モナクシテ寂寞ト<u>サビキツテ</u>有ゾ
    　　　　　　　　　　　　　　　　　　　　　　（四河入海・巻24ノ1・19オ）
    c. 結構ナ衣裳ヲキテ<u>デタチキツテイル</u>ゾ　　（毛詩抄・巻13・7ウ）
    d. ソバニ所望ニ依テ<u>コケキツタ</u>僧ガ坐禅シタ処ヲカクゾ
    　　　　　　　　　　　　　　　　　　　　　　（山谷抄・巻3・45ウ）

　(9a)を例にとると、「静まる」という動詞で表される事態が「十分である」「完全である」ことを表すのが「静まりきる」である。このように、変化動詞に付接した場合、「極度状態」というべき意味を表すことになるが、このような例は中世においてはじめて見られるようになる。

　この時注目に値するのが、〈十分な状態へ至る〉という意味を表す「～キル」の前項動詞は、変化動詞（限界動詞）に限られているという点である。中世において、動作動詞・非限界動詞に「～キル」が付接し、動作の完遂を表した例は見られない。すなわち、そのような「完遂」を表す用法は、近世以降に発生した比較的新しい用法ではないかと考えられる[3]。

(10) a. ながの在京なれば、<u>つかひきつて</u>、あたいが御ざなひによつて、いたさうやうがおりなひ　　　　　　　　　（虎明本狂言・鏡男）
     b. 跡に擁護の、神風や千波万波を<u>押しきつて</u>、時もたがへず親子の船、もろこしの地にも着きにけり　　（国性爺合戦・第2）

## 3. 史的展開

　以上見てきた、「～キル」の意味用法の歴史的展開を示すと、以下の(11)のようになり、これらはA→B→C→Dの順序で展開してきたと考えられる。

(11) A　物の切断　　一部の動作動詞（射きる、断ちきる、掻ききる、…）

A'　空間の遮断　一部の動作動詞(仕きる、立てきる、せききる、…)
B　終結〜強調　発話・思考動詞(言ひきる、思ひきる、振りきる、…)
C　極度の状態　変化動詞、限界動詞(澄みきる、静まりきる、…)
D　動作の完遂　動作動詞、非限界動詞(使いきる、走りきる、…)

　Aは本動詞「切る」の原義を色濃く残した段階である。前項動詞の表す動作によって「切断」することを表す。「切る」対象が、物体から空間へ抽象化した段階を、A'「遮断」とした。さらに「切る」対象が抽象化したものがB段階である。「言う」「思う」行為そのものを「区切る」という意味を表し、これは結果的に「きっぱりと」といった強調を表現することとなった。ここまでは、前項動詞にかなりの制限があり、語彙的レベルである。
　「きっぱりと〜する」といった動作そのものを表す用法は、次第にその結果に注目する用法を生み出し、〈完全／十分な状態へ至る〉という意味を表すものへと変化した。ここにおいて「〜キル」は文法化を果たし、あらゆる動詞に付接することが理論上は可能となったと考えられる。しかし、「十分な状態」は、ある「変化」が表される事態(限界性を有する動詞で表される事態)の方が表現として自然であったといえよう。これが、中世後期のC段階である。限界性を有しない場合、〈十分な状態へ至る〉ということは、動作の完了という、アスペクチュアルな意味を付け加えることになる。すなわち、動作の「完遂」は二次的な意味であると考えられ、このことは、「完遂」を表すD段階は江戸期を待たなければならない、という歴史的事実が物語っている。
　森田(1989)では、現代語の意味の関係について、「動作の完了」が「強調」や「極度状態」といった意味を生み出したと記述されている[4]。現代語では「完遂」の用法が中心的であるから、上のような解釈も生まれようが、歴史をふまえるならば、若干の訂正を要しよう[5]。文法化した「〜キル」の本質は〈十分・完全な状態へ至る〉ことを表すものであり、これが「変化動詞—極度状態」「動作動詞—動作完遂」という分布を生み出しているものと考えられる[6]。

## 4. 可能への展開

本章のはじめに触れたように、九州方言では「〜キル」は可能の意味を有する。このプロセスについて、渋谷(1993a)では次のように説かれている。

(12) 九州北東部のキルは、「ある(意志的な)動作を最後までやり遂げる(完遂する)」という、そのもとの意味が転じて、動作主体のその動作をやり遂げる能力のほうに注目する能力可能形式になったものと考えることができる (渋谷1993a: 205)

このように、「動作の完遂」から可能の意味が生じたと述べられている[7]。

現代共通語では、「変化動詞・無意志動詞―極度状態」「動作動詞・意志動詞―動作完遂」という分布があり、可能文は無意志動詞では作り得ないことを考え合わせると、上記の解釈は確かに自然なように見える。また、「完遂」の意味が江戸期に入ってから生じたことと、方言の「〜キル」に可能が生じたのは比較的最近のことである、という事実との整合性もつきそうに思われる[8]。

しかしながら、動作を最後までやり遂げるという意味が「可能」の意味へ直接的に繋がるかどうかは、一度疑ってみる必要もあろう。(11)の記述によると、「動作をやり遂げる能力」に注目することによって可能が生まれるということであるが、それならば、最後までは遂行できないが途中までは出来るといった状況も想定されよう。しかしながら、「可能」とは、動作や出来事が実現する、その可能性の有無を問題にする表現であり、動作の終了時点ではなく、むしろ開始時点に注目したものといえる。

渋谷(1993a: 7–10)では、「可能文の成立条件」として次の2つが示されている。

(13) a. 動詞の条件：動作主性(＝主語名詞が動詞の表す動きに対してどれだけ自律的に関与しているか)の強いものでなければならない(森山

1988)
- 太郎は／虎は／この車は100メートル10秒で／6秒で走ることができる。
- *雨は降ることできる。*春は来ることができる。

b. 補文の命題内容の条件：「ある動作が可能である」というときの「ある動作」とは、常に話し手が期待する（待ち望む）動作、より正確には、動作主体が期待している（待ち望んでいる）であろうと話し手が考える動作でなければならない
- 人は一生に一度いい人に出会うことができる。
- *人は一生に一度いやなやつに出会うことができる。

(13a)は、上に述べたような、無意志動詞では「可能」が成り立たないことを、森山(1988)に基づき精確に定義されたものである。注目すべきは(13b)で、「話し手の期待」という、ある種の語用論的要素を設定された点である。「〜キル」の場合、次に掲げる木部他(1988)の記述にもあるように、非情物主語の例、すなわち「動作主性」が弱いと考えられる場合でも、よく用いられる。

(14) 「キル」には、「雨が降りきらんね」のような非情物が動作主になる場合がある。雨のような非情物は、日本語では一般に能力可能の主体とはならないから、このような表現は擬人法ということになるのかもしれない。しかし、この表現のなかには、たんなる擬人法だけでなく、「しばらく雨が降っていないので降って欲しい、そう思っているところへ天気が崩れてきて雨が降りそうになった、しかし降らない」といった話し手の期待と失望とがこめられているのである。その意味でやはり非情物たる「雨」に「降る」能力を期待した立派な能力可能の表現である。

この「雨が降りきらん」のような可能表現が普通に成り立つことを考える

と、(13b)の「話し手の期待」という条件は、非常に重要であると考えられよう。

これらをふまえて、あらためて「〜キル」における可能の発生を考えるとき、次に掲げる神部(1987)の記述は、非常に示唆的であるように思う。

(15) 薩摩・大隅を中心とする南部主域には、「能力可能」を表す「〜キル」がない。ただし、「〜きる」はある。が、それは、共通語にも通うもので、能力可能表現とは、直接には関係がないと言ってよい。その実例を、大隅の鹿屋の例についてとりあげてみよう。
・コン　ガケカイナ　トンキラン。(この崖からは飛びきれない。)
とあれば、これは、能力の問題ではなく、換言すれば、飛べる能力はあっても、勇気がなくて飛べない——ということだと言う。
・アタヤー　ユキラン。(私は言いきれない。〈とても言いだせない〉)
も、言いにくいことを誰が言うかとなったとき、白羽の矢の立った当人が尻ごみする場合のものである。この場合、
・アタヤー　タノンキラン。(私はとても頼みきれない。)
のように言うこともできる。これも、能力の問題ではなく、あえて言い出す勇気がないということであろう。上村孝二氏は、この種のものを、可能表現と区別して、「敢行表現」(上村1968)と言っている。

薩隅地方の「〜キル」は「可能」とは別物とされるが、「言いきらん」に「とても言い出せない」という訳があてられるように、「可能」に限りなく近い、いわば「可能」の前段階とでもいうべきものと位置づけられるように思う。いずれにしても、上村(1968)で「敢行表現」と述べられるように、「話し手の心情」が強く現れた表現である、という点は重要である。

このような「話し手の心情」は、文法化した「〜キル」の本質である〈十分な状態へ至る〉という性質から導かれるのではないかと考えられる。すなわち、鹿屋の「言いきらん」は、〈「言う」のに十分な状態でない〉という事

態を、「とてもじゃないが」という思いを込めて表したものと考えられる。このような意味は、〈言い尽くしていない〉〈言い尽くすことができない〉という「完遂」からは生じえないであろう。このような、〈～するのに十分でない〉という意味が、「話し手の心情」という条件を備える形で、動作の実現可能性の有無に重点を移した「可能」へと発展していったのではないかと考えられる。

　以上のように、可能の発生のプロセスについては、「完遂」→「可能」という道筋ではなく、〈十分な状態へ至る〉という「～キル」の本質的意味から派生したのではないかと考えられる[9]。このことを図示すると、以下の(16)のようになる。

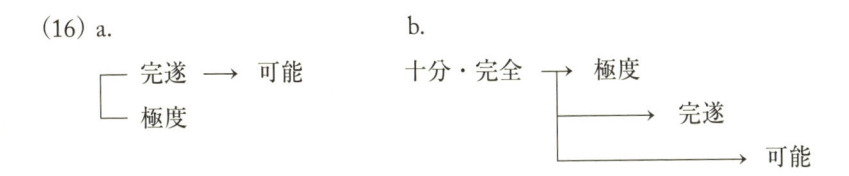

(16) a.　　　　　　　　　　b.
　　　┌ 完遂 → 可能　　　　　十分・完全 → 極度
　　　└ 極度　　　　　　　　　　　　　 ↓ 完遂
　　　　　　　　　　　　　　　　　　　　↓ 可能

極度状態、動作完遂、可能、といった意味の派生関係についても、(16b)のような形を想定することにより、それぞれの意味が出現した時期とも符合するように思う。可能の意味を生み出す下地は、江戸期に意志動詞にも付接しうる段階に至って、はじめて整ったといえよう。

## 5.　可能の意味とスケール

　「～キル」が表す可能の意味は、(4)の記述にもあるように、いわゆる「能力可能」として位置づけられている。古くから行われている「能力可能」と「状況可能」の2分法に基づいたもので、「～キル」を用いる方言の場合、次のような使い分けがかなり明確に存在する。

(17) a.　恐い映画は　見キラン

b. 明日は用事があるからそのテレビ番組　見ラレン

（木部他 1988 より）

　これは、「〜キル」の可能の発生のプロセスと密接な関係にあると考えられる。すなわち、「〜するのに十分でない」という意味から「可能」が派生したと考えられるので、その動作を「とてもじゃないが」実現することができない、といった動作主の能力そのものを問う表現となるのは自然であろうと思う。

　これに対し、渋谷（1993a: 30-31）では、以下の(18)に示すような新しい枠組みが提案されている。

(18) a.　実現系の可能　　　　　　　b.　潜在系の可能
　　　　Ⅰ　条件可能　　　　　　　　　条件可能のみ
　　　　　ⅰ　心情可能　　　　　　　　ⅰ　心情可能
　　　　　ⅱ　能力可能　　　　　　　　ⅱ　能力可能
　　　　　ⅲ　内的条件可能　　　　　　ⅲ　内的条件可能
　　　　　ⅳ　外的条件可能　　　　　　ⅳ　外的条件可能
　　　　　ⅴ　外的強制条件可能（自発）　ⅴ　外的強制条件可能（自発）
　　　　Ⅱ　結果可能

実現系（actual）と潜在系（potential）については、これまでも多くの研究があり、意味的・統語的な特徴が指摘されている。渋谷論文のオリジナルな点は、可能の「条件」を5つに細分化したところにあり、特に「心情可能」という枠組みを設定した点にある。さらに渋谷論文では、「動作主体とそれぞれの条件との密着度」という観点から、ⅰからⅴの5つの条件を、以下の(19)のようなスケールとして設定されている。

(19)　「可能の条件スケール」
　　　←動作主体内部条件　　　　　　　　　動作主体外部条件→
　　　心情・性格—能力（先天的—後天的）—内的—外的—外的強制

　動作主体と密着した「心情」を一方の極とし、動作主体の力・判断ともに及ぶ「能力」「内的条件」、外的要因が動作の実現を左右するものの動作主体の客観的な判断の及ぶ「外的条件」を介し、もう一方の極である、動作主体の力・判断の及ばない「外的強制」に行き着く、というわけである。
　この枠組みを用い、九州方言の「〜キル」を見てみると、確かに「心情可能」の場合、使用度が高くなる。1999年に、福岡県八女市の高校1年生を対象に行った、桜木（未公刊）におけるアンケート調査においても、「はずかしくて仲間に入ることができない」「恐くて見ることができない」といった例文の場合、「〜キル」は非常に高い使用率を示す。これは、先にも述べたように、「〜キル」の「可能」の意味が、「とてもじゃないが」という心情を伴うところから発生したことに鑑みると、ある程度予想された結果といえる[10]。
　しかし、ここで注目されるのは、「お腹がいっぱいで食べることができない」「陽があたらないのでこの花は成長することができない」といった、内的条件・外的条件の場合でも、「〜キル」がかなり高い使用率を示すという点である（筆者の内省〈0才から27才まで福岡市在住〉でも「〜キル」を使う）。すなわち、内的条件・外的条件であっても、話し手の「心情」が関与する可能表現であれば、「〜キル」が使用されると考えられるのである。このことは、「能力」「内的条件」「外的条件」などと同じレベルで、「心情」という枠組みを設定することの必要性を疑わせる。
　繰り返し述べるように、「話し手の心情」は、「可能」を成立させるための要件としてはたらくものではないかと考えられる。内的条件・外的条件で用いられる「〜キル」は、上の八女市ばかりでなく、愛宕(1978)で挙げられる、長崎市茂木町の「キョーワ フネモ デーキラン バイナー（今日は船も出港できないわねえ。）」といった例、木部他(1988)で挙げられる「洗濯物を

入れ過ぎたから洗濯機が マワリキラン」といった例からも見てとれる。非一人称主語、特に非情物主語の場合、「話し手の心情」は、外的・内的といった条件に関わらず強くはたらいており、そのはたらきによってはじめて可能表現として成り立っていると考えられる。

渋谷論文における「心情可能」といった枠組みの設定は、大阪方言の副詞「ヨー」の分析に基づいている。「ラブレターなんてはずかしくて<u>書くことができない</u>」のように、動作実現のための条件が動作主体の心情・性格などにある場合「ヨー」の使用度が上がること、能力可能や内的・外的条件可能に用いられた場合でも、何らかのかたちで「とてもじゃないが」などといった「話し手の気持ち」が反映することが多い、といったことから、次のような結論が述べられている。

(20)　大阪方言の副詞ヨーは、これまで能力可能を表す形式としてカテゴリカルに記述されるのが一般的であった。しかし本稿ではそれを、典型的には心情可能を表しながら、使用度の差異を示しつつ、その他の可能の意味を表すのにも用いられるものと考える　　（渋谷1993a: 34）

しかしこの場合も、能力・内的条件・外的条件の場合でも用いられることが、やはり重要ではないかと思う。そしてこのような場合、「話し手の心情」が強く反映されている、というわけであるから、「～キル」とほぼ同じ分析があてはまるのではないだろうか[11]。

副詞「ヨー」には、実現系（actual）の用法はなく、潜在系（potential）の用法しか存しないという（*書けるかどうか書いてみたら ヨー書イタ：渋谷2000）。詳しい議論は別の機会に譲るが、actual の用法はある種の語用論的要素であり、狭義の「可能」は potential の用法を指すべきではないかと考えている[12]。「可能」とは、動作の実現の可能性そのものを問う表現であるから、実際にそれが実現したかしないかは、別問題であるように思う。いずれにしても、「ヨー」は、そのような潜在的可能性を問う場合にしか用いられず、しかも一人称で用いられることが多い。実現したかどうかという「出

来事」に目を向けない、「話し手＝動作主」の「心情」が強く現れた表現、ということであるから、動作主体外部条件によって成立する「自発」的な可能表現からは、確かに遠い位置にあるといえる。

　これに対し、「〜キル」には三人称主語の例があり、実現系の用法も存在するという点において、「ヨー」とは少し異なる。しかしながら、すでに述べてきたように「とてもじゃないが」といった「話し手の心情」が強く作用した表現であり、「ヨー」同様、動作主体内部条件によって成立する可能表現であることは疑いない。可能の「条件」として、「能力可能」「状況可能」などと同じレベルで「心情可能」を新たに設ける必要性については、さらに多くの事例に基づいて検証する必要があるだろう。

　しかし一方で、渋谷論文で示された「動作主体内部条件」「動作主体外部条件」という指標は有効である。可能表現がこれら両極間に連続的に存在するというプロトタイプ的なモデルは、今後さらに有効に活用し精密化していく必要もあるだろう。

## 6.　おわりに

　以上のように、本章では、まず文献から辿ることができる「〜キル」の歴史的展開について素描し、従来の記述の若干の不備を補った。その上で、文法化した「〜キル」の本質的な意味は〈十分な状態へ至る〉ことを表すものとした。動作の「完遂」というアスペクチュアルな用法は出現が遅く、これが二次的に生じた意味であることを示していると考えられる。

　九州方言における可能の意味も、この「十分な状態」というところから派生したと考える方が自然である。可能表現が有する「状態性」をここで手に入れ、「〜するのに十分でない」という「話し手の心情」に基づき、可能の用法が派生した。したがってこれを「心情可能」と解する可能性も生じるが、意味のスケールとして設定されるべきものではなく、「可能」を生じせしめる要件として認めればよいと考えられる。

　渋谷（1993a）では、「エ」「〜キル」などの形式を「完遂系」、「レル・ラレ

ル」「デキル」「可能動詞」などの形式を「自発系」と、2系列に分けられた。現在九州方言では、この2系列が「能力可能」と「状況可能」にほぼ対応すること、中央語の歴史が「完遂系」から「自発系」へという、大まかな流れとして把握できること、などから非常に興味深い試みであるといえる。これに従うと、「完遂系」の形式は方言もしくは古典語にしか見られないということになるが、その中にあって「〜キル」は、多くの重要なデータを提示できるものと考えられる。「得」「あへず」「はてず」「やらず」など、上代もしくは中古には「完遂系」の可能(不可能)形式はいくらか見られるが、資料の制約もあり、これらの文法化のプロセスを辿るのは容易ではない。ここでも「〜キル」の分析から帰納できる部分は少なくないと思われるが、これについては今後の課題としておきたい。

**注**

1 この例は、『日本国語大辞典 第二版』(小学館)では、「すっかり…し終える」の例として挙げられており、これに従うと、中古にすでに「動作の完遂」を表した例が存在することになる。しかしながら、中古に現れるその他の例に鑑みると、「定む」を思考動詞として捉え、「きっぱりと」「はっきりと」決める、と解釈した方がよいのではないかと思う(ex.岩波日本古典文学大系『枕草子』など)。

2 「思い切る」で注目されるのは、次のような例である。

・【亦已焉哉】已哉ハ思ヒキツタヂヤデ候ゾ　　(両足院本毛詩抄・巻3・32ウ)

「思い」を「切る」、すなわち「あきらめる」という意味で用いられたものである。したがって、「思い切る」には、「迷いを切る＝決心する」と「思いを切る＝あきらめる」という、相反した意味が存在することとなる。これは、非限界動詞である「思う」という語の特性によるものと考えられる。例えば、不可能を表す「カヌ」と複合した「思ひかぬ」という語においても、「思っても思いつくすことができない＝思う」と、「思うことができない＝あきらめる」の両様の解釈が生じる。

3 その点、以下の『日葡辞書』(1603–1604)の記述はやや特殊である(【　】内は原文)。

Qiri, u, itta. キリ、ル、ッタ(切り、る、った) 切断・中断する。¶ Yomi qiru. (読み切る)ある所まで読んで、それから先へ進まない。¶ Fudeuo caqiqiru.

(筆を書き切る)書くことによって筆をすっかり使いつぶす。¶ Iyqiru.l, mǒxi qiru.(言ひ切る。または、申し切る)きっぱりと言う。なお、一般にこの動詞は、他の動詞の語根［連用形］に連接して、<u>物事がすっかり…し終わるとか、完了するとかの意味を示す</u>【ou acabarſa perfeitan ente algūa couſa】。

下線を施したように、動作の完了を表す、と記されるのである。しかし、抄物資料・キリシタン資料を調査したところ、動作動詞・非限界動詞の完了(売りきる、走りきる、など)を表した例は見あたらない。変化動詞・限界動詞に付接した、「変化が十分な状態に至る」という意味も、ある種の「完了」であることには変わらないから、そのことが述べられたものと考えてよいのかもしれない。また、「書ききる」の記述もやはり特殊で、ここに記されたような意味で用いられた例を未だ見出していない。

4 　森田(1989: 380–381)の記述を、要約して掲げておく。

　　①先行動詞が物を切る方法を表す動作動詞の場合、「噛み切る、突き切る」のように、"切り離す"行為そのものを表す。「切る」が、"継続する事柄にけりをつけて終結する行為"を表すところから、

　　②完全にその事柄を終える"完了"の意となる。これは「打ち切る、思い切る」のような終止行為そのもの、「やっと読み切った」「戸を締め切る」など"全部すっかり…する"意識であるが、この意識はさらに"完全に…し尽くす""売り切る、出し切る"のような"ストックを全部…する"意識へと広がっていく。さらにそれが、

　　③それ以上付け加える必要はない、これで完全だ、その行為を自信を持って行うのだという、強い言い方となる。「はっきり言い切った」「思い切って行う」。

　　④終了意識が、それ以上は進まないという限界意識、完全に行き着く限度まで達したという強調意識となり、"非常に""完全に"の意を添えることにもなる。「みなの反対を押し切って強行する」「澄み切った秋空」「苦り切る、弱り切る」。

5 　斎藤(2009: 40–41)では、「共時態というのはあくまでもその時代における言語主体の意識の反映であり」、歴史的「事実」と「意識」とが「ぶつかった時、優先権を有するのは言語主体の意識の方である」から、「通時論的分析によって共時論的分析が訂正される必要は必ずしもない」と述べられる。しかし、現代語にしても「歴史の産物」なのであるから、歴史的観点からの分析と一致する方が望ましいであろうと思う。また、斎藤論文では、「通時態はいわば歴史的な一つの「事実」であるという前提に立ち、その内実を明らかにするのが通時論的分析であるという考え方を取るなら、青木のように、通時論的分析によって共時論的分析を訂正するという立場も出てこよう」と述べられるが、本書における歴史的観点か

らの記述は、「事実」などではなくあくまでも「解釈」である。「解釈」こそが「歴史」であるという立場であることを、ここに付言しておく。

6 姫野(1999: 176–177)では、石井(1988)に「『けりをつけ、打ち切る』と『最後まで完全に行う』とは相反する行為であり、これらの間に意味の変容を見ることはできない」と指摘されたことに対し、「「けりをつけ、打ち切る」場合、確かに事実上は、完遂ではなく、未処理のものが残存している。しかし、実行者の意識の上ではそれらを「切って」無に帰し、終結状態に切り替えるのである。これらの語は、終結から完遂へ、意識上の連続性の中間に位置する」と述べられた。確かに「終結」と「完遂」を直接に結びつけると矛盾が生じるようでもあり、そのためにも、統語的な成分となった「〜キル」の基本的意味を「十分な／完全な状態に至ること」と規定することが必要であろう。このように捉えることにより、語彙的なレベルから統語的なレベルへの連続性を無理なく説明できるものと考える。

　成(2003)では、源氏物語の「はつ」について、その中心的意味を「動詞の表す動作・変化・状態が完全の域に達すること」と規定し、前項動詞の性質(限界性)によって「完全性」か「時間性」か(本書でいうところの「極度状態」か「動作完遂」か)が決まる、と述べられており、本章での「〜キル」理解と非常に近い。

7 神部(1987)でも、「完遂」→「可能」というプロセスが想定されている。以下に、その記述を掲げておく。

　「きる」は、今日、共通語でも、一種の接尾辞として、例えば「(最後まで)投げきる」「(きっぱりと)言いきる」「(すっかり)弱りきる」などのように、完遂・完行を表しておこなわれている。この「きる」が、九州方言で、意志・能力の完全な発揮を表して、「能力可能」に転じたと考えてよい。「能力可能」形式として転成しきった「〜キル」にも、根底には、このような完行の意味作用が、何ほどか認められる。

8 「〜キル」の新しさについては多くの指摘がある。たとえば神部(1987)では、天草方言の能力可能形式「〜ユル」「〜キル」について、「〜ユル」形式は「土地に根付いた旧来のもの」、「〜キル」形式は「新来のもの」であると述べられている。また、これは天草に限ったことでなく、九州全域の分布からみても「〜キル」は新しい形式であることが述べられている。

9 渋谷論文で「完遂」→「可能」というプロセスを認められたのは、副詞の「エ」という形式の存在が大きい。「副詞エの本来的な意味は、ある動作を最後までやり遂げること、あるいはある状態が完全であることを示すもので、可能の意味は前者から派生してきた(渋谷 1993a: 78)」と述べられている。渋谷(2000)ではさらに、その基本義を「達成・完遂」を表すものと規定されている。「エ」について詳しく検討したわけではないが、無意志動詞や形容詞と共起した例も多いことか

らすると、「〜キル」同様、〈十分状態に至ること〉を基本義とし、「意志動詞・非限界動詞—動作完遂」「無意志動詞・限界動詞—極度状態」と解釈する可能性もあるように思う。注6に示した、成(2003)による「はつ」の分析も参照されたい。
10 西日本諸方言における可能表現の詳細なデータが、九州方言研究会(2004)に示されている。また、このデータを包括的に記述したものとして、木部(2004)がある。
11 副詞「ヨー」が表す「心情可能」については、金沢(1995)で詳しく考察されている。そこでは、「心情可能」の存在自体は認められるが、「基本的枠組みの中に含めてよいのか、躊躇せざるを得ない」と述べられており、この点で本書と立場を同じくする。ただし、「心情可能」の発生のメカニズムを、話し手にとっての他者に対する否定的感情から発している、と述べられる点は首肯しかねる。「あいつそんなことヨー言うなア」から「私ハそんなことヨー言わん」へと発展する、というわけであるが、「可能」がこのような形で生まれるとは思えない。
12 尾上(2003)では、「ラレル文」の分析において、「練習の甲斐あって百キロのバーベルが首尾よく持ちあげられた」のような〈意図成就〉と、「太郎は納豆が食べられない」のような〈可能〉とが、区別されている。

# 第 3 章　「〜オル」の展開

## 1. はじめに

　工藤（2004: 43）では、方言を含めた現代日本語のアスペクト形式のバリエーションについて、次のように述べられている。

（1）　日本語においては、「アル、オル、イル」という 3 つの存在動詞があること、そしてそれが補助動詞化する場合に、いわゆる連用形接続（「シ＋存在動詞」）と、シテ形式接続（「シテ＋存在動詞」）の 2 つがあることが、日本語のアスペクト体系の基本的なバリエーションを生成している。

（2）　シテ形式＋存在動詞」という構文的組立形式のみを採用するか、「連用形＋存在動詞」をもアスペクト形式化するか。「連用形＋存在動詞」のみがアスペクト形式化されることはない。

動詞「開ける」を例とした具体的な形式は、以下のとおりである。

（3）a.　開けてあろわ（八丈方言）／開けやる・開けたーる（和歌山県方言）
　　b.　開けとる（三重県、島根県方言）／開けよる・開けとる（西日本方言）
　　c.　開けてる（標準語、ウチナーヤマトゥグチ）／（長野県開田方言）

　そして、シテ形接続と連用形接続の両方の形式が存する場合には、そこに

意味的な対立があるという。シテ形接続しか持たない標準語と、両方の形式を持つ西日本方言のアスペクト体系を以下に掲げておく。

(4) 〈標準語〉　　　　　　　　〈西日本諸方言〉

|  | 完成 | 継続 |
|---|---|---|
| 非過去 | スル | シテイル |
| 過去 | シタ | シテイタ |

|  | 完成 | 不完成 | パーフェクト |
|---|---|---|---|
| 非過去 | スル | ショル | シトル |
| 過去 | シタ | ショッタ | シトッタ |

シテ形接続と連用形接続の両方の形式を有する西日本方言の場合、「ショル（連用形＋オル）」は不完成相、「シトル（シテ＋オル）」はパーフェクト相として、アスペクト的な対立があることが見てとれる。

一方、文献資料に基づいたアスペクト形式の歴史については、金水（2006b）に簡潔に整理されている。以下に示す(5)は存在動詞について、(6)はアスペクト形式についてまとめられたものである。

(5) a. 鎌倉時代頃まで：「あり」
　　b. 室町時代：「ある」「いる」の交代期
　　c. 江戸時代：「いる」優勢
(6) a. 鎌倉時代頃まで：「〜たり」
　　b. 室町時代：「〜てある」
　　c. 江戸時代：「〜ている」(有生)「〜てある」(無生)
　　d. 近代以降：「〜ている」

存在動詞における「アリ」から「イル」へという流れと歩調を合わせる形で、「〜タリ」「〜テアル」から「〜テイル」へという変遷があったことが見てとれる。すなわち、現在方言同様、存在動詞を資源としてアスペクト形式が作り出されていることが分かる。

このように、文献資料に基づいた歴史と現在諸方言におけるアスペクト形式のバリエーションは、その生成のメカニズムにおいて等しい。そして、

近世以降に勢力を伸ばしてきたイル系（「〜テイル」）が東日本で広く用いられ、古く使われていたアル系（「〜ヤル」「〜テアル」）が一部の方言に姿を留めるのみであるという事実は、歴史と方言が対応を示す典型的なケースといえる。しかしこのように言うとき、1つ気になる点がある。それは、西日本に広く分布しているオル系（「〜ヨル」「〜トル」）が、歴史上における主要な形式として現れていないという点である。もちろん、方言と文献が必ずしも対応しなければならないというわけではないが、西日本一帯でこれだけ一般的に用いられている「〜ヨル」「〜トル」についても、文献から見る中央語の歴史と何らかのつながりを見出す可能性があるのではないかと考えられる[1]。この「〜ヨル」「〜トル」について歴史的観点から説明を与えることが、本書の1つ目の目的である。

　2つ目の目的は、現在京阪方言の「〜ヨル」について、やはり歴史的観点から説明を行うところにある。この地方の方言が卑語的性格を有していることは、広く知られている。以下に、井上（1998: 153）における記述を掲げておく。

（7）　大阪では「メシ クイヨル（仕事もしないくせに飯ばっかり食ってやがる）」などのように、〜ヨルを卑罵的なニュアンスで使用することが多い。

ここでは「〜ヨル」に関する記述のみを掲げたが、「〜トル」や本動詞「オル」にも卑語性が見られる地域もある。西日本一帯で文法的形式として広く用いられているオル系の形式が、特定の地域だけこのような卑語性を有しているというのは、やはり興味深い現象であると言える。この卑語性が、いつ、どのようにして生じたのかについては、今一度考えてみる必要があろうと思う。

　以上のように、本章では、現代日本語における補助動詞「〜オル」（「〜トル」「〜ヨル」を含む）の振る舞いについて、歴史的観点から明らかにすることを目的とする。

## 2. 「〜オル(ヲル)」の歴史

　前節で述べたような問題意識に基づき、補助動詞「〜オル」の歴史について説かれた先行研究は少なくない。特に、金水(2006a)は、本動詞「アル」「イル」「オル」について多角的な視点から考察されたもので、「オル」についてもかなり詳しい記述が行われている。そこでの記述を簡略にまとめたものを(8)として示し、後に用例を掲げながら説明を補足していく。

(8) a. 上代において、「をり」は「ゐる」の状態化形式であった。
　　b. 平安時代になって「ゐたり」が現れ、それに伴って「をり」は卑語化した。
　　c. 室町末の「をり」の主語下位待遇の意味は、平安時代からつながった現象である。
　　d. ただし、和歌および漢文訓読文（+抄物）では、卑語性のない「をり」が使われた。

　現代日本語において最も一般的な存在動詞は「イル」であるが、上代における「ヰル」は、「立つ」の対義語として、動作性の動詞であった。

(9)　秋されば雁飛び越ゆる竜田山立ちても居ても〔立而毛居而毛〕君をしぞ思ふ　　　　　　　　　　　　　　　　　　（万葉集・巻10・2294）

これに対し、「ヲリ」は状態性を有しており、「ヰル＋アリ」を想定できるかのような「ヰル」の「状態化形式」として機能した。

(10)　あしひきの山辺に居りて〔山辺尓居而〕秋風の日に異に吹けば妹をしぞ思ふ　　　　　　　　　　　　　　　　　　（万葉集・巻8・1632）

ところが中古になると、「ヰル」の状態化形式は、助動詞「タリ」が付接し

た「ヰタリ」に取って代わられるようになる。

(11)　なにともなくうたてありしかば、久しう里にゐたり（枕草子・143段）

ここにおいて「ヲリ」は、主語下位待遇と言うべき意味の変質を遂げることとなった。

(12)　乞食どものつき・なべなどすゑてをるも、いとかなし　　（蜻蛉日記）

卑語性を有することとなった「ヲル」は細々と生き残り、中世末期の以下のような資料にその姿を留めるのみとなった。(13b)は、補助動詞として用いられた例である。

(13) a.　蠅めはどこにおる〔voru〕ぞと言えば　（エソポのハブラス・p.484）
　　 b.　とにかくに、くらはじなひ物をたべおつて、某によひほねをおらせた、あちへうせおれ
　　　　　　　　　　　　　　　　　　　　　　　　　　（虎明本狂言・文蔵）

ただし、漢文訓読文では卑語性のない「ヲリ」がよく用いられている。

(14)　天下の名僧を召シテ居焉（ヲラシム）
　　　　　　　　　　　　　　（大慈恩寺三蔵法師伝古点・巻1・94A点）

これは、新しい「ヰタリ」に対し、古語化した「ヲル」は話しことばでは卑語化したが、漢文訓読文という書きことばにおいては中立的であったためである。
　以上のような金水(2006a)の記述にしたがうと、西日本方言の「オル」は、上代の延長上にあるということになる。中古に入ると「ヲリ」は卑語化しているとされるからである。一方、京阪方言の卑語的「オル」は、中古にまでその起源をさかのぼることができる、ということになる。そしてこの卑語的

機能は、本動詞から補助動詞へ引き継がれていく、といった歴史的展開が描かれている。

このような見方に対し、柳田(1991: 192-235)では全く異なった見解が示されている。

(15) a. 中古におけるヲリ系表現はヰル系表現に比べ劣勢であるが、下位待遇語ではない。
　　 b. 室町中期においては、オル系表現があらたまった堅い表現、イル系表現がくだけた表現として、両者が話しことばとして行われていた。
　　 c. 室町末江戸初期において、待遇表現形式「オ＋動詞連用形＋アル」と対比的に意識されることで、「動詞＋オル」が卑罵表現となった。これにひかれて、「テオル」・本動詞「オル」も卑下・軽卑の表現となった。

(15a)の根拠として、「「ヲリ」の主語となっている人物の身分がすべて低いというわけでもなく、また低いとされる場合も甚だしく低い場合だけではない」ことが指摘され、「ヰル」にも主語の身分が低い例が見えることが指摘されている。

(16)　旅だちたる所にて、下衆どもざれゐたる　　　　（枕草子・96段）

特に重要なのは(15b)である。室町期の抄物資料には、次に掲げるように、卑語性を有していない「オル」が数多く用いられている。

(17) a. 燕趙カラ秦ヘイツタモノドモハ諸侯ノ事秦事ヲ本ニ云テ其主ニ説キヲルゾ　　　　（史記抄・巻10・77ウ）
　　 b. 臣棄—我身ノタメニセバヒツコウデヲラウズレドモ為人進取スルゾ、孝如—我若如魯参ナラバ一期親ノ処ヲ離テ外ニハ一宿モセマイ

ゾ、サアラバ東周ニヒツコウデイウズホドニナニカ此弱燕ノチイサ
イ国ノ危王ニ事ハセウゾ　　　　　　　　（同・巻10・73 ウ）

　(17b)では、同じ文脈において「オル」と「イル」が用いられており、「オル」に卑語性は認められない。したがって、この柳田論文の記述に従うと、西日本方言の「オル」の起源は、少なくとも室町期まで下ることができることになる。
　また、(15c)では、卑語化が補助動詞から始まった可能性について示されている。金水論文では、「本動詞→補助動詞」という方向が示されているので、これも全く逆の道筋が想定されていることになる。
　以上のように、先行研究において詳しい考察がなされているものの、未だ定説を見るには至っていない[2]。そこで本章では、(17)のように、抄物資料に卑語性が見られない「オル」が用いられることに注目し、詳しく観察するところから始めたいと思う。そしてその観察に基づき、卑語性が生じるメカニズムについて説明を試みたい。次節では、抄物資料の様相について、『四河入海』を中心に考察することとする。

## 3.　抄物資料の「～オル」

　『四河入海』に見えるカナ抄は、万里集九「天下白」・一韓智翃聞書・笑雲清三抄の3つの部分に分けられる。今回は、他の部分に比べて言語的特徴においてやや特殊であるとされる「天下白」を除き、一韓聞書と清三抄の部分を取り上げることとした[3]。それらを調査したところ、一韓聞書と清三抄においてはイル系よりもオル系の方が数の上で優勢である、という興味深いデータが得られた。柳田(1991)においても、一韓聞書部分の巻2ノ4までの調査ではあるが、イル系とオル系の用例数が拮抗していることが示されている。本書の調査でもそのことがあらためて確認されたといえる。
　重要なのは、その補助動詞としての用法である。すなわち、「～オル」「～テオル」がアスペクト形式として発達していると見られるのである。まず

は、「〜テオル」の例をいくつか掲げておく。

(18) a. 瓶中ニ酒ハアリ、是ヲ飲デメト、酔テヲラバ船ガ沈トモ何トアラウ
トモ、ゾ　　　　　　　　　　　　　（四河入海・巻7ノ3・4ウ）
b. 坐禅ヲシテヲレバ朝日ガツル〳〵ト出タトキニ其日影ニヨッテ水中
ノ潜鱗ヲ俯シテ見ルゾ　　　　　　　（同・巻8ノ4・49ウ）
c. 細雨ノ時分ニシゴトハナシ、菜園ナンドヲツクリテヲルゾ
（同・巻6ノ1・34ウ）

(18a)は「酔う」という変化動詞に付接したもので、いわゆるパーフェクトを表している。(18b)は動作動詞に付接したもので動作継続、(18c)は動作の継続が一定期間行われるという「習慣」を表しているものと見られる。このように、現代標準語の「〜テイル」が表しうるアスペクト的意味を、これらの「〜テオル」は表しているものと考えられる。

さらに、次に掲げるように、動作継続を表す形式として「〜オル」も用いられている点は注目に値する。

(19) a. 用ニモナイニ仕官シマワツテ郷里ニモヲラヌ事ヲ思イヲリテ眠ラレ
ハセズシテ見ルホドニ、アソコニアル灯ガマツクラニナリテハ又ク
ハツト明ニナルヲ見ゾ　　（四河入海・巻2ノ1・6ウ：柳田1985）
b. 我レ平生我ガ身ノマワリノ事ヲヨウセズシテ何デカアルラウ云イヲ
ル程ニ罪ニ逢ゾ　　　　　　　　　　（同・巻1ノ4・20オ）
c. ナニセウゾ、不遇ヲクイ〳〵ト愁テノ用ハゾ、サウ愁イヲラバ白髪
ガ生ズベキゾ　　　　　　　　　　　（同・巻8ノ2・38オ）

「〜テオル」という形式が見られることに対しては、中央語の「〜テアル」「〜テイル」を基にして、存在動詞を「オル」に入れ替えただけという見方もありえよう。しかし、中央語における連用形接続のアスペクト形式は発達しなかったと考えられるため[4]、この「〜オル」は中央語とは無関係に、独

自に作り出されたものと考えられる。

このような「〜オル」は、他の抄物資料にもいくらか用いられている。

(20) a. 蟻蛄ハケラゾ、天—ハ人ガ<u>ミヲレバ</u>打殺ゾ、鬼神ニツカワル、者ゾ
 (山谷抄・巻1・31 オ：来田 2001)
 b. 山路ニハ宿屋ガ定テ別処ニハ不得宿、今宿ヘ落着カントスルホドニ
 夜半マデ不着而<u>行キヲル</u> （杜詩続翠抄・巻6・40 ウ）

上記(20)の例はいずれも、動作継続の例と見てよいだろう[5]。

そしてこのとき、中央語においては未だ動作継続の意味を表す有標の形式は存しない点に注目すべきである。福嶋(2004)では、「中世末期の「〜テイル」「〜テアル」は「進行態」を十分に表す段階にはなく、その意味を動詞基本形が補う形で体系を形成していた」と述べられている。すなわち、次のような動詞基本形が、動作継続を表していたというわけである。

(21) 誠に<u>なく</u>かと思ふたれは、そばに水ををひて目へ<u>ぬる</u>
 （虎明本狂言・墨塗）

ここに存在動詞「イル」が成長することで「〜テイル」の形式が生み出され、動作継続の意味が「〜テイル」によって担われることになる。次のような例は、動作継続を表した比較的早い例といえるだろう。

(22) a. 親子三人<u>念仏していた</u>ところに、竹の編戸をほとほととうちたたく
 音がした （天草版平家物語・p.104）
 b. むさとしたる事を、ひとり事に<u>云ている</u> （虎明本狂言・腥物）

「〜テイル」のように有標の形式が動作継続の意味を表すのは、中央語の歴史においては初めてのことであった。古代語の「〜タリ」が表すアスペクト的意味は、基本的にパーフェクトであったと見られるからである（鈴木泰

1992 など）。しかし、抄物資料の「〜オル」は、これに先駆けて動作継続を表す形式として存在している。

　金水（2006a）では、抄物資料に見られるオル系の形式について、漢文訓読の延長上にある書きことばとして位置づけられている（= 8d）。しかし、抄物資料における「〜オル」のアスペクト形式としての発達は、漢文訓読の延長上にあるといったような、古語化した形式ではあり得ないことであろうと思う。したがって、このような文法的形式として発達している「〜オル」は、現在西日本方言の「〜ヨル」とつながっていると見てよいのではないかと考えられる。

## 4. 「〜オル」のアスペクト的意味

　抄物資料で用いられる「〜オル」は、さらにそのアスペクト的意味において特筆すべき点がある。記述にあたっては、金水（1995）で示された「弱進行態」「強進行態」という概念が有効であるが、まずはその定義を掲げておく。

(23)　弱進行態は、非限界動詞について、動作・運動が開始した後、その動作・運動が終了するまでの局面の持続を指し示す。また強進行態は、限界動詞の開始後・完成前の局面を指し示す。

　「はじめに」の(4)に示したように、西日本方言の「〜ヨル」「〜トル」は、不完成（進行態）とパーフェクト（既然態）というアスペクト的対立を示している。しかし、西日本の多くの方言において、既然態を表すはずの「〜トル」が進行態をも表すことがある。現在進行中の状況において、「雨が降っとる」と言えるのである。しかしこれは、すべての動詞において言えるわけではなく、非限界動詞に限られている。これは、非限界動詞の場合、一旦「降る」運動が開始されたらもう「降った」ことになるので、その後はいつでも「降っとる」が使えるからであると説明される。

ところが限界動詞の場合、「殺しとる」といえば、対象が死んでいる状態が続くというパーフェクトの意味しか表すことができない。このとき、未完了の過程を表す「殺しよる」と意味的に対立することになる。以上のことをまとめると、次のようになる。

(24)　トル（完了後の状態）　……　既然態
　　　トル（開始後の状態）　……　弱進行態　……　ヨル（未完了過程）
　　　　　　　　　　　　　　　　　強進行態　……　ヨル（未完了過程）

「～ヨル」「～トル」のどちらを用いても表しうる進行態（＝非限界動詞が用いられる場合）を「弱進行態」と呼び、「～ヨル」でしか表しえない進行態（＝限界動詞が用いられる場合）を「強進行態」と呼ぼうというわけである。
　このような観点から中央語の歴史を見てみると、上代から中古において、有標の形式（「リ」「タリ」「テヰル」「ツツキル」など）で「強進行態」を表した例がないことが、金水（1995）で述べられている。そして、中世末期の「～テアル」「～テイル」においても、福嶋（2004）で「動きのある進行態の例が見られない」と述べられるように、それらはすべての運動動詞の進行態を表してはいない。前節の(22)で挙げたような発話動詞か、次のような具体的な動きのない進行態の例のみである。

(25) a.　つれほしうて是にまつてゐる　　（虎明本狂言・昆布売：福嶋2004）
　　 b.　いまだこの者共は命の生きてあるにこそと仰せられ
　　　　　　　　　　　　　　　　　　　　　　（天草版平家物語・p.67）

したがって、これらはいずれも限界動詞に付接した例ではない。すなわち、近世期に至るまで「強進行態」を表した例は見あたらないのである。
　ところが、『四河入海』の「～オル」には、次に掲げるように限界動詞に付接した例が見られる。すなわち、「強進行態」を表した例が存するのである。

(26) a. カマイテワトノバラガ椎ヲモ鑚ヲモ利ニシテ石ヲモキレヤレト云ゾ、[山—] 言ハ<u>キリヲラ</u>バ岩石ハ終ニハ有時尽ベキゾ

(四河入海・巻8ノ4・11ウ)

b. <u>水旱</u>チヤツ〳〵ト<u>変ジヲル</u>程ニ、舟車ヲモエコシラヘイデカアラウズラウト云ゾ (同・巻8ノ1・28ウ)

c. 我レ此間獄中ニ二百日アリシガ、今漸春ニナリ天恩於万物時分<u>ナリヨル</u>程ニユルサレテ出獄帰ゾ (同・巻25ノ4・18オ)

「切る」「変ず」「なる」は、いずれも限界動詞である。さらに、(26b)は「水旱」という無生物主語の例、(26c)は「〜ヨル」という形式が用いられた例である[6]。このような例が見られるということからも、あらためて抄物資料と現在西日本方言とのつながりを確認することができるように思う。

## 5. 卑語化のプロセス

抄物資料の「〜オル」を現在西日本方言につながるものと見ると、一部の方言で卑語化していくのは、それよりさらに後の時代ということとなる。そのことを考えるにあたって、まずは卑語化しているとされる現在方言の状況を確認しておきたいと思う。井上(1998)では、以下のようにまとめられている。

(27)

| | | 存在 | アスペクト | 待遇 |
|---|---|---|---|---|
| A | | イル・イテル | 〜テル | 〜ヨル |
| | | オル | 〜トル | |
| B | | オル | 〜トル | 〜ヨル |

(Aは大阪府北部・京都府南部・兵庫県・奈良県北部・滋賀県などの関西中央部。Bは三重県中部・京都府丹波地方)

濃い網掛け部分は卑罵語、薄い網掛け部分は軽いマイナス待遇、網掛けが無い部分はそのような待遇性が見られないことを示している。

(27)に示されるように、「〜ヨル」はいずれも卑語性を有しているが、そ の分布には2通りあることが分かる。本動詞「オル」、補助動詞「〜トル」 に軽いマイナス待遇が含まれる場合（= A）と、そうでない場合（= B）で ある。前者の場合には、「イル・イテル」「〜テル」が待遇的に中立的な形式と して機能しており、後者の場合「オル」「〜トル」が中立的である。ここで 重要な点は、卑語化した形式に対し待遇的に中立的な文法形式が存在する、 という点である。つまり、卑語化した形式は、文法体系からはみ出している ことが見てとれるのである。

したがって、卑語化するプロセスは、なぜこれらの形式が文法体系からは み出すことになったかを説明することであると思う。これについては、標準 語的な枠組みとの接触によるものではないかと考えられる。分かりやすいの は、Aタイプの分布である。標準語であるイル系を用いた形式が入り込んで おり、これらが「オル」「〜トル」「〜ヨル」といったオル系を追い出したと いうわけである。しかしこれは、実はBタイプでも同様に考えることがで きる。なぜなら、アスペクトを1つの形式で表すのは標準語の枠組みだから である。中央語の歴史において、「〜ヨル」「〜トル」のように、連用形接続 とシテ形接続の間にアスペクト対立があったことはなかったと見られる（金 水 2006b）。Bタイプは「〜トル」という1形式のみであり、本来「〜ヨル」「〜 トル」を用いる方言では区別されるはずの進行相・結果相の区別がない。つ まりこれは、標準語の枠組みと同じであるといえる。もっとも、その点では Aタイプも同様であり、進行相・結果相の区別はない。すなわち「〜ヨル」 の卑語的な機能は、標準語的な枠組みによって文法体系から追い出されたこ とによって発生したものと考えられる。

そうすると、この接触が起こった時期についても、中央語の歴史を参照す る必要があることになる。すでに見たように、進行態（「強進行態」も含む） が確立したのは、「テイル」登場後の室町末江戸初期以降であった。そして このとき、「〜テイル」は進行相・結果相の対立を表すことがない。したがっ て、「〜ヨル」の卑語化が起こったのは、やはり室町末江戸初期以降のこと と考えてよいだろうと思う。

最後に、なぜ文法体系からはみ出すことで卑語化するのか、という問題について述べておきたい。「〜ヨル」の卑語的性格については、西尾（2005）に詳しいが、マイナス待遇という人間関係を表示しているだけでなく、感情的な待遇性を表示することが述べられている。「動詞連用形＋ヤガル」のように、マイナス方向の感情性を表出する際にも用いられるというわけである。西尾論文では、感情性待遇は関係性待遇に優先する言語行動であると述べられており、したがってこの場合も、まず感情卑語としての性格が生じたのではないかと予測される。時間把握に関わるアスペクト形式が、話し手寄りの把握、主体的な認識の仕方に関わる形式として用いられるようになる、という変化は多くの方言において見られるからである。例えば、工藤編（2004: 56-62）では、沖縄方言におけるアスペクトに関わる形式が、「知覚」「推論」のような「主体的ムード」に関わる形式へとシフトしていることが示されている。「〜ヨル」の場合も、アスペクト形式から主語下位待遇形式へ、という直接的な変化はやや想定しにくいが、感情的な待遇性を表示する形式への変化をまず想定するなら、他の方言における事象を視野に入れて見るとき決して不自然ではないように思う[7]。

## 6. おわりに

　以上のように、本章では、「〜ヨル」の卑語化について、室町末江戸初期以降、文法体系から追い出されたことで生じたものであると述べた。このように言うとき、金水（2006a）などで指摘される、中古の卑語的「ヲリ」をどのように考えるべきか、という問題が生じてくる。柳田（1991）では、必ずしも「ヲリ」に主語下位待遇の意味が認められるわけではないと説かれるが、関係卑語の使用は義務的ではないとする西尾（2005）などを考慮すると、中古卑語説を退ける根拠とはならないだろう。
　文献を見るかぎり、中古に「ヰタリ」が現れることによって「ヲリ」の使用は激減しており、「文法体系から追い出された」と考える可能性はある。しかし、ここで言う「文献」とは、宮廷貴族を中心とした限られた位相の言

語を反映したものである点に留意すべきであろう。確かに感情卑語としての性格は認められるし、いくらか古い言い方となっていた可能性も大きい。しかしながら、室町期の抄物資料であれだけ多用されるということは、中古から中世にかけての京のみやこ一帯で「文法体系から追い出される」には至っていないと考えた方がよいように思う。

ただし抄物資料と一口に言っても、オル系が全く現れない抄物もあり、非常に複雑である(来田 2001: 85–102)。しかし、それこそが当時の状況であったものと考えられる。様々なコミュニティにおいて様々な形式が用いられていたのであろう[8]。現代語においても、関西以西のアスペクト形式は非常に複雑な様相を示しており、今現在も種々の変化が進行している。日本語史研究においても、従来のように「中央語の歴史」として直線的に捉えるばかりでなく、多様性を考慮する見方が求められていよう。その多様性を反映する資料として、抄物資料はやはり有用であると思う。

柳田(1991)では、卑語化のプロセスについて、第2節の(15c)に示したように、まず「動詞+オル」が卑罵表現となり、これにひかれて「テオル」・本動詞「オル」も卑下・軽卑の表現となった、と述べられている。これに対し、金水(2001)では、文法化の観点から「補助動詞化することで生じた意味が本動詞に付与されるということは極めてありにくい」と批判された。本章でも、「補助動詞→本動詞」という道筋は想定していないが、必ずしも「本動詞→補助動詞」という過程を想定する必要もないように思う。日高(2007)では、「クレル」の視点制約(「太郎が本をくれる/太郎が本を読んでくれる」「*太郎に本をくれる/*太郎に本を読んでくれる」)の成立について、補助動詞よりも本動詞の方が「クレル」の遠心的方向用法を残しやすい方言があることが示され(「おまえに本をクレル」)、補助動詞から先に変化が起こる可能性について言及された。「〜オル」の場合、卑語性(特に感情卑語)という、文法現象に直接関与しない性格であることもふまえておく必要があるが、文法化理論における「一方向性の仮説」については、今後様々なケースと合わせて考えていく必要があるだろう[9]。

## 注

1 文献による中央語の歴史は、上代は奈良語、中古から中世は京都語、近世以降は江戸語・東京語と、一口に中央語といっても、そこに地域差を筆頭とする異なる位相の言語が反映されている。この点に考慮しなければならないが、京阪地方を中心とする現在西日本方言と文献に現れる言語とのつながりを見るのは、地域的に見てそれほど無理があることではないと思う。
2 この他、阪倉(1977)は重要な論考であるが、金水論文・柳田論文でも詳しく紹介されているので、ここでは省略にしたがう。
3 高見(2001)など。今回の調査でも「天下白」に「オル」は1例も見られず、やはり他の部分とは大きく異なっている。
4 柳田(1991)では、連用形接続の「〜キル」「〜ヲリ」などもアスペクト形式として認められているようだが、ここでは金水(2006b)の記述に従っておく。
5 (19)の諸例は「思う」「言う」「愁う」に付接したものであるので、福嶋(2004)のいうところの「具体的な動きを伴う進行態」ではないが、(20b)は「行く」に付接し、具体的な動きが展開されているという点で注目される。
6 底本は古活字版であるが、東福寺本・両足院本の2写本と校合したところ、いずれも「ヨル」という形式であった。
7 「驚き」といった感情性の強い事態把握をした場合に、「〜ヨル」の使用が促進されることが西尾(2005)で述べられている。筆者(0歳から27歳まで福岡市在住)の内省では、卑語化していない博多方言でも、「ちょっと脅かしたら ナキヨーモン (泣くんだもの)」のように、軽い驚きを示す場合に用いられるように思う。このような感情性は、「〜ヨル」が「強進行態」という限られた用法に追いやられたために生じうるものであろうか。なお考えたい。
8 山本佐和子氏より、抄物では「テネマル」という形式も、アスペクト形式として機能しているのではないかとの指摘を受けた。これは、次のようなものである。
　　・我ハ老テ無事ニシテ只日飲シテネマルゾ　　（四河入海・巻18ノ1・48オ）
「イル」が「座る」意から「存在」の意へ変化し、「テイル」の形でアスペクト形式となったことを考えると、やはり「座る」意を有する「ネマル」が同様の変化を遂げたことは十分に考えられる。今後の課題としておきたい。
9 文法変化における「一方向性」については、青木(2011)でいくらか述べた。

# 第IV部
## 句の包摂

# 第1章　中世室町期における
　　　　「動詞連用形＋ゴト」構文

## 1.　問題の所在

　抄物資料には、次のような「動詞連用形＋ゴト（事）」という言い方が広く見られる[1]。

（1）a.　呉人ガ西施ヲクセ物ト云イゴトハ無益也
　　　　　　　　　　　　　　　　　（中華若木詩抄・巻中・50 ウ）
　　b.　詩ナンドヲ我等ガ貴方ノ前デ作リ事ハ面目モナイ事ゾ
　　　　　　　　　　　　　　　　　（四河入海・巻17ノ2・38 オ）
　　c.　春楊柳ヲ添テ法象ヲナシゴトハ無用ゾ　（脈訣刊誤抄・巻1・62 ウ）

上の例文のように、動詞で表される叙述文を「コト」で承けることによって名詞句が作られ、その名詞句は助詞を伴って文中で新たな役割を担っている。すなわち、「動詞連用形＋ゴト」は、複文における名詞句を形成している。「コト」には、叙述を表す用言に接続することによって、その内容を「事柄」としてまとめあげ、句全体を名詞化するという機能がある。このような場合、「コト」に続く用言は、体言に接続するわけであるから、連体形をとるのが普通である。ところがここでは、(1a) の例について、亀井(1986)で「こんにちだったら『呉人が西施をくせ者ということは無益なり』としたいところ」と述べられるように、本来なら連体形が用いられるべきところに連用形が用いられる恰好になっており、その点において特殊な言い方であると

いえる。

　このような「動詞連用形＋ゴト」の存在自体は早くから知られており、湯沢 (1929: 82–83) において、「抄物にはすこぶる多い」言い方であるとして、『史記抄』などからいくつかの用例が紹介された。また、鈴木博 (1972: 269–270)、坂詰 (1987: 47) では、『周易抄』『論語抄』の用例がそれぞれ報告されている。そして、この用法について正面から論じられたものとしては、土井 (1957) がある。この土井論文は、様々な抄物資料からの用例が豊富に示される点で非常に有益である。そこでは、それらの用例の分析によって次のような結論が述べられた。すなわち、

　　①「動詞連用形＋ゴト」は、抄物特有の語法現象である。
　　②主格に立つものが多い。その際、述語は否定表現となる。

という2点である。

　しかし、①の「抄物特有の語法現象」という位置づけからは異なる立場の報告もある。たとえば大塚 (1983: 114–116) では、キリシタンなどの他の資料も視野に入れ、さらに、「コト」だけでなく、「モノ」や「サマ」などのその他の形式名詞も含めた上での見方が示されている[2]。また、②の指摘については、後に詳述するが、例外とでもいうべきものが散見するという問題がある。さらにまた、否定表現と結びつくことが多いとするならば、なぜそのような偏りを見せるのかについても考える必要があるのではないかと思う。

　「動詞連用形＋ゴト」はいわば「特殊」な語法として早くから注目されはしたものの、逆にその特殊さゆえに、問題点が明確にされないままであった。先にも見たように、「動詞連用形＋ゴト」が用いられた文は、複文を形成している。そして、その際の主文の述語に何らかの偏りがあるとの見方も出されているのであるから、文全体を視野に入れて分析することが必要であろう。本章では、この「動詞連用形＋ゴト」が用いられた文をひとつの「構文」として捉え、その構造と表す意味について分析を行うとともに、通史的観点からの位置づけについても考察を試みる。

## 2. 「連用形＋ゴト」構文の構造[3]

　土井(1957)では、この「連用形＋ゴト」構文について、まず「その現れる位置により」、「主格に立つもの」「修飾格に立つもの」「述語となるもの」の3種に大別されている。そしてこれらのうち、主格に立つ例が最も多く、その際、述部が否定表現になることが指摘されている。すなわち、次のような例が、その典型ということになる[4]。

（2）a. 人之物ヲ以テ我ニシテ客人ヲ<u>モテナシ事</u>ハナイゾ
　　　　　　　　　　　　　　　　　　　　　　（周易抄・巻5・7ウ）
　　b. 此故ニ長江ノ寿ヲ<u>羨ヤミ事</u>ハ無コトゾト云意ゾ
　　　　　　　　　　　　　　　　　　　　　　（古文真宝抄・巻2・73ウ）
　　c. 其先ノ諸侯デアルヲ五帝三王ト同ジ様ニ本紀<u>ニシゴト</u>ハイワレモナイゾ　　　　　　　　　　　　　　　　　　（史記抄・巻3・1ウ）
　　d. コレホドニ今天下ニ宰相ノオナキニ天子ノ夢ヲ<u>驚シゴト</u>ハ無勿体ゾ
　　　　　　　　　　　　　　　　　　　　　　（中華若木詩抄・巻中・31ウ）
　　e. ツナガレタ様<u>ニシテイ事</u>ハ思モ不寄事ゾト云ゾ
　　　　　　　　　　　　　　　　　　　　　　（史記抄・巻10・6オ）
　　f. 於字ヲヲイテ一ニ<u>ヨミ事</u>ハエコヽロヘヌゾ　（毛詩抄・巻2・7オ）
　　g. 伏令ハ千歳ヲヘタル松ニナラデハデコヌモノナル程ニ我ガ伏令ヲ<u>トリ事</u>ハカナフマイゾ　　　　　　　　　　（四河入海・巻13ノ4・25ウ）
　　h. 中〳〵師ヲ<u>オコシ事</u>ハ三年マデハ叶マイゾ　（周易抄・巻2・9オ）

　土井論文で用いられる「主格」という用語には、いささか問題があるかもしれない。「連用形＋ゴト」はいずれも「ハ」助詞を伴っているのであるから、「主題」とでも改めておく方がよいかと思う。それはともかく、その述部の述語を見てみると、形容詞「ナイ」の他、「マイ」「ヌ」などの助動詞を伴うものなど、すべて否定表現となっている。したがって、これらの例を見る限り、いずれも土井論文の指摘どおりということになる。

次のような例も、これに準ずるものとみなしてよいであろう。

（3）a. 此四字ニカギリテ音ニ読デヲキゴトハ不審ゾ（史記抄・巻6・12ウ）
　　　b. 朋友ノ方ヨリモ東坡ドノ詩ヲ御ツクリアリ事ハ無用ト云程ニ
　　　　　　　　　　　　　　　　　　　　　　（四河入海・巻12ノ3・19ウ）
　　　c. 夫ノ兄弟ト云テイラレ事ハ無用ゾト云タゾ（漢書列伝綿景抄・5オ）
　　　d. 雲ノ字ノダイニ云ノ字ヲカキ事ハムヨウナリ
　　　　　　　　　　　　　　　　　　　　　　　（詩学大成抄・巻5・66ウ）
　　　e. 所詮万人ヲ殺シ事ハ無益ト云心也　　（三体詩絶句抄・巻4・45オ）

上の(3)の諸例では、「不審」「無用」「無益」などの漢語が述語となっている。これらは(2d)の例のように返り点を補って否定文として読む可能性も考えられるが、(3d)の仮名書きの例に示されるように二字漢語として読むべきであろう。したがって、これらの例は、肯定・否定というレベルではいずれも肯定文であるということになる。しかしながら、上のような「不」「無」を含んだ語が述語となる場合については、土井論文でも述べられるように「広義の否定表現」であるとみなしてよいと考えられる。

ところが、「連用形＋ゴト」構文の述部について、もう少し詳しく見ていくと、このような「否定表現」という枠組みには当てはまらないと考えられるものも見られる。

（4）a. 此ヤウナ悪君ニ仕ヘ事ハイヤト云テ去ゾ　　（毛詩抄・巻5・9オ）
　　　b. 今吾后妃ノ兄ヲ封ジ事ハイヤゾ　　　　　（漢書列伝綿景抄・6オ）
　　　c. 栄位ヲモテ生涯ヲ易ゴトハイヤト云　　　（荘子抄・巻5・6オ）
　　　d. 我ネタ処ニ他人ヲ、イテイビキカ、セ事ワイヤト云タハ、我天下ニ他人ヲ国ヲモタセテヲキ事ハイヤト云心ゾ　（湯山聯句抄・102ウ）[5]
　　　e. ソノヨゴレケガレタ世ノシルアカヲ口サウデ命ヲツナギ事ハイヤト云タゾ　　　　　　　　　　　　　　　　　（玉塵抄・巻2・11ウ）
　　　f. 是ホドマコトナル将ヲセメ殺シ事ハ惜イ　（蒙求抄・巻6・12ウ）

g. 其ヲ季昌ガ増註ヲスル時ニ此詩ヲ一家ノ法ニシゴトハヲシイ事ヂヤ程ニ　　　　　　　　　　（三体詩絶句抄・巻1・27オ）
h. 見苦シキ衣裳ヲ人ニ見セ事ハ口惜ト思フタゾ（蒙求抄・巻5・18ウ）
i. 此輪字ヲカツトヨミ事ハコハイゾ　　（四河入海・巻10ノ3・7オ）
j. 母ノ心ニ思事ハ、イヤイツハリテ幼ノモノニ云イ事ハワルシ、然ハ孟モイツハルベシトテ云イナヲシタゾ　（古文真宝抄・巻4・51オ）
k. 大道ヲ乱リゴトハハヅカシイトヲモヘバ羞テセヌマデ也
　　　　　　　　　　　　　　　　　　　（中華若木詩抄・巻下・42ウ）

　上の(4)の例では、「イヤ」「オシイ」「コワイ」「ワルイ」「ハズカシイ」などの形容詞・形容動詞が述語となっている。これらは、「否定表現」という一般化からは、少し異なるのではないかと考えられる。
　しかしながら、これらの例も、土井論文では例外とはなっていない。つまり、土井論文で用いられる「否定表現」という用語は、いわゆる肯定・否定のレベルにおいてではなく、「肯定概念に対し、相対的な否定概念を含むもの」というレベルにおいて用いられているのである。この点は重要であり、形式の上では肯定文であっても、「否定概念」ということであれば、いずれもその説明を可能にしている。次のような例も同様である。

(5) a. 夷国ノ物ヲ殿上ヘ上ラレ事ハ何トアラフゾ
　　　　　　　　　　　　　　　　　　　（三体詩絶句抄・巻2・40オ）
　　b. 去共両前後ニ小序ヲ置テ中ニ大序ヲヲキ事ハ何トヤラシタゾ
　　　　　　　　　　　　　　　　　　　（毛詩抄・巻1・5ウ）
　　c. 多年の主人の過分の財宝を取り事〔torigoto〕は曲事ぢゃ
　　　　　　　　　　　　　　　　　　　（エソポのハブラス・p.485）

　述部で述べられるのは、いずれも「よくない」という「否定的」な評価である。反語表現などその形式は異なるものの、「概念」としては、これまで見てきた例とほとんど変わるところはない。

以上見てきたように、「連用形＋ゴト」構文における述部は、確かにある偏りを見せている。そしてそれは「否定表現」とでもいうべきものではあるが、形式に反映される肯定否定というレベルではない。「相対的な否定概念」へと導く「評価」が示されていると考えられよう。土井論文で用いられる「否定表現」という用語は誤解を招きかねないので、ここではこのような述部の性質を「否定的評価」と一般化しておくこととする。
　これは、この構文にいずれも「ハ」助詞が現れるという点からも支持される。すなわち、この構文は「主題─解説 (Topic─Comment)」構造として捉えられる。解説部における「判断」の現れのひとつとして、否定的な「評価」が下されているものと考えられよう。野田 (1996: 282-292) では、南 (1974) に基づき、文の階層構造における「ハ」助詞の位置づけが行なわれているが、主題の「ハ」は、「事態に対するムード階層」のものであるとされている。野田論文では、「実質的意味の階層」「肯定否定の階層」「テンスの階層」などが設けられ、それらの外側に位置するものとして「ムードの階層」が設定されている。つまり、ここでいう「否定的評価」は、「肯定否定の階層」における現れではなく、「ムードの階層」における現れとして位置づけられることになると考えられる。
　以上のように、「連用形＋ゴト」構文について(6)のようなモデルを得ることができる。これは、上のような「主題─解説」構造として捉えられるものである[6]。

(6)　「連用形＋ゴト」─ハ─否定的評価
　　　（西施ヲクセ者ト云イゴトハ無益也）

## 3.「語」から「句」への拡張

　「連用形＋ゴト」構文がいわば「特殊」な用法であるというのは、「西施ヲクセ者ト云ウコトハ無益也」と言いそうなところを、「クセ者ト云イゴトハ」と言うところにある。すなわち、古来より連体形をもって表してきたところ

に連用形が用いられているために、「特殊」な印象を受けるのである。ところで、この形式を連用形の側から眺めてみると、連用形が体言に接続すること自体は、全く「特殊」ではない。「見事」「仕事」などのいわゆる「複合名詞」がそれであり、「連用形」としての語形が、「コト」という体言に接続している。

　現代語において、「連用形＋ゴト」複合名詞は、「見事」「仕事」や「笑い事」「願い事」などの数語しか見あたらない。「連用形＋ゴト」構文に見られる動詞のバリエーションはかなり豊富であり、このことがさらにこの構文の「特殊さ」を、印象として助長させている。しかし、中世室町期において、複合名詞としての「連用形＋ゴト」はかなり一般的に見られるものだったのではないかと考えられる。まずは、『ロドリゲス日本大文典』の記述を次に掲げる。

（7）　同じく又、動詞の語根に名詞のGoto（事）を添へて、せらるべき事柄を意味する一種の複合語を作る。例へば、Xigoto（仕事）。Yomigoto（読み事）。読まれるべき事柄。Quiquigoto（聞き事）。聞かれるべき事柄。Caquigoto（書き事）。書かれるべき事柄。Migoto（見事）。見られるべき事柄。
　　　　　　　　　　　　　　　　（土井訳ロドリゲス日本大文典・p.239）

　これは「名詞に就いて」という章の、「受身を意味する場合」という項目における記述である。この「事（goto）」の直前は「物（mono）」という形式名詞についての記述であり、「Narimono（鳴物）」「Nomimono（飲物）」「Mimono（見物）」「Ogamimono（拝み物）」などが例として挙げてある。このような「連用形＋モノ」という言い方と「同じく」して「連用形＋ゴト」複合名詞があったこととなり、それはかなり一般的な造語法であったと考えられる。また、『日葡辞書』にも数語が見出し語として掲げられており、このうちのいくつかを次に挙げておく。

（8）a.　Qiqigoto. キキゴト（聞き事）聞くのが楽しいような事
　　　　　　　　　　　　　　　　　　　　　　（邦訳日葡辞書・p.504）

b. Varaigoto. ワライゴト（笑ひ事）嘲笑すべき、ばかげた事。例、Varaigotoni naru.（笑ひ事になる）嘲笑の的になる。　　　（同・p. 679）
c. Iygoto. イイゴト（言ひごと）言った言葉、または、言われる事柄。Iygotoga deqita.（言ひごとが出来た）ある言い争い、あるいは、喧嘩が起こった。　　　　　　　　　　　　　　　　（同・p. 352）
d. Migoto. ミゴト（見事）立派で美しいこと。例、Coremo firuinai migoto.（これも比類ない見事）Mon.（物語）これもまた並ぶものもないくらい美しくて、見て心地よいものである。　　（同・p. 405）

このように見てくると、以下に挙げるような抄物の「連用形＋ゴト」の例は、通常の複合名詞としての形式ではないかと考えられる。

（9）a. 小人ノ云イゴトナル程ニ不足論ゾ　　（四河入海・巻24ノ2・8オ）
b. サテ一掌ヲ与タ随脱一致ノ處ニ何ノ云イ事ガアラフニゾ
　　　　　　　　　　　　　　　　　　　　　（無門関抄・巻上・11ウ）
c. 非ヲ諫ル将ノ諫書ノ申シ事ヲサヘ領掌シテ　（蒙求抄・巻7・32オ）
d. 呉王ノ云ワレゴトニハ太宰嚭ガ云ワズトモ吾心ニモ曲事出来セント思フト云ゾ　　　　　　　　　　　　　（中華若木詩抄・巻上・18オ）
e. 鄧公申サレゴトニハ呉国ニ謀反ヲタクム事ハ一朝一夕ノコトニアラズ　　　　　　　　　　　　　　　　　（中華若木詩抄・巻上19ウ）

（9a）は、助詞「ノ」を主格と解釈して、「小人の言うこと」としたいところを「小人の言いごと」としたとも考えられるが、（9b）の例を考え合わせると、「ノ」は連体格であって、「言い事」という複合名詞を認めてよいと考えられる。そしてこのように多用される「言い事」という言い方は、（9c・d・e）のように、待遇を伴った「申し事」「言われ事」「申され事」などの形式を生み出したものと考えられる。

　同様に次の諸例も、「特殊」な「連用形＋ゴト」構文であると捉える必要はなく、むしろ積極的に、「特殊」ではない複合名詞として捉えるべきであ

ると考えられる[7]。

(10) a. 大ナ所領モタル者ハ小事ノ取リ事ヲバ不得ゾ（史記抄・巻14・75 ウ）
 b. 東坡ナンドニツイテ学バウナラバ其ヨリヨイ学ビ事ガアラウズルモノニ　　　　　　　　　　　　　　（四河入海・巻13ノ4・38 ウ）
 c. サテモアサマシキ事ゾ、凡ソ人ハ罪ヲ得ハ皆クイ事ニヨリテゾ
　　　　　　　　　　　　　　　　　　　　（同・巻17ノ1・22 ウ）
 d. 幾矣タヽカイ事ハ近ヅイタゾ　　　　　（山谷抄・巻6・7 ウ）
 e. 世上ニタヅサワレバ吾身ノ外ニモ種々ノ思ヒゴトガタヘヌ也
　　　　　　　　　　　　　　　　　　（中華若木詩抄・巻中・38 ウ）
 f. 伏牛漁ト云時ハ牛ヲカフト魚ヲツルトノニナリ、イヅレモ呂望ガアリゴトナリ　　　　　　　（寛永版燈前夜話・巻上・21 オ）
 g. アマリシ事ガ多サニ十三日ニスルト清規ニモミエタハ
　　　　　　　　　　　　　　　　　　　　　　（六物図抄・4 オ）

　このように、その形式自体全く「特殊」ではない、複合名詞としての用例は数多く見出される。複合名詞としての「連用形＋ゴト」は、この中世室町期という時期において、豊富なバリエーションを有していたのであり、新しい語を自由に作り出せる造語力を担っていたものと考えられる[8]。そしてこのような力は、前代にはなかった「連用形＋ゴト」構文が生み出されたことと決して無関係ではないように思う。
　複合名詞としての「連用形＋ゴト」の意味について、もう一度『ロドリゲス日本大文典』の記述を見てみると、「受身を意味する」とあり、「その動詞の意味する動作に適した事柄」(p.37)「せらるべき事柄」(p.239)との記述がある。例えば「見る」という動詞を例にとると、「見事」は「見られるのに適した事柄」あるいは「見られるべき事柄」を表すというわけである。このロドリゲスの記述は、今日的な目から見ても、非常に的を射ているように思う。第1点目は、その構造を、意味の主要部(head)が複合語の右側「事」にあると捉える点である。「見事」はあくまでもある種の「事柄」であって、

これを「見」が修飾する形になっていることが、的確に記述されている。第2点目は、前節の動詞連用形の意味に関する分析である。「その動詞の意味する動作に適した」という記述は、具体的な動作から離れて一般的な動作として捉えられたもので、これもその本質を捉えた記述であるといえる。

このように、「連用形＋ゴト」という形式は、複合名詞として語彙化されるにあたって、「見る事」という「連体形＋コト」では決して表せない意味を有することとなる[9]。そうすると、複文における名詞句としての「連体形＋コト」と「連用形＋ゴト」も、このような差異を有する表現形式として存在したのではないかと考えられる。すなわち、「連用形＋ゴト」という名詞句は、個別的な動作の叙述ではなく、より一般的に捉えられた「事柄」として表現する形式である、と考えられるのである。「連用形＋ゴト」という複合名詞が形成される際に、「コト」が「ゴト」と連濁を起こしながら熟合することと、「連用形＋ゴト」構文が叙述文を承ける形になっているにも関わらず、同様に「コト」が「ゴト」と濁ることは、平行的な現象として捉えることができる。すなわち、「連用形＋ゴト」構文の成立は、複合名詞という「語」のレベルで存在した形式が、叙述文を含む「句」のレベルにまで拡張したことによるものと考えられるのである[10]。

ところで、この時考えておく必要があるのは、このような「句への拡張」を許した名詞句内部の事情である。すなわち、本来の形である「連体形＋コト」があるにも関わらず、なぜこのような「特殊形」の成立を許したのか、という問題である。これについては、「連用形＋ゴト」構文が、この中世室町期という一時期にのみ見られるという事実から、名詞句構造の変遷において考えるべきであるように思う。

複文における名詞句の構造が、古代語の準体句構造から、現代語のような補文標識を必要とする構造へと移り変わったことは、周知の事実である。このように言うとき、古代語においては、〈コト〉を意味する名詞句として、裸の用言連体形のみで作られる、いわゆる準体句しか存在しなかったかのようであるが、この頃にもすでに形式名詞「コト」で承けた名詞句(以下、「コト名詞句」と呼ぶ)は存在する(→青木2001参照)。ただし、準体助詞「ノ」

の成立をまだ見ぬこの室町期においては、名詞句末に何らかの名詞を標示することは未だ義務的ではなかった。そのような意味において、「コト」を名詞句末に標示するコト名詞句の構造は、比較的ゆるやかなものであったと把握することができるように思う。このような時代であったからこそ、「連用形＋ゴト」が複文の名詞句として機能することが許されたのであり、「ノ」「コト」が名詞句末の標識として義務化されるとともに、「特殊」なものとして排除されることになったのではないかと思う[11]。

## 4. 否定的評価述語への偏り

　以上のように、「連用形＋ゴト」構文は、「語」から「句」への拡張によって成立したと考えられるが、実際には定まった形式のもとにしか現れない。すでにそのモデルとして、(6)を得ているが、もう一度以下に掲げておこう。

（6）「連用形＋ゴト」―ハ―否定的評価
　　　（西施ヲクセ者ト云イゴトハ無益也）

ここで考えなければならないのが、なぜこのような形式として成立したのか、という点である。特に注目すべきは、主文の述部が「否定的評価」に偏る、という点であろう。

　先にも述べたように、ここでいう「否定」とは、「評価」が「否定的」なのであって、形式の問題ではない。したがって、「えもいわれぬ」「なのめならず」のように、形式の上では否定であっても、評価として肯定的であるものは、述部に現れることがない。主題たる「連用形＋ゴト」名詞句に対して、よくない「評価」を下すのである。

　このように述部を否定的評価へと導く要因としては、まず助詞「ハ」のはたらきが考えられる。「連用形＋ゴト」名詞句が「ガ」助詞を伴って述語に続く、といった例外はほとんど見られないのであるが、土井論文に次のよう

な例が示されている。

(11) a.　一義ニ天ヲ父ト<u>ヨミ事</u>ガイヤ、母ハ天也トヨマウゾ

（毛詩抄・巻 3・3 ウ）

　　 b.　此ノ元章ハヨク書画ヲ<u>ウツシ事</u>ガ上手ゾ

（四河入海・巻 11 ノ 4・26 ウ）

(11a)では「イヤ」といった語が述語となっているが、(11b)では「上手」が述語になっており、否定的評価を表していない。

　しかしながら、「ハ」助詞そのものに、述部を「否定的評価」に導くはたらきがそなわっているわけではない。『中華若木詩抄』を資料として、主題たる名詞句が一般的な形である「連体形＋コト」の場合をいくつか掲げるが、これらの例を見てみると明らかである。

(12) a.　呉国ニ謀反ヲ<u>タクム事</u>ハ一朝一夕ノコトニアラズ

（中華若木詩抄・巻上・19 ウ）
　　 b.　花ヲ<u>見ルコト</u>ハ纔ニ二十日バカリニ過ギヌ也　　（巻下・8 オ）
　　 c.　又来年ノ春ニ<u>逢フコト</u>ハ更ニカワルマイ也　　　（巻下・46 オ）
　　 d.　ソレニマギレテ<u>相笑フコト</u>ハ異ナルコト也　　　（巻下・11 オ）
　　 e.　古人ノ同字ヲ<u>用イルコト</u>ハ分別アリテスルコト也　（巻下・33 ウ）

(12)の諸例は、すべて「連体形＋コト」が「ハ」を伴って主題として用いられている文である。(12a)は「連用形＋ゴト」構文の場合とほぼ同様、その述部に否定的評価が示されているが、(12b)以下はそうではないことが見てとれる。(12b・c)の述部には、否定辞が含まれてはいるものの、否定的な「評価」が示されているとは言いがたい。そして、(12d・e)に至っては、全く「否定的」な要素は見あたらない。したがって、「連用形＋ゴト」構文において述部を否定的評価へと導いているのは、「連用形＋ゴト」名詞句の意味内容ではないかと考えられる。

名詞句の意味内容について、前節では、複合名詞の分析に基づき、「個別的な動作の叙述ではなく、より一般的な事柄として捉えられた名詞句」と記述した。これは、ロドリゲスの「〜するのに適した事柄」という記述に沿ったものだが、すべての「連用形＋ゴト」複合名詞の例が、「〜に適した事柄」という意味で解釈できるかというと、必ずしもそうではない。例えば、次に挙げる『日葡辞書』の意味記述は、これと少し異なっている。

(13) a. Aqinaigoto. アキナイゴト（商い事）取引、あるいは、商売
(邦訳日葡辞書・p. 29)
　　 b. Imigoto. イミゴト（忌事）物忌みのために行なうわざ、あるいは行事
(同・p. 333)
　　 c. Vodoxigoto. ヲドシゴト（威しごと）脅迫　　(同・p. 703)

　確かに「商う」「忌む」「脅す」という、個別的な動作性は捨象されており、「より一般的に」捉えられたものであろうが、「〜するのに適した事柄」とは解釈できない。これらの語形は、「商う」「忌む」「脅す」という動作で代表される、その動作に関連する事柄を表しているのではないかと考えられる。つまり、「例示」がなされているのであって、「〜するような事柄」「〜にまつわる事柄」と解釈した方が適当ではないかと考えられる。
　このような観点から、先に(10)として掲げた複合名詞の例をもう一度眺めると、「〜に適した事柄」というよりは、「〜するような事柄」のように、「例示化」されたものと捉えた方が解釈しやすい例も多い。例えば(10d)の「たたかい事」は、「戦う」動作そのものだけを表すのではなく、その準備から実際の戦争の場面まで、「戦い」に関連するいくつかの「事柄」を表したものと考えられるのである。
　複合名詞に関する記述を以上のように修正することによって、「連用形＋ゴト」名詞句についても、単に「一般的に捉えられた」というだけではなく、「例示することによって、個別的な動作を捨象して一般的に捉えられた内容を表す名詞句」として把握しなおすことができる。このように、〈例示する

ことによって一般的に述べること〉を、ここでは「例示一般化」と呼ぶこととしよう。そうすると、「西施をくせ者と云いごとは」という形式は、「例示一般化」された、「西施をくせ者と言うような事は」といった意味内容を表したものと考えることができる。

　このことは、(12)として挙げた、「連体形＋コト」の場合と比較してみると分かりやすい。「連体形＋コト」が用いられた文では、それぞれ具体的な動作が提示された上で、それに対する判断が示されている。(12b)を例にとると、「花を見る」という具体的な動作に対し、それは「わずか二十日ばかり」で終わってしまうというコメントが述べられている。(12c)では、再び「来年の春に」逢うという特定の行為、そのことは「変わらないだろう」と述べられている。つまり、これらの「連体形＋コト」で表される動作は、時間を特定することが可能な、個別の出来事として捉えられているのである。

　これに対し、(1)から(5)として挙げた「連用形＋ゴト」名詞句で表される動作は、連用形であるからテンスは分化されず、したがって時間や空間が特定されない。すなわち、いずれも「〜するようなことは」といった具合に、より一般的な事柄として述べられていると考えられる。したがって、「具体→抽象」といった論理的な展開において、具体例を挙げて説明した後に「連用形＋ゴト」によって完結させる、といった用いられ方が有効となる。(2a)や(3e)がこのような例であるが、前の文脈を加えたものを(14a)(14b)として、それぞれ次に掲げる。

(14) a. 客人ニモテナスニハ用イマイゾ、サリトテハ我ガ物デハナイ程ニゾ〈中略〉此ヲ我ガ物ノ様ニシテ人ヲモテナイタリナンドハセマイゾ〈中略〉人之物ヲ以テ我ニシテ客人ヲ<u>モテナシ事</u>ハナイゾ

（周易抄・巻5・7ウ）

　　 b. カワイゲニ中ノ者歩兵等ヲ打殺サセテモ無益也、所詮万人ヲ<u>殺シ事</u>ハ無益也ト云心也　　　　　（三体詩絶句抄・巻4・45オ）

上の2例はいずれも、「これこれのことは……、したがって、このようなこ

とはよくない」といった文章の流れにおいて用いられている。

　したがって、「連用形＋ゴト」構文の主文の述語が否定的な表現に偏るというのは、主題として提示される「連用形＋ゴト」名詞句が、「例示一般化」された意味内容を表すからではないかと考えられる。「例示一般化」された名詞句が、「ハ」助詞を伴って「〜するような、そんな事は……」と提示されるのであるから、述部で下す判断に肯定的なものが現れにくくなるわけである。これは文脈から導かれることのようで、現代語にあっても、このような文型における述部の判断は、否定的な評価となりやすい。

(15) a.　汗をかくことはよくない／やめるべきだ／いいことだ／素晴らしい
　　 b.　汗をかくようなことはよくない／やめるべきだ／？いいことだ／？素晴らしい

　(15a)のように、叙述をそのまま「コト」で承けた「汗をかく事」という名詞句が主題となる場合、述語において肯定的・否定的両方の評価を下すことができる。ところが、(15b)のように、動作を一般化して「汗をかくような事」とすると、否定的評価を述語にした文は普通に用いられるが、肯定的評価は述語となりにくい[12]。

　以上のように、「連用形＋ゴト」名詞句が表す意味内容が、「主題―解説」構造における述部の判断を、否定的評価へと導いていると考えられる。したがって、「連用形＋ゴト」名詞句が主題として提示された時点で、述部が否定的な評価となることはすでに予想されるため、次のように述部が省略された文も可能となる。

(16) a.　子由ホドノ者ヲ殺シ事ハト云テ流ゾ　　　　（山谷抄・巻１・60オ）
　　 b.　山椒の木の根にかゞみ事ハとしかられ　　　　　　　（醒睡笑・巻6）

## 5. おわりに

　最後に、土井論文で、この構文を「抄物特有の語法現象」と位置づけられた点について触れておきたい。確かに抄物資料以外でこの「連用形＋ゴト」構文が見られることは稀であり、キリシタン資料では、(5c)として挙げた1例が報告されているにすぎない。これは、「〜するような事は―評価」という型が、「抄物」というジャンルでくくられるところの注釈スタイルに用いられやすかったためであると考えられる。抄物資料の中でも、口語性の高い抄物と文語的といわれる抄物の間で、用例の現れ方に偏りが見られないということは、この構文がいわゆる口語・文語という位相には左右されない形式であることを示していよう[13]。

**注**

1　「連用形＋ゴト」における「コト」の部分の清濁については、「かゝる場合の『コト』は『ゴト』と発音したものらしい」とする湯沢(1929: 83)などに従い、濁点が付されていないものについても、「ゴト」という濁音形であるものとみなしておく。

2　キリシタン資料からは、次のような例が示されている。

　　・かの人の、エソポに当り様〔atarizama〕が悪うて卑しめらるるによって
　　　　　　　　　　　　　　　　　　　　　　　　　　（エソポのハブラス・p. 421）

　　・何ぞよ今の犬にくれ様〔cureyŏ〕は？　　　　　　　　　　　（同・p. 422）

　また、キリシタン以外の資料においても、次のような例が認められるという。

　　・是故説一乗トマウシトコロヲキ、トリテ　　　　（法華百座聞書抄・オ 86）
　　・ゆみやかはごなかもちは、わかみやへつたうへおさまり物なり
　　　　　　　　　　　　　　　　　　　　　　　　　　　　　（よりとも最後の記）
　　・わたくしも人をつかふ事がござらふが、人をつかひやうをぞんぜひでは其時はちをかきまらせう程に　　　　　　　　　（虎明本狂言・止動方角）
　　・惣別煩を軽心得られ躰と聞候段、以外不可然之儀候
　　　　　　　　　　　　　　　　　　　　　　　　　（吉川広家書状〈年未詳〉）
　　・うちたてへ、ねうほう衆一両人もおきよし申こし候

(最上義光書状写〈文禄二年〉)

そうすると、この他、次のようなものもこれに類する例となろうか。
・去ばサンタマリア此御辞を御心に留め給ひ思召し様〔voboximexi yo〕也
(バレト写本・11v)
・談義者の門派のフライ、ヂダココリャドといふ出家、ロマに於てこれを為立てもの〔xitáte mòno〕なり　　　　　　　　　　(コリャード懺悔録・p.4)

ただし、これらの「動詞連用形＋形式名詞」は散発的であり、かなりまとまった例が見られる「動詞連用形＋ゴト」と同列に扱ってよいかどうかは、さらに慎重であるべきであろう。この点については、第2章で述べる。なお「動詞連用形＋ヤウ(様)」については、外山(1983)に洞門抄物における調査があり、かなり幅広く用いられていたことが示されている。

3　章題としても掲げた「動詞連用形＋ゴト」という場合の「動詞」は、動詞単独の例だけでなく、「動詞＋助動詞連用形＋ゴト」といった例も含む。これまでは、形容詞類と区別するために「動詞」を明記したのであるが、以下ではそのような前提に立ち、「動詞」を省略して「連用形＋ゴト」と記すこととする。

4　「典型」からは外れた形で、「連用形＋ゴト」が主題とならないものも存するが、ごく少数で例外的といえる。
・所詮詩ヲ作リ事ヲ略シゴトモナイソ　　　　(四河入海・巻25ノ1・9ウ)
・括卜云ハズントウチタイラゲゴトヲ云ゾ　　(漢書列伝景徐抄・15ウ)
・君ニナリ事ヲイヤガルニヨテ越人ガ君ニナシタガル也　(荘子抄・巻5・7オ)

5　底本は、京都大学附属図書館谷村文庫蔵文禄三年写本。引用箇所は跋文・奥書の後に存する部分で、抄者一韓智翃より後の別人による抄である。その点やや問題はあるが、むしろこのような箇所にも見られる点で、逆に興味深い例であるともいえる。

6　この構造を有する文は、青木伶子(1992)では「題述文」と呼ばれており、ここに現れる「ハ」は係助詞としての用法であるとされる。

　村田(1995)では、虎明本狂言における「フカシイ」という語について考察がなされ、常に否定の表現と共起することが指摘されている。この場合、
　A　フカシウハ ──────── 否定の述語成分
　B　フカシイ事(で)ハ・モ ─── 否定の述語成分
という2つの形式が立てられ、「論理的な格関係を示す格助詞をとらず係助詞をとり、否定の表現と結び付くという点において」、「連用形＋ゴト」構文と「通ずるものがある」と述べられている。確かにこのような「共通点」はあるものの、両者は基本的に文の構造が異なるものと考えられる。「フカシイ」は100％否定と結びついて「情意的意味」を表す、とする村田論文の結論に従う意味でも、否定との緊密性はない、題述文としての「ハ」構文とは異なるものとした方がよいの

ではないかと思う。

7　いささか逆説的ではあるが、これらの「連用形＋ゴト」が、先に示したモデルから外れたものが多いということも、複合名詞と認めることの根拠となり得るように思う。また、土井論文に挙げられる次のようなものも、やはり複合名詞としての形式であろう。

　　・<u>治メ事</u>ハ尭ニ治サセテ名ヲヲレガニシ事ハイヤゾ　　（荘子抄・巻1・16 ウ）
　　・<u>カヽリ事</u>ワカヽツテアレドモクラワレテコソヨ　　（周易抄・巻5・8 ウ）
　　・四ノ句ハ<u>渡リ事</u>ハ渡リ<u>悟リ事</u>ハ悟タレドモマダ蹤跡ガ在ルゾ
　　　　　　　　　　　　　　　　　　　　　　　　（江湖風月集抄・巻4・32 オ）

8　複合名詞としての「連用形＋ゴト」の例については、東辻(1997: 870–895)に詳しい。そこで示された中世における用例数は、上代・中古を合わせた数の2倍以上である。

9　奥津(1975)においては、「考エルコト→考エゴト」のような生成が提案されたが、この間には意味の変更が伴っているものと考えられ、ゆもと(1977)・影山(1993)などによって、この生成規則は否定されている。「連用形＋ゴト」複合名詞の構造・意味に関する詳しい記述については、別稿を用意したい。

10　影山(1993: 326–330)において、現代語における次のような例が示されている。

　　・洋風、フランス風、［テレビのスペシャル番組］風
　　・間違いだらけ、［空缶や紙屑］だらけの公園
　　・［後ろを振り向き］ざまに
　　・［授業を休み］がち

初めの2例は、元来は形態素ないし語を対象とする接辞要素が統語的な句にまで拡張したもので、後の2例は、もともと句ないし節を対象とする句接辞(phrasal affix)であると述べられる。「連用形＋ゴト」構文も、このような「語」の内部に「句」が包み込まれる「句の包摂」現象として捉えることができよう(→第2章)。

　　・見事、言い事、［西施をくせ者と<u>言い</u>］事は

影山(1993: 322–377)では、語形成は語彙部門と統語部門の両方で行われ、なおかつこれらをグローバルに規制する独立の形態部門を想定するという、モジュール形態論の考え方が示されている。これによって、語彙的接辞による句の包摂は、本来なら語彙部門に所属するはずの接辞がD構造にまで進出した結果、例外的に起こる現象として把握することができる、とされている。この考え方に従うなら、「連用形＋ゴト」構文は次の例と同様、「語彙部門にも統語部門にも適用するもの」ということになろう。

　　・手を／の付けようがない
　　・恋人と(の)別れぎわに

11　複文における名詞句構造の史的変遷の中に位置づけるという試みは、柳田(1993c)

に既に見られる。そこでは「連体格の論理化」という考え方の下に、準体助詞「ノ」の成立、「〜サニ」の衰退とともに、「連用形＋ゴト」の衰退が説かれている。該当箇所を引用すると、「『動詞連用形＋ゴト』の表現も、『動詞連体形＋コト』に比べて、否定的な内容に呼応していく表現として、それなりの存在意義があったのであるが、やはりそのような意味上の小差を捨てて、すべての用言について用いることのできる『連体形＋コト』の方だけを用いることになったものと考えられる」と述べられている。これとほぼ同じ考え方は、橋本(1978)にも示されている。

12　ただし、なぜ例示化された名詞句が否定的評価と結びつくのか、という本質的な問いには、未だ答えることはできない。これは語用論における問題であるように思うが、否定の意味を考える上においては、重要な問題である。

　　ある動作を例示するということは、それに関連するいくつかの動作も示すことになり、その範囲は広がる。「否定的」な評価は、個別に行うよりも、ある程度まとめて、範囲として行う方が有効であろう。これは「禁止」にも通ずるもので、「これはだめ」「これもだめ」と個別に行うよりも、「こんなことはだめ」といった具合に、ある範囲を禁止する方が有効である。ここに、否定的評価と、動作を例示化した名詞句が結びつきやすいという契機があるのであろうが、これ以上の記述については今後の課題としたい。

13　土井(1960)では、「連用形＋ゴト」がいわゆる「手控」にも見えることから、「この表現の単なる講述文体でないことを示している」と述べられる。

補　山田潔(2010)では、「連用形＋ゴト」名詞句について、「本来の動詞文が表す具体的な叙述であって、「例示一般化」された名詞句と捉えることはできない」と述べられるが、その根拠は全く示されていない。「連用形＋ゴト」における述語はあくまでも連用形なのであるからテンスは分化されず、そのため時間軸上に特定される個別具体的な事態は表されない。その点において「連体形＋コト」とは異なるのである。山田論文ではさらに、体言化した形式(準体句や連用形名詞)と「意味的に変わらない」場合もあり、「連用形＋ゴト」は「文法的に「連体形＋コト」と何ら区別がなくなっていく」などと述べられるが、これらの異なる形式は、それぞれ文法的に異なっていると見るべきである。本章はそのような立場から述べたものであるから、「連用形＋ゴト」がそのまま「〜するようなコト」という形式に置き換えられると言っているわけではない。

# 第2章　古典語における
　　　　「句の包摂」について

## 1.　はじめに

　現代語における次のような言い方は、さほど耳遠いものではないだろう[1]。

（1）a.　[世界のあじさい] 展、[暮らしを彩る器] 展
　　 b.　[西洋の中世時代] 風、[「新宿系」でブレイクした某アーティスト] 風
　　 c.　[関連サイトへの入り口] 的サイト、[ジャパニーズ・ハードロックの先駆け] 的なバンド

「展」「風」「的」は、影山（1993: 326）で述べられるように、「元来は形態素ないし語を対象とする語彙的な接辞要素」であるが、(1)の例ではいずれも「合成語の前部分が句にまで拡張」している。例えば「～展」は、「個展」の「個」のような形態素や、「写真展」の「写真」のような語に付くのが基本であるところが、その前部分が句の単位にまで拡大して、「夕陽の写真展」といった形になっている。このように、「語」の内部に「句」が包み込まれる現象を、「句の包摂」と呼んでおこう[2]。
　このような「句の包摂」現象は、古典語においては見られないのだろうか。第1章においては、中世における次のような例を「語から句への拡張」と見なして、分析を試みた。

（2）a. 呉人ガ［西施ヲクセ物ト云イ］ゴトハ無益也

（中華若木詩抄・巻中・50 ウ）

b. 爰モ父ノ殺ト云［志ヲ破リ］事ハイヤト云テ殺サレタゾ

（毛詩抄・巻2・48 オ）

c. 刑罰ノ為ニハ加ヘラルルトモ［陳君カラソシラレ］ゴトハイヤヂヤト云ゾ

（蒙求抄・巻6・9 ウ）

「見事」「言い事」のような、「語」として存在した形式が、「西施をくせ者と言い事」のように、「句」を含む形式へと拡張したものと考えられるのである。

この他、上の「〜ゴト（事）」形式に類するもの、という視点から、大塚（1983: 114–116）において、中世の文献における例が示されている。

（3）a. かの人の、エソポに当り様〔atarizama〕が悪うて卑しめらるるによって

（エソポのハブラス・p. 421）

b. わたくしも人をつかふ事がござらふが、人をつかひやうをぞんぜひでは其時はぢをかきまらせう程に　（虎明本狂言・止動方角）

c. 陰ト陽トアツテ万物ヲタスケ兒ゾ　　　　（孟子抄・巻3・19 ウ）

d. 是故説一乗トマウシトコロヲキヽトリテ（法華百座聞書抄・オ 86）

e. ゆみやかはごなかもちは、わかみやへつたうへおさまり物なり

（よりとも最後の記）

f. 惣別煩を軽心得られ躰と聞候段、以外不可然之儀候

（吉川広家書状〈年未詳〉）

g. うちたてへ、ねうほう衆一両人もおきよし申こし候

（最上義光書状写〈文禄二年〉）

「サマ（様）」「ヤウ（様）」「カヲ（貌）」「トコロ（処）」など、いずれも「形式名詞かそれにちかいものである」場合に、このような例が見られると述べられている。

これらの例を見ると、古典語(中世語)においては、形式名詞を後部分に持つ複合語の場合、「句の包摂」が起こるという可能性が考えられそうである。(2)や(3)の例は現代語では見られないのであるから、「句の包摂」現象は、現代語と古典語では大きく異なっている可能性もある。本章では、古典語の「句の包摂」現象がどのような場合に起こるのかについて考察し、その上で現代語との関係についても考察を試みる。

## 2. 古典語における「句の包摂」

　まず、古典語において、前節で述べたような「句の包摂」の例と考えられるものを観察していくこととする。まずは、次のような形式がこれにあてはまるのではないかと考えられる。

(4) a. 餘リニ［人ノ逃ルガ<u>面白</u>］サニ、大殿ニ約束シツル事ヲモ忘ヌルゾヤ
　　　　　　　　　　　　　　　　　　　　　　（太平記・巻10）
　b. 紀年ニハ岸門トアルガ此ニハ鴈門トアルハ［岸ト鴈ト声ガ<u>チカ</u>］サニ誤タゾ　　　　　　　　　　　　　　（史記抄・巻3・52ウ）
　c. ［身ヲ正直ニモ<u>チタ</u>］サニ此カサヲキルゾ　（蒙求抄・巻5・21ウ）
　d. ［雨ノフルガ<u>ウレシ</u>］サニ愁ヲ忘却スルゾ
　　　　　　　　　　　　　　　　　　　（中華若木詩抄・巻上・33ウ）
　e. はふゝて［念佛を申が<u>いや</u>］さにこゝにかくれてゐた
　　　　　　　　　　　　　　　　　　　　（天正狂言本・法華念仏）
　f. わごりよが、［わらはにそひたうも<u>な</u>］さに、さやうに云物であらふと云　　　　　　　　　　　　　（虎明本狂言・川上〈ト書き〉）

　「～サ」という形式は、「面白さ」「近さ」のように、形容詞(含形容動詞)の語幹に付接し、名詞化する接尾辞である。したがって、出来上がった「面白さ」「近さ」は名詞であるため、修飾成分は連体修飾の形でなければならない。ところが、(4c)などの例からも明らかなように、これらは連用修飾の形

をとっている。すなわち、「面白―」「近―」などの形容詞の部分が用言性を発揮し、例文中［　］で示したような「句」(用言句) を形成しているものと考えられる[3]。

　この形式の存在については早くから知られており、「〜サ」の後に「ニ」という助詞を伴い、原因・理由を表す接続表現であることが指摘されている。夙に湯沢 (1929: 270–271) において、抄物の例を中心に、「サニ」を一語の助詞相当として扱うことの妥当性が述べられ、柳田 (1977) において、この言い方の成立と衰退に関する詳細な分析がなされた。詳しくはこれらを参照されたいが、ここで重要なのは、「〜サ」という形式が、「〜サニ」という形をとる場合において、句を包摂する例が見られるという点である。

　このような「〜サ」と非常によく似た構造を持つものとして、「〜サマ (様)」という例を挙げることができる。この形式もやはり、「ニ」を伴って「〜サマニ」となることで、接続関係を構成している。いくつか例を掲げておく。

(5) a. 寝殿のすみの紅梅さかりにさきたるを、ことはてゝ［内へまいらせたまひ］ざまに、はなのしたにたちよらせたまひて　（大鏡・巻3）
　　b. 船ニ乗テ八十餘人共ニ乗テ［河ヲ下リ］ザマニ趣キ給ヘリ
　　　　　　　　　　　　　　　　　　　　　　　（今昔物語集・巻6・6）
　　c. 父ノ義助ノ［勢ノ中ヘツト懸入リ］様ニ、若黨ニキツト目クハセ、ラレケレバ　　　　　　　　　　　　　　　　　　（太平記・巻14）
　　d. ［胡国ヘユキ］サマニ天子ノ御覽ジタレバ三千人ノウチ第一ノ美人昭君也　　　　　　　　　　　　　　　　（中華若木詩抄・巻上・21ウ）
　　e. サテ［此ノサシ図ヲミセ］サマニコロサウトシタゾ
　　　　　　　　　　　　　　　　　　　　　　（叡山本玉塵抄・巻13・33オ）
　　f. ［「……。ただ行け」と言ひ］さま〔iysama〕に、取るものも取りあへず、走りぢだめいて家に帰り　　　（エソポのハブラス・p. 425）

　「〜サマ」の前部分は動詞連用形であり、「〜サ」が形容詞語幹であったこ

とといささか異なるが、ともに合成語の前部分を構成する形式である、と一般化できる。後部分は「～ザマ」と濁っていた可能性もあるが、キリシタン資料では「sama」と表記されているため、中世頃は清音であったと考えられる[4]。

また、この形式については、『ロドリゲス日本大文典』にも記述が見られる。室町期においては、ある程度一般的な言い方であったものと考えられよう。

（6）　語根が名詞 samani（様に）に接したものはその前に属格をとらないで、往々動詞の格をとる。例へば、Funeyori agarisamani.（舟より上り様に。）Saqueuo nomisamani.（酒を飲みさまに。）Yadoye cayerisamani.（宿へ帰りさまに。）　　　　（土井訳ロドリゲス日本大文典・p. 392）

　（4）（5）の例から窺えるように、「～サニ」の場合は「～なので」といった意味を、「～サマニ」の場合は「～する時に、～しながら」といった意味を表している。両者の表す意味はやや異なるが、ともに接続助詞的なはたらきをしているという点では共通の振る舞いを示しているといえる。そしてこれを「句の包摂」という観点から捉え直すと、「～サ」や「～サマ」という「語」が「句」を含む形で存在するのは、「～サニ」「～サマニ」という形式をとり、接続関係を構成する場合であると記述できよう[5]。

　上の「～サ」や「～サマ」のような接続関係を構成するもの以外にも、「句の包摂」と考えられる例はいくつか存在する。そのような例として、まずは「～ガホ（顔）」という例を挙げることができる。この形式は中古和文に多く見られ、進藤（1965）に数多くの例が示されている。ここでは、中世の例もいくつか加えて掲げておく。

（7）a.　おほかたはか〲しくもあらぬ身にしも、［世の中を背き］顔ならむもはじかるべきにあらねど　　　　　　　　　　（源氏物語・橋姫）
　　b.　わがもとにあるもの、おこしにより来て、［いぎたなしとおもひ］

　　　　　顔にひきゆるがしたる、いとにくし　　　　　　　（枕草子・28段）
　　c.　そこはかとなく腰もうちかがめて行きちがひ、いそがしげなるさま
　　　　して、[時にあひ] がほなり　　　　　　　　　　（紫式部日記）
　　d.　庭の草、[氷にゆるされ] がほなり　　　　　　　（蜻蛉日記・巻下）
　　e.　階の下の薔薇も [夏を待ち] 顔になどして、さま〴〵めでたきに
　　　　　　　　　　　　　　　　　　　　　　　　　　　（栄花物語・巻11）
　　f.　人目には、[その事をおぼえ] 顔にもかけ給はぬを、「かしこういふ
　　　　にもおはするかな」と見奉る　　　　　　　（浜松中納言物語・巻1）
　　g.　つまちかき梅ばかり、[春をしらせ] 顔にひらけわたりて
　　　　　　　　　　　　　　　　　　　　　　　　　　　（夜の寝覚・巻2）
　　h.　八重たつ雲のたえ間より、山郭公の一聲も、君の [御幸をまち] が
　　　　ほなり　　　　　　　　　　　　　　　　　　（平家物語・灌頂巻）
　　i.　かくいふは九月卅日なれば、空のけしきさへ時雨がちに、[涙もよ
　　　　ほし] がほなり　　　　　　　　　　　　　　　　（増鏡・巻15）

　このように、多くの作品にわたって相当数の用例を拾うことができる。この形式は、中古においては、かなり一般的であったものと考えられる。
　これに類するものとして、次に「〜ヤウ（様）」という形式を挙げることができる。下に掲げるような例は、やはり「語」が「句」を包摂しているものと考えられる。

(8) a.　この [御参りをさまたげ] やうに思ふらんはしも、めざましきこと
　　　　　　　　　　　　　　　　　　　　　　　　　　（源氏物語・竹河）
　　b.　[物モ不思ズ] 様ニテ臥タレバ、湯ヲ口ニ入ルレドモ、歯ヲヒシト
　　　　咋合セテ不入レズ　　　　　　　　　　　　（今昔物語集・巻28・32）

　また、「様」を「ザマ」と読んだ、次のような「〜ザマ」も、これと同様の例と見なしてよいであろう。

(9) a. よろづの事、［むかしには劣り］ざまに浅くなりゆく

(源氏物語・梅枝)

b. あざやかに抜け出で、およずけるかたは、［父おとゞにもまさり］
ざまにこそあめれ　　　　　　　　　　　　　　(同・藤裏葉)

(8)のような「〜ヤウ(様)」という形式は、洞門抄物に数多く見られ、外山(1983)に次のような例が示されている。

(10) a. 昌州ノ暮レ分外ノ香ニ手ヲ付ヌガ本来ノ父母ヲ不犯［本源ヲ保チ］
様ダ　　　　　　　　　　　　　(大淵和尚再吟・巻下・24オ)

b. 檀越ノ帰依モ残ル処ハ在ルマイト云ガ［明覚大師ヲ請ジ］ヤウダ

(高国代抄・巻2・9オ)

c. 此心毒ノ恨ヲ伸ブルカ今日法乳ノ［恩ニ酬イ］様デア郎カダ

(大淵代抄・巻7・2ウ)

d. 先ヅ此上堂ハ払子ヲ挙シテ看ヨ〳〵ト云ガ此上堂ノ起リ払子ノ［坐
下ヱ見セシメ］様ダ　　　　　　　　　　　(同・巻4・9ウ)

ただし、このような「〜ヤウ(様)」は、外山論文において、洞門の中でも特に代語抄において頻用されると述べられるように、位相に左右される面が大きいのではないかと考えられる。京都五山や博士家の抄物において、このような用法はほとんど見られないようで、当時どれほど一般的であったかについては、慎重に考えるべきであろう。

そして最後に、「〜ゲ(気)」の例を掲げておく。

(11) a. 御返など、［あはれをしり］げに聞えさせかはさんを、いと憂くの
みおぼゆれば　　　　　　　　　　　　　　　(夜の寝覚・巻3)

b. ひとをだに、［あやしうくやしと思ひ］げなる時がちなり

(蜻蛉日記・巻上)

c. 御前いとあまた、こと〴〵しうもてないて渡い給さま、いみじう

　　　　［心に入り］げなり　　　　　　　　　　（浜松中納言物語・巻3）

　　d.　「いかじ」とおぼしめすほどにぞ、いとさりげなく、［ことにもあら
　　　　ず］げにて、まゐらせたまへる　　　　　　　　　（大鏡・巻5）

　この「～ゲ」については、村田（1999）で「ゲナリ型形容動詞」と呼ばれて
分析されるなど、いわゆる形容動詞の語幹を作るものとしてよく知られてい
る。「～ゲ」の前部分は、多くの場合形容詞であるが（「うつくしげ」「きよげ」
など）、動詞であることもあり、その場合（11）のように、句を含む構造とな
る点は注目してよいであろう。
　以上のような「～ガホ」「～ヤウ」「～ザマ」「～ゲ」は、掲げた用例から
明らかなように、後ろに「ナリ」を伴って、形容詞（形容動詞）となっている。
表す意味も「～のような様子」でほぼ等しい。すなわち、「～顔」「～様」「～
気」という「語」は、「ナリ」を伴って形容詞（形容動詞）となる場合に、「句」
を含むことができるものと考えられる[6]。

## 3. 「包摂」の条件

　前節で分析したように、古典語における「句の包摂」には2種があること
が分かった。1つは「ニ」を伴って接続助詞的にはたらくもので、「～サ」「～
サマ」といった形式が挙げられる。もう1つは「ナリ」を伴って形容詞的に
はたらくもので、「～ガホ」「～ヤウ」「～ザマ」「～ゲ」といった形式が挙げ
られる。
　この2種の区別は重要であり、句を包摂する「条件」として設定できるも
のと考えられる。単に形式名詞が複合語の後部分となるだけでは、句の包摂
現象は起こらないものと考えられ、このことは、次の『ロドリゲス日本大文
典』の記述からも見てとれる。

(12)　名詞のYŏ（様）、Sama（様）、Tocoro（所）が動詞の語根に接続したも
　　　のは、この動詞状名詞を適切に言ひ表す。本来はそれ自身一つの実名

詞をなす複合語であって、その語根はその動詞の格を支配しないで属格をとる。例へば、Fumino caquiyŏ.（文の書き様。）Monono iy yŏ.（物の言ひ様。）Fitono nedocoro.（人の寝所。）Nesama（寝様）、Voquisama（起き様）。Tadaquiyono mosareyŏua, xicarubeitomo zonjenu.（忠清の申され様は、然るべいとも存ぜぬ。）「平家」（Feiq.）二

(土井訳ロドリゲス日本大文典・p. 392)

このように、「〜サマ」「〜ヤウ」といった複合名詞は、あくまでも名詞なのであるから、連体修飾を受けるということが記されている。「文の書きやう」は、通常は「文を書きやう」にはならないというわけである。ところが、これが「ナリ」を伴って「〜ヤウナリ」となれば、「文を書きやうなり」が可能となる。

これは、「ナリ」または「ニ」を伴うことにより、形容詞または接続助詞という、ある種の連用成分が形成されることになるためではないかと考えられる。ここにおいて、動詞連用形や形容詞語幹といった形式が、再び用言性を発揮することが可能となるのであろう。このようにして、合成語の前部分の用言の項構造に従って「句」が形成されたものが、これらの「句の包摂」現象であると考えられる。

実は、この分析結果は古典語にのみあてはまるものではなく、現代語においてもそのまま適用できるものと考えられる。現代語の「句の包摂」現象については影山（1993）が詳しいが、そこでは、「句の包摂」には2種類が認められるとして、次のような例が示されている。

(13) 句への拡張
 a. 汎用、男性用、［不精な中年男性］用
 b. 間違いだらけ、［空き缶や紙屑］だらけの公園
 c. 庭付き、［広い庭］付き一戸建て住宅
(14) 句接辞（phrasal affix）
 a. ［アルバイトをし］ながら大学に通う

　　　　［学校から帰り］しなに
　　b. ［マンションを契約］済みの人
　　　　［仕事に追われ］ぎみ

(13)は、すでに見た「句への拡張」であるが、もう1つは(14)のようなもので、「もともと句ないし節を対象とする句接辞」であるとされる。そして、「語彙的接辞が句に拡大した場合は何か不安定な感じが付きまとうが、もともと統語的な句接辞の場合は日本語としてなんら不自然さは呈さない」と述べられている。

　確かに、「不自然さ」という感覚において(13)と(14)は異なるが、その構造においても両者は大きく異なる。すなわち、(13)は連体修飾句の場合と並列句の場合があるが、いずれも［　］内は名詞句を形成している。これに対し、(14)は「ヲ」「カラ」「ニ」などの用言の項が標示された用言句を形成しており、この点において(13)とは大きく異なるのである。先に見た古典語における「句の包摂」は、この(14)と同じ構造であるといえる。

　そしてこの(14)は、(15a)と(15b)の2つに分けられるという。影山の記述をもう少し詳しく示そう。

(15) a. 接続詞的なもの　　　　　　b. 名詞的なもの
　　　　［真実を知り］ながら　　　　　［仕事にかかり］っきり
　　　　［そう思い］つつ　　　　　　　［いまにも雨が降り］そう(だ)
　　　　［友人を訪ね］がてら　　　　　［燗をし］たての酒
　　　　［後ろを振り向き］ざまに　　　［お金を借り］っぱなし
　　　　［仕事が片付き］次第　　　　　［なにか言いた］げ(だ)
　　　　［羽田を離陸］後　　　　　　　［授業を休み］がち

このように「接続詞的なもの」と「名詞的なもの」の2種に分けられているのであり、これは先に行った、古典語の分析と全く等しい。

(16) a. 接続助詞　　　　　　　　b. 形容詞(形容動詞)
　　　［酒を飲み］さまに　　　　　［夏を待ち］顔なり
　　　［声が近］さに　　　　　　　［御参りを妨げ］様なり
　　　　　　　　　　　　　　　　　［あはれを知り］げなり

　影山(1993)では、いわゆる形容動詞は「形容名詞」と呼ばれるため、「名詞的なもの」と分類されるが、連用成分となることで句の包摂が可能となると考えられるため、形容詞または形容動詞の名称の方がここでは相応しいであろう。いずれにしても、このような一致が見られるということは、「句の包摂」という現象が、歴史上において普遍的な文法現象であることを示しているものと考えられる[7]。

## 4. 句への「拡張」

　「句の包摂」現象は、前節で述べたような条件の下に起こると考えられるが、第1節で触れた「〜ゴト(事)」形式やそれと類似した形式は、どのように位置づけられるだろうか。先に掲げた「〜ゴト」の例を、ここでもう一度示しておく。

(17) a.　呉人ガ［西施ヲクセ物ト云イ］ゴトハ無益也　　　((2a)の再掲)
　　 b.　爰モ父ノ殺ト云［志ヲ破リ］事ハイヤト云テ殺サレタゾ
　　　　　　　　　　　　　　　　　　　　　　　　　　　　((2b)の再掲)
　　 c.　刑罰ノ為ニハ加ヘラルルトモ［陳君カラソシラレ］ゴトハイヤヂヤト云ゾ　　　　　　　　　　　　　　　　　　　　　((2c)の再掲)

　このように、ほとんどのものが「ハ」助詞を伴って用いられており、「〜ゴト」は明らかに名詞である。「句の包摂」の条件とした、従属句や述語句を構成する場合とは異なっており、その意味において例外的なものといわざるをえない。

影山 (1993: 329–330) では、現代語の「句の包摂」が (13) (14) のように二分され、(13) の「句への拡張」は「例外的」であり、そのために「不安定」であると述べられる。この記述との関連においても、ほんの一時期にしか見られない (17) の「〜ゴト」形式を、例外的な「句への拡張」と位置づけることはある程度妥当なものと思われる。しかし、複合語の前部分の用言性を活かして句を包摂するという構造は、(13) のようなものとは異なり、むしろ「例外的」でない (14) のような構造との類似を示している。

また、用例 (3) として掲げた大塚 (1983) に示される例や、下に (18) として示すような例を考慮に入れると、これらをすべて、単に「例外的」と位置づけるだけでは不十分ではないかと考えられる。

(18) a. 我ガ［一命ヲステ］バヲ不知ゾ（史記抄・巻11・80 オ：湯沢 1929）
　　 b. 談義者の門派のフライ、ヂダココリャドといふ出家、ロマに於て［これを為立て］もの〔xitáte mòno〕なり（コリャード懺悔録・p. 4）
　　 c. コレラハ類ヲ引テ［物ヲ云］ダテヲシテカシマシイゾ
　　　　　　　　　　　　　　　（黄鳥鉢鈔・巻1・46 ウ：大塚 1983）

(3) や (18) として示したこれらの「動詞連用形〜」の諸形式は、本来形との相違はわずかであり、確例と認め難いものもあることは事実である[8]。しかしながら、このような形が記されたものがあるという点はやはり重要であり、これらの例の存在は認めるべきであろうと思う。すなわち、このような形での「句への拡張」は、実際に起こりえたものと考えられる[9]。

このような「句への拡張」が起こりうるのは、日本語における「右側主要部の規則」のためではないかと考えられる。日本語の場合、「語」であっても「句」であっても、右側要素、つまり後側の要素が、主要部として機能することとなる。これはすなわち、後ろまで繋げて行かなければ、語や句や文の性格は決まらないということを示している。当面の問題に限っていえば、「拡張」が「例外」かどうかは、句あるいは文の最後に至ってはじめて決定されることになるのである。

## 第2章 古典語における「句の包摂」について

　例えば「書く」という語は、項構造に従って「文(を)書く」という動詞句を作ることができる。この「書く」を「書き」という、いわゆる連用形にした場合、「文(を)書き」という句が含まれるのは、「文(を)書きて」「文(を)書きつつ」などの従属句の場合か、または「文(を)書きけり」「文(を)書きたし」などの述語句の場合に限られる[10]。すなわち、これが、「不自然さを呈さない」包摂の「条件」になる。「文を書き様」は通常は存在しない形であるが、末尾が「様なり」のような述語句となるか(「文を書き様なり」)、「様に」のような従属句となれば(「文を書き様に」)、存在可能な形となるのであって、このような「拡張」は許される。しかしこの過程において、「文を書き様」という形そのものは、確かに存在することとなる。これが「文を書き様を」のような形式を、一時的に作り出したものと考えられよう。しかしながら、包摂の条件を満たさないものはやはり「例外」なのであって、その「特殊さ」ゆえに結局は排除されていったものと考えられる[11]。

　このような見方からすると、現代語の(13)のような構造を例外的な「句への拡張」、(14)のような構造を本来的な「句接辞」とする位置づけは、歴史的観点から捉え直す必要もあると考えられる。「後ろを振り向きざまに」は、現代語において自然な言い方であるが、初めからこのような形で存在したわけではない。「〜サニ」同様、本来「〜ザマ」という語であったものが、「〜ザマニ」の形となって句を承けることができるようになったというプロセスが想定されるため、歴史的には「拡張」というべきものであろう。したがって、同じように用言句を承ける接辞であっても、本来的に句を含むものだけでなく、「拡張」によるものも認めるべきであると考えられる[12]。

　いずれにしても、このように、合成語の前部分の用言性を活かして句へ「拡張」することができるのは、主要部が右側にあるためであると考えられる。ただし、この「拡張」は全く自由に行われたわけではなく、前節で見たような「条件」を満たす場合においてのみ、許されたものであった。そして、この時の包摂の「条件」に、ある種の歴史的普遍性が見られるのは、「右側主要部の規則」それ自体が、古今を通じて変化していないからであると考えられよう。

## 5. おわりに

　以上、古典語の「句の包摂」現象について考察してきたが、現代語とのつながりに関しては十分に論じきれなかった。古代語で頻用された「〜顔」は現代語では用いられないし、「〜様」もほとんど造語力を持たない。また、「〜サニ」や「〜ゲ」のように、形式自体は現代語にも残っているが、その内実は大きく変化しているものもある。「〜サニ」について、影山(1993)に示された現代語の例をいくつか掲げておこう。

(19) a. 遊ぶ金が欲し<u>さに</u>銀行強盗をはたらいた。
　　 b. UFOを見た<u>さに</u>北海道まで行った。
　　 c. 子供というのは、親にほめられた<u>さに</u>そんなことをするものなのです。

　(19)と(4)を比較すると、現代語において「〜サニ」を構成することのできる形容詞が、「欲しい」「〜たい」の2語に限られていることが見てとれる。このような表現の固定化は、「〜ゲ」についても言えるだろう。また、(19)の「遊ぶ金が欲しさに」「UFOを見たさに」という、格助詞が標示された形式は、「遊ぶ金欲しさに」「UFO見たさに」のような無助詞のものと比べると、いくらかの違和感を覚える向きもあろう。このように、現代語の諸形式について、歴史的観点から明らかにすべきことは少なくないが、このうち「〜サニ」については次章で述べることとしたい。

第 2 章　古典語における「句の包摂」について　219

**注**

1　用例(1)は、2002 年 1 月時点における web 上の記事から拾った。
2　現代語における「句の包摂」現象については、時枝(1950:156–158)に言及がある他、関(1977: 287–310)において、かなり詳しい分析がある。
3　ただし、形容詞の対象語は多くの場合「ガ」で標示されるため、(4a)のような例は、「～サ」までを通常の名詞句として解釈する可能性も考えられる。

　　(4)' a. ［人ノ逃グルガ面白サ］ニ、大殿ニ約束シツル事ヲモ忘ヌルゾヤ

しかし、(4a)の例については、「アマリニ」という副詞がその前に存しており、これが「面白サ」という体言を修飾しているとは考えにくいため、用言句を形成しているものと見なしてよいのではないかと考えられる。そうすると、次のように、副詞句を伴っている例が多く見られることは、注目に値しよう。

　・余り眠さに、碁盤引寄せ、枕とし、豊かにこそ臥しにけれ
　　　　　　　　　　　　　　　　　　　　　　　　　　　（舞の本・和田酒盛）
　・餘ニアラマホシサニ、此ニ面影ノ似タリケル頭ヲ二ツ獄門ノ木ニ懸テ
　　　　　　　　　　　　　　　　　　　　　　　　　　　（太平記・巻 15）
　・あまりめいわくさに、じやうきいたひて、扇をつかふたが、それがさはつた
　　ものじやあらふと云　　　　　　　　　　　（虎明本狂言・首引〈ト書き〉）

「～サ」までを名詞句として捉えるならば、これらは「アマリノ」という形でなければならず、実際、現代語では「アマリノ」の形が選択されると考えられる。これらの点については、第 3 章で詳しく述べる。

4　『大鏡』と『今昔物語集』の清濁の表記は、岩波日本古典文学大系に従った。ただし、中古においても「～サマニ」は清音であった可能性の方が高いのではないかと思う。
5　「～サニ」は、形容詞の対象語を標示して接続表現を表すという点において、上代のいわゆるミ語法と共通の構造であるといえる。

　・梓弓末は寄り寝むまさかこそ人目を多み〔於保美〕汝を端に置けれ
　　　　　　　　　　　　　　　　　　　　　　　　　　　（万葉集・巻 14・3490）
　・玉くしげ覆ふをやすみ〔安美〕明けて行なば君が名はあれど我が名し惜しも
　　　　　　　　　　　　　　　　　　　　　　　　　　　（同・巻 2・93）
　・明日香の古き都は山高み〔高三〕川とほしろし　　　　（同・巻 3・324）

原因理由を表す点、形容詞語幹を用いて従属節を形成するためテンスが現れない点など、両者には共通点も多い(→青木 2004 参照)。

6　次のような「～ガタ(方)」も、同趣のものと見なしてよいかもしれない。

　・やう〳〵日は［やまのはに入り］がたに、ひかりのいみじうさして
　　　　　　　　　　　　　　　　　　　　　　　　　　　（大鏡・巻 6）
　・その屋の前に桜のいとをもしろく咲きて、［春のはて］方にやありけむ、散

りけり　　　　　　　　　　　　　　　　　　　　（平中物語・34段）

・［日ノ晩(クレ)］方(ガタ)ニ成テ、構ヘテ、人吉ク酔ヌベキ酒ヲ求メテ

（今昔物語集・巻10・32）

もっとも、「入り方」「果て方」「暮れ方」という複合名詞を、単に連体修飾しているにすぎないという解釈も十分に考えられる。しかし、現在方言において、「～方」がアスペクト形式として機能する時、句を包摂する場合があることは注目され、これとの関連もあるいは考えられよう。

・草を取い方ぢや〈草を取っているところだ〉　　　　　　　　（鹿児島県）

7　例外とでもいうべきものに、次のような例がある。

・此ノ詩ヲ宗旨デ取ツテ［用ニ立テ］様ガ無クテハ宗旨デ風景ト云ハ何ンノ事デア郎　　　　　　　　　　　　　　　　　　　　（高国代抄・巻1・28オ）

「～ヤウ」が格助詞「ガ」を伴って名詞として使われているにも関わらず、句を包摂している。この言い方は現代語にも存在する。

・［手をつけ］ようがない

この場合、「～ヨウガナイ」の形に固定化している点に注意すべきであろう。関（1977: 293）では、この「よう」はある種の可能性判断を表し、「とくに打消表現において包摂性能を有する接尾語となる」と述べられている。

8　「人を使ひ様」は「人の使ひ様」、「…と申所」は「…と申し所」などの単純な誤りではないか、といった批判も十分に想定される。実際、(3b)の『虎明本狂言』の例では、直前に「人をつかふ事」という表現があり、これにひかれて「人をつかひやう」と誤ったのではないかという可能性が考えられる。この直後に、同じ太郎冠者の台詞として「人のつかひやうを」という表現が存するのである。また、(3a)は、「当り様」という複合名詞が認められる（「atarizama.アタリザマ（当り様）良い、または、悪い待遇（邦訳日葡辞書）」）ため、「［エソポに当り］様」という構造を必ずしも想定しなくてもよいのではないか、といった批判も考えられる。この他、古文書やコリャードの著作などについては、その資料性が問われる可能性もあろう。

　　しかしながら、(18a)の史記抄の「一命を捨て場」は、古活字版と同系統の本文を持つ3つの写本（京都大学附属図書館蔵本、京都府立総合資料館蔵本、足利学校遺跡図書館蔵本）ともに一致を見ている。その場限りの、あるいは言い誤りに近いものであるにしろ、このような形が見られることは事実として認めるべきであろう。

9　柳田(1977)では、具体例は省略されているが、「～時」「～時分」といった形式にも類似の例が見られると述べられている。

10　この他、「文を書きに行く」のような場合も考えられよう。従属句という一般化に符合すると考えてよさそうであるが、「句の包摂」の問題は、このような形式

11 「～ゴト」名詞句は、第1章で述べたように、「～するようなコト」といった、「例示一般化」された意味内容を表すと考えられる。京(2000)では、これを承けて、「「連用形＋ゴト」名詞句で行われていた「例示一般化」形式がこれとは別の表現形式で行われるようになり、衰退したのではないか」として、「タリナド」「ツナド」といった表現形式が想定されている。

・人ノクビヲ抑テキツヽナンドスルハ暴ゾ　　　　　（周易抄・巻5・20 オ）
・梁ヲモ引タリナンドモセヌゾ　　　　　　　　　　（史記抄・巻4・57 ウ）

しかし、「～ゴト」形式は、あくまでも「例外的な拡張」によるもので、そのために、後世特殊なものとして排除されることになったと考える方が自然であろう。「～ゴト」の衰退に伴って別の形式が必要とされるほど、表現体系に根付いていたとは考えにくい。

ただし、「例外」にあっても、「～ゴト―ハ―否定的評価」「～ヤウ―ガ―打消」（注7参照）のように、ある種の「型」を有する場合はまとまって用例が見られ、これらが単なる「例外」でないことを示している。

12 影山(1993: 326-329)で「拡張」とされる現代語の諸形式についても、歴史的に検証する必要があろう。例えば、接辞「メク」は、かなり古い時代から句を包摂しており、注目に値する。

・雨そそぎも、なほ［秋の時雨］めきてうちそそげば　　（源氏物語・蓬生）
・昔ありけん、［物の変化］めきて、うたて、思ひ嘆かるれど　　（同・夕顔）
・［旧約聖書の登場人物］めいた影が、今、麦の穂の向こうに消えた。
　　　　　　　　　　　　　　　　　　（小林秀雄『ゴッホの手紙』：影山1993）

# 第3章 「〜サニ」構文の史的展開

## 1. 問題の所在

　中世室町期において、原因・理由を表す「〜サニ」という言い方が見られることは、よく知られている。まずは、以下にいくつか例を掲げておく。

（1）a. 云ニクサニ知レヌ事ヂヤト云ルルゾ　　　　（蒙求抄・巻3・32オ）
　　 b. 矢ノ初メ中タ時ニアマリノイタサニ悶絶シテ所在ヲ不知ゾ
　　　　　　　　　　　　　　　　　　　　　　（史記抄・巻6・44オ）
（2）a. 婦人ナンドハ卒忽ニハ咲ハネドモ餘リヲカシサニ咲ゾ
　　　　　　　　　　　　　　　　　　　　　　（山谷抄・巻5・63オ）
　　 b. 紀年ニハ岸門トアルガ此ニハ鴈門トアルハ岸ト鴈ト声ガチカサニ誤タゾ　　　　　　　　　　　　　　　　　　　　（史記抄・巻3・52ウ）
　　 c. 身ヲ正直ニモチタサニ此カサヲキルゾ　　（蒙求抄・巻7・21ウ）
　　 d. わごりよが、わらはにそひたうもなさに、さやうに云物であらふと云　　　　　　　　　　　　　　　　　　　（虎明本狂言・川上〈ト書き〉）

「形容詞語幹＋サ＋ニ」という構造であるが、(1)のようなものは現代語にも残っているため、特に問題はないだろう。注目されるのは(2)のようなものである。(2a)は(1b)と比較すると分かるように、修飾句が「アマリ」という連用修飾の形になっている。(2b)以下も同様で「が」や「を」「も」などが現れており、(2)として掲げた例は、あたかも形容詞を述語とした用言句を

形成しているように見える。

　「サ」という形式は、「おかしさ」「近さ」のように、形容詞あるいは形容動詞の語幹に付接し、名詞化する接尾辞である。ところが、(2)の諸例においては、「に」を伴った「おかしさに」「近さに」という節が、用言としての性格を示している。すなわち、「～サ(＝名詞)＋ニ」という構造ではなく、以下のように「用言句＋サニ」という構造として捉えるべきではないかと考えられる。

（3）a.　［あまりおかし］さに(cf. ［あまりのおかしさ］に)
　　　b.　岸と鷹と［声が近］さに(cf. ［声の近さ］に)

　すなわち、これらは「～サ」という形で「語」を構成するはずのものが、合成語の前部分が用言性を発揮し、「句」を含む形へと拡張しているといえる。このように、「語」の内部に「句」が包み込まれている現象を「句の包摂」と呼ぼう(→第2章)。そして、このような形で用言句を包摂した「～サニ」が用いられた文を、「～サニ」構文と呼んでおこう。

　この「～サニ」構文については、夙に湯沢(1929: 270–271)において、抄物に見られるいくつかの例が紹介され、「サニ」を1語の助詞相当として扱うことの妥当性が述べられた。そしてこの後、柳田(1977)において、史記抄を中心とした数多くの例が示され、この言い方の成立と衰退に関する詳細な分析がなされた。これらの先行研究により、かなりの部分が明らかになったが、なお考察の余地が残されているのではないかと思う。

　柳田論文では、「～サニ」の「「～」の部分は、形容詞・形容動詞の語幹であって、従って用言の機能をもち、「サ」は体言化する接尾辞であって、体言の性格をもつ。用言と体言との性格をかねそなえているのであるから、両修飾語句を受ける例が生じても不思議はない」と述べられる。しかし、「サ」によって名詞化されたものが、用言の性格をも示すことは通常はあり得ない。したがって、まずどのような場合に、このような用言句の包摂現象が起こるのかを観察し、その上で「～サニ」構文を捉える必要があろう。

また柳田論文では、現代語においては、(1)に示したような「単独例か、「アマリノ～サニ」くらいでしか残存しない」とされ、(2)のようなものは「衰退」していると述べられる。しかし現代語においても、それらしきものがいくらか見られるのであって、影山(1993)に次のような例が示されている。

(4) a. 男は酒代欲しさに強盗をはたらいた。
　　b. 夕景色を見たさに海岸に出た。

　(4b)の例の適格性については多少のゆれがあるように思うが、この点については後述する。(4a)のような例は、確かに存在するといえるだろう。ただし、(2)に示した中世語の例が、すべてそのまま現代語において用いられるかというと、決してそうではない。これらのことをふまえ、通史的な様相についても、今一度検討してみる必要があろう。
　以上のように、本章では、「～サニ」構文の史的展開について、「句の包摂」という観点を中心に考察を試みる。

## 2. 「～サニ」構文の消長

　前節でも述べたように、「～サニ」構文は現代語にも存在する。影山(1993: 245、359)に示された例をいくつか掲げておこう。

(5) a. 遊ぶ金が欲しさに銀行強盗をはたらいた。
　　b. UFOを見たさに北海道まで行った。
　　c. 子供というのは、親にほめられたさにそんなことをするものなのです。

そして、これらの例について、「幾分古めかしい響きがするが、それでも決して特定の語彙に固定されてはいない」のであって、「その内部の名詞句と

述語は自由に選択できる」(p. 245)と述べられている。

　しかしながら、(5)および前節の(4)に示した例からも窺えるように、現代語において「〜サニ」構文を構成することのできる形容詞述語は、「欲しい」「—たい」の2語にほぼ限られるのではないかと考えられる。すなわち、現代語にあっては、「述語は自由に選択できる」状況にはなく、かなり固定化した表現なのではないかと考えられる。

　ここでは、この形容詞述語のバリエーションという点について、少しずつ時代を遡る形で検証したいと思う。まずは近現代の小説における状況について、「新潮文庫の100冊」を調査した。最初に、「—たい」の例をいくつか掲げておく。

（6）a. 何でも直ぐに買って帰って、孫が喜ぶ顔を見たさに、思案に余って、店端に腰を掛けて、時雨に白髪を濡らしていると

　　　　　　　　　　　　　　　　　　　　　　　（泉鏡花『国貞えがく』）

　　b. 実の処おれは、それを聞きたさに今日も寄ったのだ

　　　　　　　　　　　　　　　　　　　　　　　（伊藤左千夫『野菊の墓』）

　　c. あの時おれが怒りさえせねば、俊寛は都へ帰りたさに、狂いまわったなぞと云う事も、口の端へ上らずにすんだかも知れぬ

　　　　　　　　　　　　　　　　　　　　　　　（芥川龍之介『俊寛』）

　　d. この男からのがれたさに（それにまた、待ち遠しさに耐えかねもして）、わたしは父の立ち去った方角へ五、六歩あるいた

　　　　　　　　　　　　　　　　　　　　　　　（神西清訳『はつ恋』）

やはり最も多くの用例が見られたのが、この「—たい」であった。そしてこの場合、「を」や「へ」「から」など、様々な格助詞を伴うことができる点は注目される。通常の形容詞文がこのような振る舞いを示すことはなく、対象語を「が」で示すのが普通である。

　次に、そのような形容詞述語の項としての「が」が示された「〜サニ」構文の例をいくつか掲げることとする。

（7）a. この子が余り分らぬと、お力の仕方が憎くらしさに思ひあまつて言つた事を　　　　　　　　　　　　　　（樋口一葉『にごりえ』）
　　　b. 足許を見て買倒した、十倍百倍の儲が惜さに、貉が勝手なことを吐く　　　　　　　　　　　　　　　　　（泉鏡花『国貞えがく』）
　　　c. 狐も、芋粥が欲しさに、見参したさうな。男ども、しやつにも、物を食わせてつかわせ　　　　　　　　　（芥川龍之介『芋粥』）
　　　d. 「そのとおりで、司祭さま」棒がこわさに、いやいやながらいうことをきくブルドッグのように　　　　（小林正訳『赤と黒』）

用例数自体さほど多くは拾えなかったが、やはり先に述べたように、形容詞述語に偏りが見られるようである。「欲しい」の他には、「憎らしい」「惜しい」「恐い」くらいしか見あたらなかった。
　助詞が標示されないものを加えても、状況はほぼ等しいといえる。

（8）a. あの非凡な才能を近ごろどんなふうに駆使していることか、様子知りたさに矢も楯もたまらなくなった
　　　　　　　　　　　　　　　　　　（延原謙訳『シャーロック・ホームズの冒険』）
　　　b. あるいは志乃が子供ほしさに耐えきれなくて、こっそり禁を破ったのではなかろうか　　　　　　　　　（三浦哲郎『忍ぶ川』）
　　　c. 道々、真木柱の姫君の手紙を見ては、娘可愛さに胸をしめつけられる思いがした　　　　　　　　　　　（田辺聖子『新源氏物語』）
　　　d. 「彼」恋しさに悶える自分を部屋の中へ閉じこめておこうとする努力だけでも大きな精神力が必要だったし
　　　　　　　　　　　　　　　　　　　　　　　（筒井康隆『エディプスの恋人』）

「―たい」「欲しい」「かわいい」「恋しい」の他、「苦しい」「いとしい」などの例が見られたが、やはり特定のものに偏っているものと考えられる。すなわち、この期の形容詞述語は、いわゆる感情形容詞の類に限られるのではないかと考えられる。

また、この期の例において注目されるのが、ガ格で示される名詞句の性格である。(7)(8)では、ガ格に体言が用いられたもののみを挙げたが、次に掲げるように、いわゆる準体句がガ格名詞句として現れているものもある（句末に準体助詞「ノ」が示されるものも、ここでは同じものとして扱っておく）。

(9) a. 余り先刻みな様のお強い遊ばすが五月蠅さに、一人庭へと逃げまして、お稲荷さまのお社の所で酔ひを覚ましてをりましたに
　　　　　　　　　　　　　　　　　　　　　　　（樋口一葉『われから』）
　　b. 機嫌をそこねるのが恐さに、女は迷惑そうな顔一つ出来なかった
　　　　　　　　　　　　　　　　　　　　　　　（安部公房『砂の女』）
　　c. この何か月、私を祈り伏せようと苦しめられるのが憎さに、紫の上を取り殺そうと思ったが　　　　　　　　（田辺聖子『新源氏物語』）
　　d. いつもなら金のことを口にするのがいやさに訊くはずもないことだったが、この時ばかりは気にならなかった
　　　　　　　　　　　　　　　　　　　　　　　（沢木耕太郎『一瞬の夏』）

　現代作家の小説においても、ガ格に準体句が用いられた例が見られるが、このような形は、現在の我々から見ると違和感が大きい。したがって、これらが用いられなくなったのは、ごく最近のことであると考えられる[1]。
　このように、近代以前においては、形容詞の「対象」を示す名詞句に準体句が用いられることが少なくない。体言(体言句)の場合と準体句の場合とは分けて記述する必要があるが、この点については後述する。以下では、体言が用いられたものを中心に見ていくこととする[2]。
　では次に、近代からさらに時代を遡って、近世の様相を観察する。まずは近世後期の状況について、歌舞伎・浄瑠璃・洒落本・読本・人情本・滑稽本(岩波日本古典文学大系)、および噺本(噺本大系)をそれぞれ調査した。以下にいくつか用例を掲げる(作品名の後の数字は、成立年あるいは刊行年)。

(10) a. そとへ出てハ追はぎがおそろしさに、病気といひ立て、内にばかり、たいてねてゐる　　　　　　　　　　（噺本・百生瓢 1827）
　　 b. 今はかく老くたちてその業を勤がたさに、人の射てとりし獣の皮を買受、これを鞍人に遥与して活業と致す（読本・椿説弓張月 1811）
　　 c. となりの独りものもうら山しく、金がほしさにつく〲かんがへ　　　　　　　　　　　　　　　　　　　（噺本・和良嘉吐冨貴樽 1792）
　　 d. 仏壇置き所が悪さに手を合しては拝まれず　　　　　　　　　　　　　　　　　　　　　　　　（浄瑠璃・新版歌祭文 1780）
　　 e. いかさま、勘のふかいものじやといひけるを、かのあないちきひて、されバあまり疳がふかさに、目がつぶれましたハ　　　　　　　　　　　　　　　　　　　　　　　　　　　（噺本・軽口福徳利 1753）
　　 f. あんまり見る目が可愛さに、せがれを媒鳥にして九郎兵衛を尋出しませうとお願ひ申て　　　　　　　　（浄瑠璃・夏祭浪花鑑 1745）

「恐ろしい」「欲しい」「可愛い」の他に、「悪い」「深い」などが見られるのが注目される。この時期の資料には、このような属性形容詞・評価形容詞が、この他にも、「良い」「厳しい」「若い」「遠い」など、かなり多く見られる。

　さらに時代を遡り、近世前期の様相を観察することとする。近世前期の資料としては、噺本(噺本大系)の他、浮世草子・浄瑠璃・歌舞伎(岩波日本古典文学大系)を調査した。いくつか用例を掲げる。

(11) a. 来月迄は沢山に遣はうと思ふてゐた延の紙を此中替る〲借りに越す客が多さに、大方遣い捨てた　　　　（浮世草子・傾城禁短気 1711）
　　 b. 御恩を報じたさに、成程禿を殺しまして、あの銀は私が盗んでまいりました　　　　　　　　　　　（歌舞伎・傾城壬生大念仏 1702）
　　 c. 先のしれたる年寄、何をいふても心斗。なじみはなけれどそなたをいとしさに　　　　　　　　　　　　　　（浮世草子・好色一代女 1686）
　　 d. たゞしは其の景清がおそろしさに面影に立ちけるか

(浄瑠璃・出世景清 1685)

e. 浅黄の上を賦して後花色に染、又洗濯して其上を海松茶に染、後ハそむべき色がなさに黒ちやに染侍る　　　（噺本・囃物語 1680）

f. となりのめうさい、こしをかゞめてきて、やれ〳〵めでたい事やとて、あがらふとしても、えんがたかさにあがりかね

（噺本・きのふはけふの物語 1636）

　上に示したように、「多い」「無い」「高い」など、感情形容詞以外のものも多く見られる。これは先に見た近世後期と同様の傾向であり、近現代とは大きく異なる点である。近世期に見られた形容詞述語のバリエーションを、(12)として以下に掲げることとする。

(12) a. 悲しい、嬉しい、口惜しい、恐ろしい、可愛い、憎い、……
　　 b. 良い、悪い、厳しい、若い、深い、多い、遠い、無い、……
　　 c. 気の毒、いや、あはれ、賑やか、笑止、面倒、退屈、……

(12a)は感情形容詞、(12b)は評価・属性形容詞、(12c)は形容動詞である。(12a)のような感情形容詞の割合の方が多いとはいうものの、近世期はかなり「自由に選択できる」状況にあったと考えられる。これが時代が下るにつれて、徐々に感情形容詞へ制限されていったものと考えられよう。

　近代語において発生した、このような形容詞述語の制限は、「〜サニ」構文がいわゆるコントロール構造となったためと考えられる。(7c)をモデル化して示そう。

(13)　狐は　芋粥が　欲しさに　見参した
　　　Aハ　Bガ　　Cサニ　　D

主節の述語D（「見参した」）の主語A（「狐」）は、従属節の述語C（「欲しい」）の主語としても機能している。したがって、この時のB（「芋粥」）は、主語

ではなく目的語相当(対象語)であると考えられる。すなわち、このような「AハBガC」という構造を満たすためには、Cの形容詞述語は他動詞的な表現でなければならないのであって、感情形容詞という制限はここから導かれるものと考えられる((10d)(11a)などと比較されたい)[3]。

そして、現代語に至ると、形容詞述語はさらに「欲しい」「―たい」の2語に限られる。これは、「他動詞的」という制限が局限化したものと考えられる。すなわち、「欲しい」「―たい」は、必ず目的語(対象語)を必要とする二項述語であって、もはや形容詞というよりは他動詞に近い。一方、「悲しい」「面白い」「憎い」などの感情形容詞にあっては、対象語の標示は義務的ではない。すなわち、「AハBガC」のB(目的語)をとることができない属性形容詞の類がまず排除され、次いでBを必須としない感情形容詞の類が排除されていったものと考えられる。

## 3. 「〜サニ」構文の成立

「〜サニ」という形式はそもそも、形容詞を名詞化する接尾辞「サ」に、助詞「ニ」が付接したものである。中古における例として、『源氏物語』からいくつか用例を掲げておく。

(14) a. あまたの相人どものきこえ集めたるを、年頃は世の<u>わづらはしさに</u>、みなおぼし消ちつるを　　　　　　　　　　　(源氏物語・澪標)
　　b. わか君のかう出でおはしましたる御宿世の<u>たのもしさに</u>、かゝる渚に月日を過ぐし給はむもいとかたじけなう　　　(同・松風)
　　c. あらぬさまに思しほれたる御気色の<u>心ぐるしさに</u>、身の上はさしおかれて、涙ぐまれ給ふ　　　　　　　　　　　(同・幻)

これが中世後期においては、形容詞の語幹に付接する、一語の接続助詞のようなはたらきを見せるようになる。

(15) a. アマリニ清浄ニシテ理ガ正シサニ威ニマケテカウ云ゾ
　　　　　　　　　　　　　　　　　（日本書紀桃源抄・巻中・19 ウ）
　　b. 蟋蟀ヲ前ニカキサウナガ文体ガ悪サニカウシタゾ
　　　　　　　　　　　　　　　　　（毛詩抄・巻 8・11 ウ）
　　c. ゼニヲ多フモツテツカウ者ガホシサニカウタ事ゾ
　　　　　　　　　　　　　　　　　（国会本玉塵抄・巻 1・40 ウ）

　(14)では形容詞の対象語が「の」で示され、「…ノ〜サ」という形で名詞句が構成されている。これに「に」が付接しているわけであって、「サニ」が1つのまとまりとして用いられているとは考えがたい。これが(15)になると、対象語が「が」で示され、「…ガ〜」という用言句に「サニ」が付接しているように解釈される。もっとも、「が」を連体格と解釈する可能性も考えられるが、次に示すように、「アマリ…ガ〜サニ」という構文が見られることからも、「が」は連用主格と見なすことができる[4]。

(16) a. アマリ出世ガヲソサニ或布袋ト成或ハ善悪大士ト成テ衆生ヲ化スルゾ
　　　　　　　　　　　　　　　　　（百丈清規抄・巻 1・35 オ）
　　b. アマリ実ノ味ガウマサニ鳥ヲ来タスト云心ゾ
　　　　　　　　　　　　　　　　　（山谷抄・巻 4・15 オ）
　　c. アマリ御酒ガコワサニイトマゴイヲモマウサイデカヘラレテサウト云ゾ
　　　　　　　　　　　　　　　　　（漢書列伝景徐抄・22 ウ）

　柳田(1977)では、「〜サニ」節の性格として、同じ原因・理由を表す「〜ホドニ」節に比べ「原因・理由と結果との関係が緊密である」と述べられた。あらゆる活用語に続くことができる「〜ホドニ」節と、単純に比較することはできないであろうが、柳田論文での「強い因果関係や必然の結果」を表すという指摘は重要である[5]。「〜サニ」が「〜ホドニ」などの通常の従属節と異なるのは、「形容詞語幹＋サニ」という、テンスが分化しない形で表される点である。その点、「〜テ」節に近い面もあるが、「名詞＋ニ」という

語構成から導かれる「強い因果関係」を表す点において、やはり異なっている[6]。すなわち、このような表現性を担う点に、「〜サニ」節の存在価値が認められるのではないかと考えられる。

以上見てきたように、中古における「〜サニ」形式は、「〜サ」という名詞に格助詞「ニ」が付接したものであり、したがって対象語を示す場合も「…ノ〜サニ」という形であった。これが次第に原因理由節としての機能を確立することとなり、対象語を連用主格として示す「…ガ〜サニ」という形式が生み出されることとなった。すなわち、「〜サニ」構文は、「［…ノ〜サ］ニ」（名詞句＋ニ）という構造から「［…ガ〜］サニ」（用言句＋サニ）という構造へと拡張してできたものであると考えられる[7]。

この構造変化を考えるにあたっては、これまで保留しておいた、対象語に「準体句」が用いられたものに注目する必要があると考えられる。これは、例えば次のようなものである。

(17) a. かゝるならひに離れたる人をば入れ交ぜんが憎さに、宮にしか〳〵申せば、かくの給ふなめり　　　　　　　（宇津保物語・国譲下）
   b. 餘リニ人ノ逃ルガ面白サニ、大殿ニ約束シツル事ヲモ忘ヌルゾヤ
　　　　　　　　　　　　　　　　　　　　　　　　（太平記・巻10）

対象語が体言の場合、用いられる助詞は「ノ」「ガ」のいずれもありうるが、準体句の場合は「ガ」しかとりえない。(17a)のように「準体句ガ〜サニ」となるわけである。「〜サニ構文」の成立には、ここに連用格助詞「ガ」の発達が関与したのではないかと考えられる。野村（1996）では、連用主格助詞「ガ」の発達は、中世における「準体句ガ」の形式から始まったとされている。すなわち、「［準体句ガ…サ］ニ」（名詞句＋ニ）という構造で捉えられていたものが、「ガ」の連用主格用法の発達により、「［準体句ガ…］サニ」（用言句＋サニ）という構造へ捉え直されたのではないかと考えられるのである（＝17b）。そしてこれが「［体言ノ／ガ…サ］ニ」にも及び、「［体言ガ…］サニ」という構造へと拡張が起こったものと考えられる。

## 4. 「〜サニ」構文と「句の包摂」

「[…ノ〜サ] ニ」から「[…ガ〜] サニ」へ拡張したということは、本来「〜サ」という「語」であるはずの形式が、「句」を含む形へと拡張したということである。このような「句の包摂」は通常は起こり得ないが、ある種の連用成分と認識される場合に起こるものと考えられる。古典語における用言句の包摂現象については、第 2 章で詳しく述べたが、次の 2 種の場合があると考えられる。1 つは「〜サニ」のように、従属句を構成するもので、もう 1 つは述語句を構成するものである。まずは、前者の従属句の場合について示す。

(18) a. 船ニ乗テ八十餘人共ニ乗テ [河ヲ下リ] ザマニ趣キ給ヘリ

(今昔物語集・巻 6・6)

b. サテ [此ノサシ図ヲミセ] サマニコロサウトシタゾ

(叡山本玉塵抄・巻 13・33 オ)

c. [「……。ただ行け」と言ひ] さま〔iysama〕に、取るものも取りあへず、走りぢだめいて家に帰り　　(エソポのハブラス・p. 425)

(18) は、本来「〜サマ」という「語」であったものが、後ろに「ニ」を伴って接続助詞的なはたらきをすることによって「句」を包摂している。これは、これまで見てきた「〜サ」が、「〜サニ」の形で接続助詞のようになることで句を包摂するプロセスと、全く等しいといえる。

次に、後者の述語句の場合を示す。これにはいくつかの形式が存するが、「〜ガホ(顔)」「〜ヤウ(様)」「〜ザマ(様)」「〜ゲ(気)」といった例が挙げられる。

(19) a. 庭の草、[氷にゆるされ] がほなり　　　　　(蜻蛉日記・巻下)

b. この [御参りをさまたげ] やうに思ふらんはしも、めざましきこと

(源氏物語・竹河)

c. よろづの事、［むかしには劣り］ざまに浅くなりゆく

(源氏物語・梅枝)

d. 御前いとあまた、こと〲しうもてないて渡い給さま、いみじう［心に入り］げなり　　　　　　(浜松中納言物語・巻3)

　これらは、いずれも後ろに「ナリ」を伴って、いわゆる形容動詞となっている。すなわち、「〜顔」「〜様」「〜気」という「語」が、「ナリ」を伴って述語用言となることによって、「句」を包摂することができるようになったものと考えられる。
　以上のことをまとめると、古典語における「句の包摂」現象は、次の(20)のように示すことができる。

(20) a. 接続助詞的なもの　　　　　b. 形容動詞的なもの
　　　　［酒を飲み］さまに　　　　　　［夏を待ち］顔なり
　　　　［声が近］さに　　　　　　　　［御参りを妨げ］様なり
　　　　　　　　　　　　　　　　　　　［あはれを知り］げなり

　いずれの場合も、ある種の連用成分が形成されることによって、合成語の前部分が用言性を発揮することを可能にしているものと考えられる。「〜サニ」構文も、このような「条件」を満たすことによって、用言句を包摂するものへと拡張したと考えられる。

　さて、中世室町期において成立した「〜サニ」構文であったが、徐々にその性格を変えていった。形容詞述語の制限はその1つであるが、一方で、用言句の包摂という性格も次第に失っていったものと考えられる。「あまり」を言語化する場合、近現代語では次のように示すのが普通である。

(21) a. 打たれた大戸は、あまりの苦しさに脇腹を肘で押さえた

(沢木耕太郎『一瞬の夏』)

b. あまりの唐突さに、すぐには事情が飲み込めない

(安部公房『砂の女』)

(22) a. アシュレイはおかしさのあまりに苦しがって笑っていた

(大江健三郎『戦いの今日』)

b. 人恋しさのあまり、猟師の足跡を追ったことが失敗のもとだった

(新田次郎『孤高の人』)

　(21)のような「アマリノ〜サニ」という形式は、中世でもいくらかは見られるが、中世で頻繁に用いられていた「アマリ(ニ)〜サニ」という形式が、全く見られなくなることに留意すべきである。すなわち、これらは「[アマリノ〜サ] ニ」という構造であり、中世の「[アマリ(ニ)〜] サニ」という構造とは異なっているものと考えられる。

　さらに、(22)のような「〜サノアマリ(ニ)」という形式も注目される。格助詞「ノ」に接続しているのであるから、「〜サ」は名詞と考えるべきである。そしてその場合、(22b)のように、「人恋しさ」といった形式が現れるのである。つまり、「…φ〜サ」はあくまでも名詞相当であるものと考えられ、現代語における「…φ〜サニ」形式は、一見助詞が標示されない形で用言句を包摂したもののように見えるが、実はそうではないということになる[8]。すなわち、「〜サニ」形式は、「[…ノ〜サ] ニ」から「[…ガ〜] サニ」へと拡張したものの、再び「[…φ〜サ] ニ」のような姿へと戻ったものと考えられる。

　第2節において、現代語で「〜サニ」構文を構成することのできる形容詞は、「欲しい」「—たい」の2語にほぼ限られることを述べた。しかしながら、これらについても、助詞を標示することは非常にまれである。以下は、web上の記事から拾ったものである[9]。

(23) a. 最近、チラシ欲しさに新聞を取り始めた。集金のおじさんが説明にやってきた。 (2001.11.11・日記)

b. 原マスミ見たさに観に行った。つべ役(浅野忠信)に異議あり。

（2001.10.25・掲示板）

　c.　生ビール飲みたさにまた行くかもしれません。

（2001.7.23・掲示板）

したがって、これらもやはり、「［…φ欲しさ］に」「［…φ—たさ］に」という構造であって、用言句を包摂してはいない。すなわち、この段階に至っては、「〜サニ」構文はもはや消滅したというべきであろう。

## 5.　おわりに

　接尾辞「サ」は、「近さ」「可愛さ」のように、形容詞の語幹に付接し体言化する。したがって、出来上がった「近さ」「可愛さ」が用言の性格をも示すことは通常はあり得ない。しかしながら、「ニ」が付接して「サニ」となり、接続助詞的なものと認識されることによって、前部分の形容詞語幹が用言性を発揮することが可能となった。このような、用言句を含む形での「語」から「句」への拡張が、中世に起こった。しかし、時代が下るにつれて、再び「〜サ」は体言として認識されることとなった。「サニ」を修飾する「アマリ」という語が、「アマリノ」から「アマリ（ニ）」になり、そしてまた「アマリノ」になることは、このことを端的に示していよう。

　このような現象は、日本語における「右側主要部の規則」が支えているものと考えられる。日本語の場合、「語」であっても「句」であっても、右側要素が主要部として機能する。したがって、右側要素によって決定されるところを連用節と認識するなら用言句が生起され、連体節と認識するなら用言句は生起されない。前節の(20)で見た「包摂」の条件は、まさにこの「右側主要部の規則」に基づいたものであった。「〜サニ」のように、一旦開いてまた閉じるという変遷は、主要部が右側であるために起こりうるのであり、また、「右側主要部の規則」それ自体が、古今を通じて変化していないことの証明ともいえるだろう。

## 注

1 後述するように、現在においては、格助詞を標示しない形の方が普通である。準体句を用いた場合、「が」は義務的に標示しなければならないため、準体句が用いられなくなったことと、助詞を標示しなくなったことは深く関わっていると考えられる。

2 ガ格に準体句が用いられた場合、用言句を包摂しているかどうか判断しがたいという問題がある。中世後期と近世後期の例を1例ずつ掲げておく。

・帰リタケレ共セメイカラレウガ<u>ヲソロシサニ</u>エ帰ラヌゾ

（毛詩抄・巻13・20オ）

・地獄の沙汰も金次第で、人に持長じられるが<u>面白さに</u>、とう／＼大身代を潰して、百貫のかたに笠一蓋となつただ　　　　　（浮世風呂・2下）

ただし、中古においては見られない「アマリニ〈準体句〉ガ〜サニ」の例が中世以降にはじめて見られることを考慮すると、中世以降の例は「句の包摂」の例と考える可能性の方が高いかと思う。しかし、「[準体句ガ〜サ]ニ」と解釈する可能性も依然として残ってはいよう。

3 コントロール構造を示すという点については影山(1993: 367)にも指摘があるが、ここで問題となるのは、近代に至ってなぜコントロール構造を示すようになったかである。これは、主節と従属節とで異なる主語を出すことが避けられるようになったということであり、従属節の従属度が高くなったということを示すものであろう。一種の近代語化と考えられるが、詳しい考察は後考にまちたい。

4 「〜サニ」節の特徴として注目されるのが、このように「アマリ(ニ)」という修飾語と共起した例が非常に多いという点である。抄物において「アマリ(ニ)〜サニ」という形は頻繁に用いられ、また、「〜サニ」構文があまり用いられなくなった現代語においても、「アマリノ〜サニ」「〜サノアマリニ」といった言い方は、普通に用いられている。ここでは、このような事実の指摘にとどめ、なぜ「アマリ(ニ)」と共起しやすいかという問題については解釈を保留しておきたい。

5 現代語にあっても、「金欲しさに盗みをはたらいた」は、「金が欲しいので」「金が欲しくて」に比べ、「欲しい」度合いが高い表現ではないかと思う。そのため、主節には「アルバイトを始めた」といったものよりも、「盗みをはたらいた」といったものの方が現れやすいように思う。

また、「新庄見たさに150人集結（報知ベースボール）」のように、「〜サニ」は新聞の見出しに使われやすい。これは、上述のような表現性によるものであるとともに、見出しには、叙述文よりも名詞的な言い方が好まれるためでもあろう。

6 「〜サ」という、叙法を持たない「名詞」を作り上げることで、個別性を捨象した「事柄」として捉えることとなり、ある種の強調表現となると考えられようか。これは、いわゆる喚体句が詠歎性を帯びることと共通するものであり、現在肥筑

方言に見られる「〜サ」詠歎法と根底ではつながるのではないかと考えられる。
・アンヒトンセノタカサー〈あの人の背の高いこと！〉（福岡県）

　上代のミ語法は、①形容詞述語によって②原因理由節を形成しており、なおかつ③「〜ヲ〜ミ」の形で句を包摂し、④「形容詞語幹＋ミ」というテンスが分化しない形式であるという点において、「〜サニ」構文と非常に良く似ている。異なる点は、「〜サニ」が「強い因果関係」を表すのに対し、「〜ミ」はあくまでも動詞連用形に相当するような「接続」を表すという点であろう。ミ語法には次のような単純接続の例が存在する。

・天ざかる鄙にしあれば山高み〔高美〕河とほしろし野を広み〔比呂美〕草こそ繁き　　　　　　　　　　　　　　　　　　　　　　　（万葉集・巻17・4011）

7　上代の「〜サ」については、名詞でないとする見方もある。『万葉集』では、次に示すように、1例を除くすべての例が文末で用いられ、いわゆる喚体句を形成している。

・はねかづら今する妹をうら若みいざ率川の音のさやけさ〔清左〕
　　　　　　　　　　　　　　　　　　　　　　　　　　（万葉集・巻7・1112）
・塵泥の数にもあらぬ我ゆゑに思ひわぶらむ妹がかなしさ〔可奈思佐〕
　　　　　　　　　　　　　　　　　　　　　　　　　　（同・巻15・3727）

秋本（1996: 114–139）では、「構文的職能としての用言性を保持しながら、形態的には体言として」、すなわち、「通常の名詞にまでは熟しきらずに」用いられていると説かれている。その根拠として、「あやにかなしさ」「見れば悲しさ」のような、連用修飾句を承けた例の存在も示されている。また、竹内（2002）ではこれを承け、「サ」を形容詞の「活用」の一形態として位置づけられている。

　竹内（2005）では、このような名詞節「〜サ」に「ニ」が付接したものが「サニ構文」であるとされる。したがって用言性が認められるのは当然であって、「句への拡張」を認める必要はないと主張される。しかし、「〜サ」が名詞節であるとするなら、文中で主語節や目的語節となる例があってもよいはずだが、『万葉集』中に1例も存しない（「〜キ」「〜ク」にはある）。名詞節を形成するとされる47例は、すべて文末で喚体句を構成するサ語法なのである。このような偏った用法しか持たない「〜サ」名詞節が、中古以降「ニ」に続く場合にのみ頻用されるようになるというのは不可解である。

　また、中古においては、「名詞＋ニ」としか解釈できない「〜サニ」の例も散見する。

・心ふかきかたの御いとましさにけちかくうちとけたりしあはれにゝる物なう恋しくおもほえ給ふ　　　　　　　　　　　　　　　　　（源氏物語・末摘花）
・けちかきかたはらいたさにたちのきてさふらひ給ふ　　　　　　　（同・野分）

「〜サ」の名詞としての形式は、上代では十分に発達していなかったかもしれない

が、中古においては多く見られる（本廣 2004 参照）。そのような名詞「〜サ」が「ニ」と共起して接続句となることによって用言句の包摂を可能にしたものが、「サニ構文」であると考えられる。
8 したがって、「金欲しさの犯行」のような言い方も可能となる。
　現代語における、助詞が省略された「…φ〜サ」形式は、影山（1993: 246–247）では「語」（S 構造複合語）とされている。ここでは「…φ〜サ」が名詞であることを述べればよいので、「句」であるか「語」であるかの議論には立ち入らない。詳しくは影山（1993）を参照されたい。
9 サーチエンジン LYCOS を使い、web 上の記事について助詞の有無を検索したところ、「欲しさに」が助詞を伴ったものは、ほぼ 0% であった。「―たさに」も割合は非常に低く、「見たさに」で 10% ほど「を」助詞を伴ったものが見られた。また、2002 年に約 200 名の大学生を対象に行ったアンケートでもほぼ同様の結果が得られた。

# 第Ⅴ部
# 動詞の重複

# 第1章　終止形重複と連用形重複

## 1. 問題の所在

　動詞の重複形についての歴史的研究は、古くからの蓄積があり、多くのことが明らかとなっている。中でも橋本(1959)は重要で、主要な論点はすべて挙げられているように思う。まず、以下の点を確認しておく。

（1）a. 動詞の重複には、連用形の重複と終止形の重複がある
　　 b. 動詞の重複形は、連用修飾機能を持つ
　　 c. 終止形重複から連用形重複へ、という歴史的変化が認められる

これらの点については、橋本論文で掲げられる、次の現代語の例によってほぼ説明することができる。

（2）a. お父さんはこの春生れた子馬を泣く泣く隣村へ売りに行かれました
　　 b. お父さんはこの春生れた子馬を泣き泣き隣村へ売りに行かれました

(1a)(1b)については言うまでもないが、(1c)についても、(2a)の「泣く泣く」は「情態副詞」として語彙的な形式であるが、(2b)の「泣き泣き」は具体的に「泣く」動作を描いた文法的な形式である、という点から説明される。終止形重複は動詞としての機能を失って語彙化しているため、文法的形式である連用形重複の方が新しい、というわけである。

もちろん、この点は文献資料における用例からも裏付けられる。上代の文献に連用形重複は見られないが(後述するように「テ」を伴う形は存在する)、終止形重複は以下に示すように、いくらか用いられている。

（3）a. 後れ居て恋ひつつあらずは田子の浦の海人ならましを玉藻刈る刈る
　　　〔珠藻苅々〕　　　　　　　　　　　　　　（万葉集・巻12・3205）
　　 b. ますますも〔益々母〕重き馬荷に表荷打つといふことのごと
　　　　　　　　　　　　　　　　　　　　　　　　（同・巻5・897）

(3a)は「連用修飾を受けることによって動詞の機能を保ち続けている」例、(3b)は、「すでに副詞に固定したと見るべき」例である。上代における終止形重複は、「動詞性がなお濃厚な反面において、副詞化も進行しつつあ」る状況であるといえる。
　上代における連用形重複は、「つぎつぎ(万葉・1047)」のように副詞的に固定化しているものを除くと、すべて次のように「テ」を伴っている。

（4）a. 恋ひ恋ひて〔戀々而〕逢へる時だにうつくしき言尽くしてよ長くと
　　　　思はば　　　　　　　　　　　　　　　　（万葉集・巻4・661）
　　 b. 世の中の繁き仮廬に住み住みて〔住々而〕至らむ国のたづき知らず
　　　　も　　　　　　　　　　　　　　　　　　　（同・巻16・3850）

「テ」を伴うことによって継起的な意味が表されるため、同じ語形の繰り返しである「重複」とは分けて考える必要がある[1]。これが中古に入ると、連用形重複は少しずつ勢力を持ち始め、中世鎌倉期に至ると、終止形重複をしのぐようになってくる。この点は、蜂矢(1998: 39–51)のほか、玉村(1974)、日野(1996)などでも確認されている。

（5）a. つぼねぐちには几帳を立てつゝ、験者あづかり〳〵のゝしりゐたり
　　　　　　　　　　　　　　　　　　　　　　　　　　（紫式部日記）

b. 刀にしたがひて血のつぶ〰といできけるを<u>のごひ〰</u>おろしけれ
　　　ば　　　　　　　　　　　　　　　　　　　（宇治拾遺物語・巻4―7）

　以上、橋本（1959）に沿って概観してきたが、重要なのは、次の（6）の指摘である。（7）として、その根拠となる用例も掲げておく。

（6）a. 複合動詞は、終止形重複の形はなく連用形重複しか存しない
　　b. 連用形重複は、サ変動詞を伴って動詞として再構成される
（7）a. をかしやかなることもなき御文をうちも置かず<u>ひき返しひき返し</u>見
　　　みたまへり　　　　　　　　　　　　　　　　　　（源氏物語・宿木）
　　b. 生絹の糸を長うむすびて、一つむすびては<u>結ひ〰</u>してひき立てた
　　　れば　　　　　　　　　　　　　　　　　　　　　（蜻蛉日記・巻上）

　（6a）について、なぜそのような現象が見られるかを説明するのは難しそうである。複合動詞の終止形重複が存在しないことが偶然なのかどうか、判断しがたいからである。しかし、連用形重複が勢力を強めた中世以降、複合動詞を重複したものが多く見られることは事実であり（蜂矢1998など参照）、これがなぜかを問うことは意味があるように思う。なぜ時代が下ると複合動詞の重複が多用されるのか、という問いである。
　さらに、「取り返し取り返し」を複合動詞の重複というとき、「取って返し取って返し」をどう扱うかという点もあわせて考える必要がある。複合的な2つの動作という意味的な定義では、「取り返し」と「取って返し」はほぼ等しいからである。ただし、前者が複合動詞という「語」であるのに対し、後者は「テ」を含む「句」であるという大きな相違が認められる。そして、近藤（1987・1988）に数多くの例が示されるように、「テハ」や「バ」を含むさらに長い「句」の重複も、文献上に非常に多く見られる。このような形式を文法史上どのように位置づけるかは、重要な問題であるといえよう。近藤論文から、いくつか例を掲げておく。

（8）a. とばかりあてはさと光り、とばかりあてはさと光り、二三度しける
　　　　を　　　　　　　　　　　　　　　　　　（龍谷大本平家物語・巻6）
　　　b. 心安ク臨終セサセヨヤトテ、ヲキアガリテ念仏スレバ又引臥々タシ
　　　　ケリ　　　　　　　　　　　　　　　　　　（米沢本沙石集・巻4・4）

そして、(8b)の例が「スル」を伴っている点も注目される。このような「句」の重複形式も、「動詞として再構成される（＝6b）」のである。

「連用形重複＋スル」形式については蜂矢（1998: 285–305）に詳しく、そこでは「重複サ変動詞」と名づけられ、次の2点が主張されている。

（9）a. 重複サ変動詞は反復的意味を表す
　　　b. 重複サ変動詞は一語として扱うのがよい

(9a)は、橋本（1959）で「動作の反復の表現だけが要求される場合に現れる」と述べられたことと一致し、「継続」ではなく「反復」を表すことが、あらためて確認されたといえる。重要なのは(9b)である。例えば(7b)で反復される動作は、「一つむすんでは結う」という動作全体であり、「結う」だけを反復したものではない[2]。すなわち、意味的に「句」相当のまとまりを重複したものに、さらに「スル」が付接したものを「語」と呼んでよいのかどうか、今一度考えてみる必要があろうと思う。これは(8b)でも同様であり、「起き上がって念仏すれば又引き臥す」という複合的な動作全体の反復が表されていると考えられる。

以上のように、「語」のレベルから見た動詞重複についてはおおよそ明らかにされてはいるものの、「句」を視野に入れた動詞重複については、未だ考察する余地も残されている。本章では、「句」のレベルを含む動詞重複を「動詞重複構文」と呼び、その性格と歴史について明らかにすることを試みる。

## 2. 終止形重複句の副詞化

「句」という観点から動詞重複を観察すると、格助詞などを伴って動詞句が形成されるタイプ（「〜ヲVV」など）と、「句」を重複したタイプ（「〜テハV〜テハV」など）の2つがあることに気づく。ここでは、これらを「重複句」と呼び、前者をA型重複句、後者をB型重複句と呼んでおく。前節で掲げた例からも分かるように、語彙化する以前の文法的形式としての終止形重複は、重複句（＝A型）を形成することができる。

(10) a. 梓弓末に玉巻きかくすすそ寝ななゝなりにし奥を兼ぬ兼ぬ〔於久乎可奴加奴〕　　　　　　　　　　　　　　（万葉集・巻14・3487）
　　b. 紫草を草と別く別く〔草跡別々〕伏す鹿の野は異にして心は同じ
　　　　　　　　　　　　　　　　　　　　　　　　（同・巻12・3099）

このように終止形重複がA型重複句を形成するのは、「動詞の機能を保っている」(橋本1959)ことの現れである。

　しかしながら、前節で見たように終止形重複は次第に副詞化する。この副詞化の過程においては、2つの段階を認めることができる。まず最初は、重複句が従属節で用いられるようになる段階である。此島(1975)でも指摘されるとおり、終止形重複はあくまでも終止形述語を重ねたものであるから、動作や出来事の「繰り返し」を表す、通常の叙述文であったと考えられる。次に掲げる(11)の例は句切れで用いられたものであり、主節の述語として機能していると考えられる[3]。

(11)　春雨の止まず降る降る〔不止零々〕我が恋ふる人の目すらを相見せなくに　　　　　　　　　　　　　　　　　（万葉集・巻10・1932）

　ところが、重複形は文字通り複数回の同じ動作・出来事を表すため、その事態としての個別性を失うことになる。個別的な事態を表すことができず、

集合的な事態を表すことになれば、動詞述語文としての述語性は発揮されない。これが第1段階であり、先に掲げた(10)の例では、重複句がいずれも従属節内で用いられている[4]。

　第2段階は、動詞の語彙的意味が薄れる段階である。第1段階を経て副詞的に用いられるようになったとはいえ、A型重複句を形成することができる以上、動詞としての機能は未だ保っているといえる。次に掲げるような例は、中古でも多く見られる。

(12) a. むなしき御骸を見る見るなほはするものと思ふが、いとかひなければ　　　　　　　　　　　　　　　　　　　　　　（源氏物語・桐壺）
　　 b. 「火あやふし」と言ふ言ふ、預りが曹司の方に去ぬなり
　　　　　　　　　　　　　　　　　　　　　　　　　　　　（同・夕顔）
　　 c. されど、目にみす〳〵あさましきものは人の心なりければ
　　　　　　　　　　　　　　　　　　　　　　　　　　　（紫式部日記）

　これらが動詞性を失うことで、すなわち重複句を形成しなくなることで、副詞化していくこととなる。例えば(12c)の「みすみす」は、中古においては「目に見せる」動作の反復であって重複句を形成しているが、次第に「不本意ながら」といった、動作に付随した様態が強調された副詞として用いられるようになり、現在に至っている。

　この他にも、阿久澤(2002: 26–46)では、「泣く泣く」という語について、源氏物語では多くの場合副詞化しているが、「いみじく泣く泣く（蜻蛉）」のように、動詞の機能が保たれている例があることが指摘されている。また、日野(1996: 138–147)では、「かへすかへす」という語について、具体的な動作の反復から「くれぐれも」のような抽象的な意味へと変化する過程が、実例に基づいて丁寧に記述されている。これらの研究は、重複句(＝副詞句)から副詞へという第2段階の過程を実証的に記述されたものといえよう[5]。

## 3. 連用形重複句の性格

　以上のように、終止形重複は本来持っていた動詞としての叙述性を失うことで、重複句から副詞へと変化することとなった。一方、連用形重複は第1節で見たように、上代では「テ」を伴うことがほとんどであったが、中古以降は「テ」を伴わずに用いられるようになる。ここで重要なのは、「テ」を伴うと否とに関わらず、連用形重複は連用形であるがゆえに主節の述語となることはなく、従属節として用いられるということである。安部（1997）では、「テ」を伴う場合は継起的であり、「テ」を伴わなくなって同時進行を表すようになったと説かれるが、いずれにしても従属節専用の形式であるという点が、終止形重複と大きく異なる点であるといえる。

　終止形重複と連用形重複のこのような相違が、その後の歴史的展開を特徴づけている。すなわち、前者が動詞としての叙述性を失う方向へ変化していったのに対し、後者はそのような変化を見せることはなかった[6]。従属節を形成する動詞連用形の機能そのものは歴史を通じて変わっておらず、したがって連用形重複は、現代語に至っても従属節において重複句を形成することができる。

(13) a.　そこで二人は元気を出して上着の袖で汗をふきふきかけて行った
　　　　　　　　　　　　　　　　　　　　　　（宮沢賢治『銀河鉄道の夜』）
　　 b.　貞子は、あわててそそくさと降りて、三浦君のほうを振り返り振り返り、それでも姉の後に附いて行った　　　（太宰治『律子と貞子』）

　このように見てくると、終止形重複から連用形重複へという歴史的変化は、終止形重複の機能の変化を中心に捉えるべき現象であるといえる。すなわち、終止形重複は主節から従属節へ、句から語へと変化する過程において、文法的活力を失っていった。一方の連用形重複は、成立当初から従属節における副詞句として機能しており、その姿を変えてはいない。したがって、両者の勢力交代は、副詞節という限られた側面における、見かけ上の変

化であったといえよう[7]。

　終止形重複がそれ自体の機能の変容によって衰退していったのに対し、連用形重複はその勢力を拡大していったが、それは複合動詞の場合に顕著に見られる。中世以降の文献に、複合動詞の重複は非常に多く用いられている。

(14) a.　四五度ばかり打ち奉りて<u>投げ入れ〰</u>祈りければ

　　　　　　　　　　　　　　　　　（宇治拾遺物語・巻15・8：橋本 1959）

　　 b.　名モ知ヌ田舎武士、無云許人ノ若党共ニ<u>押隔ラレ〰</u>、馬ザクリノ水ヲ蹴懸ラレテ　　　　　　　　　　　（太平記・巻29：蜂矢 1998）

　(14b)は、助動詞「ラレ」を伴ったものである。そして、このような複合的な動作の反復は、次のような言い方も生み出した。

(15) a.　東西ノ宿ヘ舟ヲ漕寄テ、<u>打テハアガリ〰</u>、荒手ヲ入替テ戦タリ

　　　　　　　　　　　　　　　　　　　（太平記・巻22：蜂矢 1998）

　　 b.　軍ハ又親モ討レヨ子モ討レヨ、<u>死レバ乗越々々</u>戦フ候

　　　　　　　　　　　　　　　　　（屋代本平家物語・巻5：近藤 1987）

　(15a)は「打つ＋上がる」、(15b)は「死ぬ＋乗り越える」という継起的な2つの出来事・動作の繰り返しが、「テハ」「バ」を伴った「句」を重複することによって表されている。(14)のようなものに比して、さらに複雑な意味構造の重複構文を形成していることが見てとれる。

　(15)のようなタイプの重複句については、近藤(1987・1988)に広範な資料から数多くの例が掲げられている。そしてそこでは、「とばかりあてはさと光りとばかりあてはさと光り（既出＝8a）」のように前件後件ともに重複するものと、「死ぬれば乗り越え乗り越え(15b)」のように後件のみが重複するものの2通りがあることが明らかにされている。前件後件ともに重複したものは、「〜テハV」といった「句」を重複したものであるから、本書で呼ぶところのB型重複句である。一方、後件のみが重複したものは、重複

部の動詞連用形の叙述性を活かして形成される、「狩衣の袖をしぼり〳〵（増鏡・下）」「いかに来るにかと思ひ〳〵（宇治拾遺・10―5）」のようなものと同じ構造であるから、A型重複句ということになろう。

　このように、複合動詞の重複や「テハ」や「バ」を伴った長い重複句は、中世以降の文献に多く見られるようになるが、これは重複形を用いることによって表される、独特の表現性によるものと考えられる。反復動作を表す他の方法としては、「幾度も」「重ねて」などの副詞を用いる方法が考えられるが、それに比べ同じ文句が繰り返されるために、その動作が浮き彫りとなる形で強調されることになる。また、特に長い重複句の場合、「とばかりあては／さと光り」や「打っては上がり」のような七音五音を繰り返すことで、文章としてのリズム感も生じてくる。したがって、重複構文は文章語になじみやすい形式であると言ってよいだろうと思う。先行研究において、特に軍記物語に重複形が多用されるという指摘があるが（橋本1959など）、これもこのような重複構文の表現性によるものであると考えられる[8]。

## 4.　「連用形重複＋スル」の構造

　連用形重複において興味深いのは、「スル」を伴って動詞述語化する、という点である。まずは、いくつか用例を掲げておく。

(16) a.　いとよくのび〳〵して、辛うじて起き出、手洗ひ居たり

（落窪物語：蜂矢1998）

　　 b.　なをみえねば、七日を延べ〳〵して百日まいりけり

（古本説話集・巻下・66：橋本1959）

　　 c.　【屢舞傲傲】マタシテハ舞〳〵スル程ニヤスムマモナイゾ

（毛詩抄・巻14・28オ）

　「連用形重複＋スル」の形が生み出されたのは、述語性の獲得のためといってよいだろう。この形をとることでテンス・アスペクトを分化させることが

でき、主節の述語としても機能することができるようになる。室町期の抄物資料から、主節述語として用いられた例をいくつか掲げておく。

(17) a. 初ハ諸侯ガ如約ニ至タレドモ何事モナイトテ<u>カヘリ〳〵シタ</u>ゾ

(史記抄・巻2・91ウ)

b. 千秋ニモ雪ガ消ゼズシテ<u>フリカサナリ〳〵スル</u>ゾ

(中華若木詩抄・巻上・47オ)

c. 十日ヅ、居テ又別ノ子ノ処ヘ<u>行々(ユキ〳〵)セウ</u>ゾ

(寛永版蒙求抄・巻10・39オ：湯沢1929)

「連用形重複＋スル」の構造は、「出張する」のような「動名詞＋スル」と一見等しいように見える。「する」は固有の意味を持たない形式動詞であって、実質的な述語としての意味は連用形重複が担っているからである。例えば(17c)における「別の子の処へ」は、「する」ではなく「行く」の項であり、「出張する」が「東京に出張する」のように「出張」の項をとる現象と、平行的に考えられそうである。影山(1993)では、「動名詞＋スル」が「語」であることが詳しく論じられており、連用形重複が動名詞であれば、蜂矢(1998)のいうように、「連用形重複＋スル」も「語」であることになる(→9b)。

しかしながら、「連用形重複＋スル」においては、「テハ」や「バ」を含む「句」の重複(＝B型重複句)も存在するため、そのような分析は無理があると考えられる。「語」の資格として、「統語的要素の排除(影山1993:10)」ということが挙げられるが、「重複句」と呼ぶべきものにさらに「スル」が付接した形式を「語」と認めるのは、やはり無理であろう。以下に、「B型重複句＋スル」の例をもう少し掲げておく。

(18) a. コ、デハ檜樹ノ<u>シバマリテハノビシバマリテハノビスル</u>ニ比也

(四河入海・巻5ノ3・21オ)

b. ある人、かの者の日々に同じ所へ<u>行っては帰り行っては帰りする</u>

〔ytteua cayeri, ytteua cayeri furu〕を見て（エソポのハブラス・p. 478）

　このような「重複句＋スル」という観点が可能であるとすると、以下のようなものは、「A 型重複句＋スル」と捉えてよいものと考えられる。

(19) a.　一つむすびては結ひ〰してひき立てたれば　　　　((7b)の再掲)
　　 b.　ヲキアガリテ念仏スレバ又引臥々々シケリ　　　　((8b)の再掲)
　　 c.　なをみえねば、七日を延べ〰して百日まいりけり　((16b)の再掲)

　例えば(19a)は、「結ひ結ひす」という「語」があってそれを「一つむすびては」が修飾しているのではなく、「一つむすびては結ひ結ひ」という「句」（＝ A 型重複句）に「スル」が付接しているものと考えられる[9]。
　以上のように、「連用形重複＋スル」の構造は、「動名詞＋スル」とは異なり「述語句＋スル」と把握することができる。このとき、これと等しい構造を持つものとして考えられるのが、次に掲げるような「並列句＋スル」構文である。

(20) a.　印ヲ右手カラ左ヘワタシ左手カラ右ヘワタシシテ玩弄シテ
　　　　　　　　　　　　　　　　　　　　　（史記抄・巻 12・26 ウ）
　　 b.　【往来行言】アチヘモ伝ヘコナタヘモ伝ヘシテ用イ行ハル、ヲ云ゾ
　　　　　　　　　　　　　　　　　　　　　（毛詩抄・巻 12・40 オ）
(21) a.　男女ヲ作テ舞セツ歌セツスル、五体六根トモニ動ズル也
　　　　　　　　　　　　　　　　　　　　（中華若木詩抄・巻上・39 ウ）
　　 b.　【告訐】ウツタヘタリヒキスエテ罰シタリスルゾ
　　　　　　　　　　　　　　　　　　　　（漢書列伝竺桃抄・45 オ）

　(20)は動詞連用形、(21)は「ツ」や「タリ」を伴った述語を用いて並列的な事態が表されており、「スル」の前部はいずれも「句」を構成している。現代語における「［本を読んだり買い物に行ったり］する」のような言い方

と同様、これらは並列を表す「句」が「スル」を伴ったものと見ることができよう。

　岩田（2007）によると、並列形式の歴史的展開としては、「ヌ」「ツ」を用いるタイプから「タリ」を用いるタイプへと交替が起こっているという。ここで興味深いのは、「ヌ」「ツ」のような古いタイプの並列形式は、専ら副詞句として用いられたという指摘である。これは、例えば次のようなものである。

(22) a. 「重盛は慈悲者とこそ聞こえつるに、など信頼をば申たすけぬやらむ」とて、おきぬふしぬなげき給へば　　　　　（平治物語・巻中）
　　 b. 早走ノ進退ナルニ乗テ、歩セツアガヽセツ屋嶋ノ館ヘゾ馳行ケル
　　　　　　　　　　　　　　　　　　　　　　　（延慶本平家物語・巻6本）

「起きぬ伏しぬ」「歩ませつ足掻かせつ」は、後続する述語を連用修飾している。これに対し、新しい「タリ」タイプは「スル」を伴うことが専らであり（＝21b）、並列句は副詞句から「スル」を伴った述語句へという歴史的変化を遂げている。「連用形重複＋スル」という形式も、副詞句としての重複句が述語性を獲得するために「スル」を伴って出来たものであり、同じような原理によって形成されているといえるだろう[10]。

## 5. 重複構文の歴史的変化

　現代語における動詞重複は、「スル」に続くものを除くと、いわゆる「付帯状況」を表す副詞節として用いられる。時間的限界を有する動作の場合は「反復」、限界性のない動作として描かれる場合は「継続」を表すことになる。

(23) a. 彼女は傘の滴を切り切り、腹立たしさうにつけ加へた
　　　　　　　　　　　　　　　　　　　　（芥川龍之介『お富の貞操』）

b. 泥棒のようななりをした大男が犬に食いつかれて跛を引き引き向う
　　　へ逃げて行きます　　　　　　　　　　　（夢野久作『犬と人形』）

(23a)は「滴を何度も切る」動作ということで「反復」、(23b)は「びっこを引く動作を繰り返す＝びっこを引き続ける」ということで「継続」と解釈されるが、両者の境界は微妙である。いずれにしても「動作の繰り返し」が基本的意味であり、その動作が数えられるものかどうかで「反復」「継続」の解釈が分かれることになる[11]。

　現代語では、益岡(2000: 212-213)でも指摘されるように、動詞重複によって「結果継続」が表されることはないと考えられる。これに対し、近藤(2001)では、古典語に「結果継続」の用法がわずかながらも存することが主張されており、この主張を認めるなら、これは古典語と現代語の間の大きな相違ということになる。近藤論文で掲げられた「結果継続」の例をいくつか掲げておく。

(24) a. 痩す痩すも〔痩々母〕生けらばあらむをはたやはた鰻を捕ると川に
　　　流るな　　　　　　　　　　　　　　　（万葉集・巻16・3854）
　　b. 宮、狩の御衣にいたうやつれて、濡れ濡れ入りたまへるなりけり
　　　　　　　　　　　　　　　　　　　　　　　（源氏物語・総角）

　(24a)を「痩せた」状態のまま生きる、(24b)を「濡れた」状態でご入来なさる、と解釈するならば、重複形は「結果状態」を表していることになる。しかし、これらの例は、単に変化結果の継続を表しているわけではないように思う。(24a)は、「生きる」ことと並行的に述べられたものであり、「痩せながらも生きていたならば」という訳があてはまるであろう。(24b)は、近藤論文でも「濡れる」という動詞の非限界的用法（「雨に1時間濡れた」）について検討されているように、「濡れながら入る」という「動作」として描かれていると解釈した方が妥当である。すなわち、これらはいずれも、現代語としては「～たまま」よりは「～ながら」と訳した方が相応しく、変化した

結果ではなく、変化しつつある動的な事態を表したものと考えられる[12]。

「結果継続」を表す可能性があるのは変化動詞が用いられた場合であるが、古典語では「ながら」など他の形式を用いることが普通であったと考えられる[13]。実際、変化動詞が重複形をとること自体、非常に稀である[14]。動詞の重複は、古今を通じて、動的な動作や出来事の繰り返しを表すことが基本であったものと考えられる。

近藤(2001)ではさらに、主体変化動詞の場合、複合動詞に比べて単純動詞は重複形になりにくいことが指摘されている。「入れ替わり入れ替わり」「消え残り消え残り」「立ち止まり立ち止まり」は用いられるが、「替わり替わり」「消え消え」「残り残り」「止まり止まり」は用いにくいというわけである。これも、重複構文が「変化結果」という静的な事態の継続を表すことはなく、動的な動作・出来事の繰り返しを表すためであると考えられる。複合動詞は2つの複合的な事態を表現したものであるから、「消え残る」のような「変化動詞＋変化動詞」という組み合わせであっても、「消える」と「残る」の間に継起関係が認められ、動的な事態としての解釈が可能となる。「消え残り消え残り」は「消えて残る」という「動き」を含んだ事態の繰り返しを表すために、用いることができるのであろう。「〜テハV」という「句」の重複(＝B型重複句)が用いられるのも、やはり同じ理由によるものと考えられる。「消えては残り消えては残り」とすることで、動的な事態として描かれることになるからである。「変化動詞＋変化動詞」という組み合わせの用例を、複合動詞の重複とB型重複句について、それぞれ掲げておく。

(25) a. 去りとては心づよやと<u>消え入り消え入り</u>泣き給へば

(用明天王職人鑑・第2)

b. 白雲が<u>湧いては消え湧いては消え</u>飽きない自然の模様を描く

(宮本百合子「胡坐」『心の飛沫』)

そしてこのことは、「重複＋スル」構文が生産的であることと無関係ではないと考えられる。第1節で見たように、「重複＋スル」構文は「反復」を

表すものであった。すなわち、重複される動詞の意味に関わらず、動的な動作・出来事の繰り返しを表すのである。(16a)の「伸び伸びする」、(17b)の「降り重なり降り重なりする」などにおいて、重複される動詞は変化動詞であるが、変化結果の継続を表すことにはならない。近藤論文で、単純動詞であっても「重複＋スル」になると許容度が高まる、と述べられるのは、このような事情によるものと考えられる。中世における「変化動詞重複＋スル」の例を、以下にもう少し掲げておこう。

(26) a.　男子、女子あまた生みつゞけて、又それが妻男になり〳〵しつゝ
　　　　　　　　　　　　　　　　　　　　　　（宇治拾遺物語・巻4・4）
　　b.　乱ガ又デキ〳〵スルハ朝廷ニイタ臣ノ讒言ヲ用ラル、程ニゾ
　　　　　　　　　　　　　　　　　　　　　　（毛詩抄・巻12・38ウ）

　ただし「重複＋スル」構文においては、上の(26)のような主体変化動詞に限らず、「踏み踏みする」「書き書きする」といった、古典語では用いられた可能性がある単純動詞の重複形が、現代共通語で用いられない点には注意する必要がある[15]。「立ち止まり立ち止まりする」のような「複合動詞重複＋スル」、「破っては書き破っては書きする」のような「B型重複句＋スル」といった形でなければ用いることができない。
　ここで重要なのは、「複合動詞重複＋スル」の位置づけである。「立ち止まり立ち止まりする」「振り返り振り返りする」といった形を発音する際、複合動詞重複の部分においては前項と後項の間に短いポーズが置かれ、複合語アクセント規則が適応されていない点が注目されよう（「振り返り：振り返りする」のように「：」の位置に短いポーズがあり、全体で1つのアクセントの山にならない）。すなわち、重複部分の前項と後項がフュージョンを起こさず、それぞれを割って発音するということは、重複部分が「語」でないことを主張しているのではないかと考えられる[16]。このことと、「破っては書き破っては書きする」のような「B型重複句＋スル」が許容されているという事実をあわせて考えると、現代語の「重複＋スル」においては、重複部分

が「語」であってはならないという規則がはたらいているのではないかと考えられる。

　そしてこのとき、「韻を踏み踏みする」「破っては書き書きする」といった「A型重複句＋スル」が許容されないことも重要である。A型重複句とは、重複部分の動詞の叙述性が保たれていることによって形成されるものであり、したがってA型重複句「韻を踏み踏み」とB型重複句「韻を踏み韻を踏み」は、意味構造としては等しいものと考えられる。ところが、現代語の「重複＋スル」構文において「韻を踏み踏みする」というA型重複句が許容されないということは、「踏み踏み」という重複部分の形式が「語」と認識されるためにこれが拒否されているのではないかと考えられる。このような場合には、「[韻を踏み韻を踏み]する」という「B型重複句＋スル」の形をとらなければならない。

　以上のことを考えあわせると、古代語から近代語への変化の過程において、ある時期から「踏み踏み」「書き書き」のような動詞重複形が、「語」と認識されるようになったのではないかと考えられる[17]。いわゆる「複合」の現象については、「複合語」としての結びつきの弱い古代語（開いた表現）から、「語」としての結びつきを強める近代語（閉じた表現）へといった整理がなされることがある。動詞の重複という形式も、同じ語が「複合」した形式であるため、次第に「語」としてのまとまりが強く認識されるようになったものと考えられよう。したがって、中世以降において、複合動詞やB型重複句によって構成される「重複＋スル」構文が増加してきたという事実は、このような複合語構造の変化を反映したものではないかと考えられる。第3節では、表現性という観点からこれらの形式の多用を説いたが、このような重複構文の構造変化という観点からもあらためて捉え直すことができるだろう。

## 6. おわりに

　以上のように、本章では、動詞重複を単なる「語」のレベルでなく、「句」

のレベルを含む「構文」として分析する必要のあることを示した。

　同じ形を繰り返すことによって、動作の繰り返しを表現するという原初的な形式は、それがゆえに強調を帯びた独特の表現性を持ち、物語文などでの人物描写において多用される。玉村（1974）では、「ナクナク」1語に限ったことではあるが、①会話文より地の文で多く使われる、②物語文で多く使われる、という2点が指摘されている。ある語彙を手がかりとしてテクストの文体を探る試みは、これまでも数多く行われてきたが、ある文法的形式を指標として文体を探るというテーマは未開拓である。重複構文を手がかりに、今後考えてみる余地があるように思う。


注

1　同様に、「立ち立つ」のように後項が連用形以外の活用形であるもの、「満ち満てり」のように助動詞を伴うものについても、別に考えておく必要がある。このようなタイプについては、蜂矢（1998: 62–77）に詳しく述べられている。

2　新日本古典文学大系（岩波書店）では、「〳〵」は「一つむすびては結ひ」全体の反復、と注されている。近藤（1987）にも同趣旨の詳しい説明がある。

3　ただし例文（11）は、主語「春雨」が「ノ」でマークされるので、「終止形重複」の確例とは言えない。

4　仁科（2003）では、継続相・非過去としての述語性を持たない終止用法を「名札性」と呼んでいるが、重複形は「名札性」の最たる表れといってよいだろうと思う。

5　類聚名義抄には、「ナク〳〵（泣）」「カヘス〳〵（反）」「カハル〳〵（代・更・易など）」の3語が記載されている。これらが1語として認識されていることの反映といえよう。

6　もちろん、「つぎつぎ」のように語彙的に固定化するものがあってもよい。

7　『ロドリゲス日本大文典』には、「動詞の語根を繰返したものを往々分詞として使ふが、それは我々が Ven rindo, comendo, ou chorando.（笑ひながら、食ひながら、又は、泣きながら来た。）といふ場合に似てゐる」（土井訳 p. 106）と記され、「笑ひ笑ひ会った」「食ひ食ひ来た」「泣き泣き生れた」の例が挙げられている。ただし、同時に「泣く泣く生れた」「食ふ食ふ参った」の例も挙げられており、副詞としての終止形重複がいくらかは用いられていたことを示している。

8 近藤(1987)では、「テハ」や「バ」を伴う重複句は「念入りに描写する場合」や「強調して表現する場合」に用いられると述べられている。このような重複構文の表現性は、複合動詞の重複の場合も同様であると考えられ、蜂矢(1998: 117)で「軍記物語に複合動詞の連用形の重複が多く用いられるのは、「集団」の動作の反復を表すところに理由がある」と述べられるのは、いささか根拠に乏しいように思う。

9 「一つむすびては結ひ結ひする」ではなく、「一つむすびては結ひ一つむすびては結ひする」のように、これらも「B型重複句＋スル」と捉える可能性もある。しかし、いずれにしても、「一つむすびては結ひ」という動作全体の反復を表したものであることに変わりはない(→注2)。したがって、これらを「述語句＋スル」という構造と捉えるべきであるという論旨に影響はない。

10 ただし、副詞句としての「ヌ」「ツ」から、述語句としての「タリ＋スル」への変化は、反復から例示へという意味変化を伴っている。詳しくは、岩田(2007)参照。

11 蜂矢(1998: 33)でも、「「反復」と「継続」とは、一つの動作とそれに続く同じ動作とをそれぞれ個別的なものと見るか、連続的なものと見るかの違いであり」、「截然と分けられない」と述べられている。

12 このような事態は、小柳(1998)で言うところの「漸行」と一致すると思われる。「漸行」とは、「或る事態の状態がより程度の大きい方へ漸次進行する」というもので、「反復」と「持続」の中間に位置づけられている。

13 「手に氷を持ちながらかくあらそふを(源氏・蜻蛉)」「定めてさならむとも知らずながら(源氏・手習)」。「持ったまま」「知らないまま」という「結果継続」の用法として解釈される。「ながら」から「たまま」への変化については、廣坂(2001)に詳しい。

14 近藤(2001)では、この他「築地こほれ〰もありしに(古本説話・上28)」「政所屋のありし板屋なんゆがむ〰のこりたる(同)」の例が挙げられ、これらは「結果状態」の意味を表しているのではないかと述べられている。確かに前者の例は、『今昔物語集』の対応箇所が「頽乍モ有シニ」となっているなど、「壊れたまま」の状態を表してはいよう。しかし、ここで重複形が用いられる以上、あちこちが壊れ、歪んでいるという「多数」の意味も込められようし、所々壊れつつ、歪みつつありながらも残っているという「漸行」の解釈も可能であるように思う。第3節で述べたような表現効果もふまえていると考えられ、単なる「結果継続」を表したものではないと考えたい。

15 方言、あるいは幼児語(育児語)としては用いられる。ただし、方言にあっても「子供に対して言う」と内省する話者も多いようである(『方言文法全国地図』41図「食いながら(歩くな)」の項および同図「解説」参照)。

16 アクセントから直ちに「句」であることを主張しているわけではない。影山(1993: 208–250)では、複合語アクセント規則が適用されない「語」の存在(ex.「新空港建設」「海外流出」など)について、詳しく述べられている。

17 「重複＋スル」における重複部分が「語」と認識される理由の一つとして考えられるのが、「ズキズキする」「ドキドキする」のような、「オノマトペ＋スル」の存在ではないかと思う。オノマトペ自体は無論「語」であり、音形上の特徴として「ABAB」という「重複形」をとるものが圧倒的に多いという点が挙げられる。現代人の感覚としては、「単純動詞重複＋スル」から、オノマトペ的ニュアンス(さらにはそこから連想される幼児語的ニュアンス)が直感的に感じられる(特に「書き書きする」のような2音節動詞の場合。注15も参照のこと)。

　実際、「オノマトペ＋スル」という形式も、近代語(中世後期以降)において発達している。川瀬(2005)では、近世期に「ABABトスル」が「ABABスル」へと変化し、「語」的まとまりを強める形で生産性を増していく様相が詳しく示されている。

# 第 2 章　動詞重複構文の展開

## 1.　終止形型と連用形型

　重複形とは、同じ形を 2 つ重ねたもののことである。したがって、動詞の場合、主要な形式は次の 2 つということになる。すなわち、終止形を重ねたもの（＝ 1a。以下、これを「終止形型」と呼ぶ）と、連用形を重ねたもの（＝ 1b。以下、これを「連用形型」と呼ぶ）の 2 つである。

（1）a.　お父さんはこの春生れた子馬を泣く泣く隣村へ売りに行かれました
　　　b.　お父さんはこの春生れた子馬を泣き泣き隣村へ売りに行かれました

　これらの形式については、第 1 章でいくらか述べたが、これは橋本（1959）に基づいて論を立てたものである。橋本論文には、以下のように基本的な論点が示されている。

（2）a.　動詞の重複には、連用形の重複と終止形の重複がある。
　　　b.　動詞の重複形は、連用修飾機能を持つ。
　　　c.　終止形型から連用形型へ、という歴史的変遷が認められる。
　　　d.　複合動詞は、終止形型はなく連用形型しか存しない。
　　　e.　連用形型は、サ変動詞を伴って動詞として再構成される。

　（2a）（2b）については、（1）の例から明らかである。ただし、（1a）の終止形

型は、「悲しい思いで」といった意味を表す語彙的な情態副詞であるのに対し、(1b)の連用形型は「泣きながら」といった具体的な動作を表す文法的な形式である。ここから(2c)を説明することができるが、実際の文献の用例からもこの点は証明される(蜂矢1998ほか)。

(2d)についての説明は難しいところであるが、第1章ではこれを「新しい活力を持った連用形型で複合動詞が多用されるようになるのはなぜか」という問いに置き換えて考察を試みた。これは(2e)の形式において顕著であり、「書き書きする」といった「単純動詞重複＋スル」が現代語では許されない一方で、「書き加え書き加えする」といった「複合動詞重複＋スル」は用いられている。ここで「破っては書き破っては書きする」といった「重複句＋スル」が許容されているという現状を考え合わせると、この場合の複合動詞重複は「句」に近い性格を示しており、したがって「重複語＋スル」が許されなくなっているものと考えた。このような構造の変化を反映して、結果的に複合動詞の重複が増加している、というわけである。

議論の詳細は第1章を参照いただきたいが、そこで主張したのは、これまで「重複語」という「語」レベルでしか捉えられていなかったために不十分であった説明が、「句」レベルを含む「構文」として捉えることで説明が可能になるのではないか、という点である。(2c)にしても終止形型の衰退は、「目に見す見す」といった「句」から「みすみす」といった「語」へ、という変化の過程を想定することで無理なく説明することができる。

さて、このような「重複構文」という観点からすると、終止形型・連用形型以外にも視野に納めるべき形式がある。それは、「行き行きて」や「笑ひに笑ふ」のように、動詞重複に「テ」や「ニ」が加わった形式である。「テ」を伴う前者の形式は現代語には残っていないが、「ニ」を伴う後者の形式は現代語でも用いられている。従来これらの形式についての研究はいくつかあるが、古典語研究の範囲にとどまっていた感がある。本章では現代語をも視野に入れ、①どこが変化しどこが変化していないのか、②それらの歴史的変化はなぜ起こったのか、という点を中心とした歴史的展開をダイナミックに描くことを試みる。さらに、個別の形式の記述にとどまらず、「重複構文」

という枠組みからの一般的な記述をも試みるものとする。

## 2.「〜ニ〜」型重複構文

　まずここでは、「ニ」を伴うタイプの重複構文について考察する。この形式は、以下に掲げるように現代語においても用いられる。

（3）a. 決勝戦で観客は<u>沸きに沸い</u>た。
　　　b. 大臣はそれを<u>ひた隠しに隠し</u>続けた。

　(3a)のような「VニV」といった形だけでなく、(3b)のように、「xVニV」といった形で前部に何らかの要素を伴う形式も存する点が注目される。
　「〜ニ〜」型の重複構文は古代語から見られるもので、いくつかの先行研究がある。まず、意味の観点から以下のような指摘がなされている。

（4）a. 動作の進行の度合いや状態の完成の度合いを強調する形式である
　　　　　　　　　　　　　　　　　　　　　　　　　（山口堯二 1960）
　　　b. 動詞を重ねて強意をあらわす（『日本文法大辞典』「に」の項）

　(4)で述べられる「強調」「強意」の内実については、近藤(1993・1994a・1994b)に詳細な考察がある。動詞の表す動作・作用のどのような局面が強調されているかという観点から、動詞のアスペクト的意味に注目して分析されたものである。このとき、(3a)と(3b)の違い（近藤論文では前者が「φ型」、後者が「x型」と呼ばれる）にも留意され、以下のような結論が示されている。

（5）a. 動作動詞では動作の激しさ（反復・継続）、変化動詞では変化結果の著しさ、といったように、動詞のアスペクト的意味に応じて「強調」の内容が異なっている。

b. φ型と近い意味を表すx型(「イヤ」「タダ」などを伴うもの)があるが、後者は動作の開始や変化の実現の「早さ」といった意味を表すなど、前者とは異なっている。

まず(5a)については、以下のような例をもって説明されている。

（6） a. 北の方いそぎにいそぎ給ふ　　　　　　　　　　（落窪物語・巻1）
　　　 b. 見せばやな雄島の海人の袖だにもぬれにぞぬれし色は変はらず
　　　　　　　　　　　　　　　　　　　　　　　　　　　（千載集・886）

(6a)は動作動詞が用いられた例で非常に急いでいる様子を表しており、(6b)は変化動詞が用いられた例で「濡れる」結果の著しさを表しているという。山口康子(2000)では、これについて「累加、添加、重複による述部強調」と述べられ、「累加型」と命名されている。近藤論文でもこの見解が支持されるが、「重複」によって「累加」されることがなぜ程度の甚だしさにつながるのかについて、もう少し説明を加えておきたい。同じ重複形でも、「泣き泣き」「泣く泣く」といった連用形型や終止形型にこのような意味は生まれないからである[1]。

「泣きに泣く」といった形式は「泣き泣き」「泣く泣く」と同様に「継続」を表すと解釈される場合もあるが、これは事態の複数性が表されることによる。重複形は複数回の同じ動作の「繰り返し」を表現することが基本であるが、「泣く」は非限界動詞であって数え上げられないので、動作の継続を表すことになるわけである。しかし、「泣きに泣く」が「泣き泣き」などでは表しえない「動作の激しさ」を表しうるのは、これは「ニ」が間に入っているからに他ならない。すなわち、「ニ」によって「添加」されることによって、動詞で表される事態が「量」として増えているためであると考えられる。単に複数回の動作を数え上げるわけではないところが、連用形型や終止形型との相違である。これは、程度副詞が、事態の量に関わって「程度の甚だしさ」を表すことと同じメカニズムである。小柳(2007)では、事態の「量」

に関わるところに「程度」の解釈が生じることが詳しく述べられている。「Vニ V」型の重複構文も、動詞で表される事態が重なるという「量」の解釈が生じることにより、程度の甚だしさの意味が生まれてくるものと考えられる[2]。

　(3a)のような「VニV」型の重複がこのような意味での「強調」を表すとすると、(3b)の「ひた隠しに隠す」のような「xVニV」形式がこれと異なる意味を表すのは明らかであろう(=5b)。古典語における用例をいくつか掲げておく。

(7) a. 我が君に戯奴は恋ふらし賜りたる茅花を食めど<u>いや痩せに痩す</u>〔弥痩尓夜須〕　　　　　　　　　　　　　　　　（万葉集・巻8・1462）
　　b. ひしひしと<u>ただ食ひに食ふ</u>音のしければ
　　　　　　　　　　　　　　　　　　　　　　　　（宇治拾遺物語・巻1・12）

　この形式は、山口堯二(1960)や関谷(1971)などで述べられるように、「いや痩せ」「ただ食ひ」という合成語がまず形成されたうえで、「いや痩せに痩す」「ただ食ひに食ふ」という重複構文が出来たものと考えられる[3]。すなわち、〈「いや痩せ」という状態で「痩せる」〉というわけであるから、「痩せる」事態が重なる(=程度の甚だしさを表す)わけではなく、〈「より一層」痩せる〉という「変化の進展(近藤1994a)」を表すことになる。「xVニV」の「x」、つまり副詞的な要素が動詞で表される事態を規定するわけである。「ただ食ひに食ふ」のような「ただ―」の場合も同様で、「ひたすら〜する」「ただちに〜する」のように、「ただ」という副詞的要素が表す意味に基づいて重複句全体が解釈されることになる。

　このように見るとき、これらは「男泣きに泣く」「いだてん走りに走る」といった形式と同じ構造であることが分かる。古典語では、以下のような例が挙げられる。

(8) a. <u>旅行きに行く</u>〔多妣由岐尓由久〕と知らずて母父に言申さずて今ぞ

悔しけ　　　　　　　　　　　　　　（万葉集・巻20・4376）
b. 其ノ夜ノ宿ニシテ<u>寝死ニ死</u>ケリ　（今昔物語集・巻27・45）

(8)の例は、「旅行き」「寝死に」という複合語と「行く」「死ぬ」が結びついたものであると解釈される。すなわち、山口康子(2000: 455–456)でも述べられるように、(8b)は〈「寝死に」という状態で「死ぬ」〉わけであるから、(7)の例と同じ意味構造である。異なるのは「いや」「ただ」が副詞的な接辞であるのに対し、「旅」「寝」などは語であるという点である。したがってこれらを「yVニV」と表記しておくこととしよう。いずれにしても、ここでも「累加」による「量」の意味は生じず、複合語「yV」が情態副詞的に「ニ」の後の動詞にかかっていくことになる。

以上述べてきたような意味と形式の観点から「〜ニ〜」型重複構文を整理すると、以下のようになる。

(9) a.「VニV」タイプ。「急ぎに急ぐ」「濡れに濡る」など。程度の甚だしさを表す。
　　b.「xVニV」タイプ。「いや痩せに痩す」「ただ食ひに食ふ」など。〈xという状態でVする〉といった意味を表す。xは副詞的な接辞要素。
　　c.「yVニV」タイプ。「旅行きに行く」「寝死にに死ぬ」など。〈yVという状態でVする〉といった意味を表す。yVは複合語。

次に、これら3つの形式間の関係について考える必要がある。山口堯二(1960)では、以下に示すように、これらが派生関係にあるものとして捉えられている。

(10)「行き行きて」形式が安定性のある形に分析されたものとして、「あひにあふ」形式が成立した。「いや痩せに痩す」「旅行きに行く」は、「あひにあふ」形式からさらに発展して生まれた形式である。

(10)で述べられる「行き行きて」形式とは、以下のようなものである。

(11) a. 恋ひ恋ひて〔戀々而〕逢へる時だにうつくしき言尽くしてよ長くと思はば　　　　　　　　　　　　　　　　　　　　（万葉集・巻4・661）
　　 b. 行き行きて駿河の国にいたりぬ　　　　　　　　（伊勢物語・9段）

　この形式は「継続」の意味を表すが、句末が「テ」であるため従属節でしか用いることができない。そこで主節述語としても用いることができる「あひにあふ」形式(＝9a)が生まれた、という説明がなされている。
　これらのタイプは『万葉集』にはすべて出揃っており、文献からその派生関係を跡づけることはできないため、理論的に解釈する必要がある。しかしながら、その表す意味を考えたとき、これまで見てきたように、(9a)のタイプは単なる反復・継続ではなく、主として程度の甚だしさを表している。「安定性のある形」すなわち述語として用いられる形を目指して作られたというとき、やはりその表す意味の相違が懸念されよう。そして、「いや痩せに痩す」(＝9b)「旅行きに行く」(＝9c)が、「あひにあふ」(＝9a)からさらに「発展して生まれた」というとき、どのような派生の過程を想定されているのか明確でない。意味的にも構造的にも異なる両者を単純に結びつけてよいのか、やはり疑念が残る。
　この点について、山口康子(2000: 411–537)では、異なる主張が述べられている。そこで述べられる三者間の関係と歴史的展開をまとめると、以下のようになる。

(12) a. 上代語法に特徴的な繰り返し法の一環としてⅠ型「花咲みに咲む（万葉・1257）」が発生した。次第に同一動詞の反復に力点が移りⅡ型「笑ひになん笑ふ(落窪・4)」が生じた。単なる反復・継続の表現となったため、程度副詞を上接して補強するⅢ型を生じた。程度副詞は、「イヤ」から「タダ」にとってかわった（「ただ笑ひに笑ひて(宇津保・国譲下)」）。

b. 中世以降、Ⅰ型「をくれ馳せに馳来て（平家・下）」に偏っていく。したがって、Ⅰ型（指示型）→Ⅱ型（累加型）→Ⅲ型（集中型）→Ⅰ型（指示型）という歴史的変遷を描くことができ、類型的・慣用的な表現形式へと変化しているといえる。

3つのタイプを直接的に関連づけようとする態度は山口堯二（1960）と同様であるが、その結論は全く異なることが見てとれる。山口堯二（1960）は、ここでいうところのⅡ型「笑ひに笑ふ」を出発点とし、Ⅲ型「ただ笑ひに笑ふ」やⅠ型「花笑みに笑む」が出来たというものであった。これについては、どのように考えるべきであろうか。

　（12b）を見るとき、山口康子（2000）で述べられる歴史的展開は、少し無理があるように思われる。Ⅰ型（指示型）→Ⅱ型（累加型）→Ⅲ型（集中型）と展開したものが、再びⅠ型（指示型）に戻るという「本卦がえり」が起こったと述べられるが、あまりに文献資料に現れた様相にこだわりすぎているように思う。確かに、『万葉集』を中心とした上代、和文の物語日記を中心とした中古、説話を中心とした院政期、軍記物を中心とした中世、これらの資料に現れる用例（の数）に即して記述するとこのようになるが、言語変化として自然であるとは思えない。すでに述べたように、Ⅰ型「花笑みに笑む」は、「花笑み」という状態で笑っている、という意味で用いられている。これは中世の「遅れ馳せに馳す」でも、現代の「男泣きに泣く」でも同じである。つまり、「男泣きに泣く」から「泣きに泣く」の部分の強調が意識されて「泣きに泣く」といった形式ができる（Ⅰ型→Ⅱ型）とは考えにくいように思う。「yVという状態でVする」という用法は古今を通じて存するわけであるから、語彙的な入れ替わりは見られるものの、1つのタイプとして歴史的に一貫して用いられていると考えた方がよいように思う。

　Ⅱ型からⅢ型へ、という変化も同様である。単なる反復・継続の表現となったために副詞を補強しないといけない、といった変遷を想定する必要は感じられない。中古語の「笑ひに笑ふ」も現代語の「笑いに笑う」も、同じように「大笑いする」「ひたすら笑う」と解釈される。Ⅱ型についても、古

今を通じて同じように用いられているといってよいと思う。

　そしてⅢ型であるが、ここに用いられる副詞的要素は語彙的に定まっている。上代は「いや」、中古以降は「ただ」、そして現代語では「ひた走り」の「ひた」、「ひら謝り」の「ひら」くらいであろう。意味を補強するというのならもう少し他の副詞がついてもよさそうであるが、きわめて制限的である。ということは、このタイプが語彙的に固定化した表現であることを意味している。また、近藤（1994）において、「いや」と「ただ」ではそれぞれ後接語が異なっていることが指摘されており、ここからも単純に「いや」から「ただ」へ「とってかわった」とは言えないことになる。すなわち、「いや増し」や「ひた走り」といった語彙的に固定化するものを含みつつも、基本的な性格は古今を通じて変わっていないものと考えられる[4]。

　以上のように、現代語を視野に入れ、言語変化という観点からこれら3つの形式を見ると、派生関係を見出して直線で結ぶのはあまり意味がないものと考えられる。関谷（1971）では、「笑ひに笑ふ」と「ただ笑ひに笑ふ」は、「本質的に違っている」と述べられており、「本質的に」というのがどのレベルで言っているのか不明ではあるが、上述のような意味合いでこの言を解釈したいと思う。ただし、「ただ笑ひに笑ふ」のような「xVニV」タイプについて、中古から中世にかけて「ただ―」という形式が、かなりの勢力を持って用いられたことは事実である。これが中世後期以降用いられなくなっていった点については、あらためて考える必要があろう[5]。さらに、それぞれの用法が「古今を通じて変わっていない」と述べたものの、文献資料に現れる用例の多寡という点からは、ここにも何らかの変化を認める必要がありそうである。これらの歴史的展開については、重複構文全体を視野に入れた上で、また後ほど言及することとする。

## 3.「～テ～テ～」型重複構文

　前節では「行き行きて」という形式について触れるところがあったが（＝用例11）、この形式は中古以降文語化して次第に用いられなくなる。「テ」

を伴う重複形は衰退していった、と記述されるかのようであるが、実は近世に至ると「テ」を伴った形の重複が用いられるようになるのである。それが、次に挙げるような「〜テ〜テ」というタイプの重複構文である。

(13) a. 此棒を斯う持て、出る処を胸板をほうどつき、たぢ〳〵とする所を、おつとり直いて諸すねを打て〳〵打ちなやいて遣らう物を
(虎寛本狂言・契木)
　　 b. ヤア言わせておけば舌長な蛆虫めが　ま一言ぬかして見よ　その顎切つて〳〵切下げるぞ　　　　(大塔宮曦鎧 1723・大序)
　　 c. ヤイ〳〵五拾石の事は拋置　身と立合として　ぶつて〳〵ぶち殺す
(敵討巌流島 1737・上口明)
　　 d. 此桜戸もこなさんをいやじやによつて　振つて〳〵振りつける
(傾城室町桜 1743・下)

「VVテ」のように「重複+テ」ではなく、「VテVテ」のように「Vテ」が重複している。このような形式は、現代語でも「飲んで飲んで飲みまくった」のように、普通に用いられている。これまでに、この形式について触れられた研究は管見の限り見あたらないので、ここであらためて記述する必要があろうと思う。

　まず特徴的であるのが、「〜テ〜テ」の後に、複合動詞が付接するという点である。「ぶってぶってぶち殺す」というわけであるから、「ぶつ」という動詞は、結局3回使われることになる。使われ始めたのは、およそ1700年前後のようである[6]。(13)は歌舞伎台帳の例を中心に挙げたが、次に(14)として近松の浄瑠璃の例を挙げておく。

(14) a. 手習にぶせいならば此。にぎりこぶしにて。めはなのあひを五十も百もはつて〳〵はりまはし。其上に机をおはせ相弟子中のげたざうりをなをさする　　　　　　　　(曾我七以呂波 1698 以前)
　　 b. 猫となつてね所へぐす〳〵とはひ入。爪を立てどこもかしこもかい

て〰〰かきたくり。ひり〰〰させて我思ひ　　　　　（孕常盤 1710）
　　c.　朝からばん迄此様にしく〰〰しく〰〰とないて〰〰なきつめる。誰
　　　がなかすると思召す　　　　　　　　　　　　　（娥歌かるた 1714）

　「～テ～テ」重複構文で用いられる動詞は、すべて動作動詞であると見られる。1700年代前半の文献について、日本古典文学大系（岩波書店）、歌舞伎台帳集成（勉誠出版）、近松全集（岩波書店）を調査したところ、用いられる動詞は、以下に示すようなものであった。

(15)　言う、打つ（ぶつ）、追う、掻く、切る、泣く、握る、張る、振る、踏む、惚れる

　このように、いずれも動作動詞であって、特に人間を相手にはたらきかけるものばかりであることが見てとれる。「張る」も(14a)のように相手の顔を張る（＝叩く）という例であるし、「振る」も相手を冷淡にあしらうという意味で用いられたものである。「惚れる」だけが例外のようであるが、使用例は「惚れぬく（傾城妻恋桜）」というものであり、相手に好意を寄せ続けるという意味で用いられている。したがって、(15)に示したものはいずれも動作主（ヒト）を主語とする意志的な動詞であるという一般化が可能であると思う。すなわち、「～テ～テ」は、動作主の動作・行為を継起的に重ねていくことを表しており、そこからその動作の繰り返し（＝反復・継続）を表すことになるものと考えられる。
　このとき注目されるのが、「～テ～テ」の後に来る複合動詞の後項である。(13)に示した「打ちなやす」「切り下げる」「ぶち殺す」といった複合動詞の後項は、いずれも変化動詞であることが見てとれる。つまり、「動作動詞＋変化動詞」という組み合わせで用いられており、「ぶち殺す」であれば〈「ぶつ」という動作によって「死ぬ」ようにする〉という意味を表している[7]。したがって、「～テ～テ」型の重複構文を用いることによって、〈変化結果をもたらすために繰り返しその動作を行う〉という意味が表されることとな

り、非常に効果的な表現となる。次の「〜まくる」といった形式も同じ意味構造をなしている。

(16) a. 朝比奈弁慶とやらんが勇力有りとも。我又孔明が腸に分け入り。樊噲項羽が骨髄を借って一戦に<u>追って追ひまくり</u>

(国性爺合戦 1715・第 3)

b. 其様な証拠をつかまへて言わしやんしたら <u>言ふて〰言ひまくら</u>れて　　　　　　　　　　　　　　　　（信徳丸冠柏 1727・中）

c. 所詮此まゝ捨る身の命限り　根限り　太刀の目釘の続かんほど　<u>切て〰切まくり</u>　さしも広キ大庭に　死人の山ヲ積んで呉りやう

（菊水由来染 1743・大切）

　現代語の「〜まくる」は「盛んに〜する」という意味を表すが、この時代では「相手を追い散らす」という具体的な意味を表す変化動詞として用いられている。したがって、「切って切って切りまくる」であれば、〈何回も切る動作を行って相手を追い散らす〉という意味を表している。
　一方、(14)に示した「張りまわす」「掻きたくる」「泣きつめる」は、これといささか異なるようである。後項の「〜まわす」「〜たくる」「〜つめる」は、「激しく〜する」「ひたすら〜する」といったように、前項動詞で表される動作の様態について意味を加えている。これは、次のような「〜ぬく」も同様である。

(17)　よい返事聞迄は。<u>口説いて〰口説きぬく</u>　（仮名手本忠臣蔵 1748）

　「動作の完遂」といった、広義のアスペクト的意味を加えている。このように、前項動詞の動作について、「激しく〜する」「最後まで〜する」といった意味を加える用法は近世・近代を通じて引き続き用いられ、現代語へと続いていく。

(18) a.　さわいでさわいで騒ぎぬかうと思ひます　　（樋口一葉『にごりえ』）
　　 b.　この大将を好いて好いて好きまくって、その方角からのみひとすじ
　　　　にあたってゆけば、意外に人情もろいところがある
　　　　　　　　　　　　　　　　　　　　　　　　（司馬遼太郎『国盗り物語』）

　ここであらためて、このときの「〜テ〜テ」のはたらきについて考えてみると、「継起的な動作の繰り返し」とは少し異なっているように思う。(14a)は「五十も百も」張りまわすのであるし、(14b)は「どこもかしこも」掻きたくるのである。つまりこれらは、単なる反復・継続というよりは、動作の激しさ・甚だしさを表しているのではないかと考えられる。(17)や(18a)のようなものは、時間性に関係するので継続的な動作と見てもよいかもしれないが、(18b)のようなものはやはり「継続」というよりは、動作の様態を表していると考えられる。ひたすらに、激しく好意を寄せるわけである。現代語でも「遊んで遊んで遊び倒す」などは、「ひたすら遊ぶ」といった動作の様態が「遊んで遊んで」の部分で表されていると考えられる。
　このように見てくると、本来的には継起的な動作の繰り返しを表していた「〜テ〜テ」型の重複形式が、「量」として加算されて「程度」を表すようになっていると考えられる。これは、先に見た「〜ニ〜」と同じメカニズムが想定されよう。つまり、両者は結果的にほぼ等しい意味を表す形式となっているのである。そのことを端的に示すものとして、補助動詞「〜ぬく」「〜まくる」と「〜ニ〜」型の重複形式が共起した例を挙げることができる[8]。

(19) a.　これが彼が田舎から始めて倫敦へ出て来て探しに探し抜いて漸々の
　　　　事で探し宛てた家である　　　　　　　　　（夏目漱石『倫敦塔』）
　　 b.　その日は運がつきにつきまくった

　ここで思い出されるのが、「ただ泣きに泣く」のような副詞的要素を伴った「xVニV」タイプの重複構文である。これは、「ただ泣き」という合成語に「泣く」が「ニ」を伴って付接するものであった。つまり、重複句の前

部に合成語の構成要素「ただ」が現れていたわけである。これに対し、「つきにつきまくった」のような形式は、「V ニ V」という重複句の後に「〜まくる」という補助動詞が現れている。これを「V ニ Vz」と表記しておくこととすると、これは、古代語と近代語の大きな差異ではないかと思う。すなわち、重複構文において動詞の様態に意味を加える部分が、接頭辞のような前部 x から、補助動詞のような後部 z へと変化しているのである。

そのような意味において、「〜テ〜テ」型の重複構文は、後接する複合動詞後項がその様態に意味を加えるのであるから、きわめて近代語的な構文であるといえる。これは必ず「V テ V テ Vz」といった形をとるからである。古代語では盛んに用いられた「xV ニ V」タイプが用いられなくなったのは、このような意味構造の歴史的変化を反映しているといえよう[9]。

そして、「V テ V テ Vz」の「Vz」であるが、この構文が用いられ始めた近世中期では「切り下げる」「ぶち殺す」のような〈動作＋変化〉を表すものと、「張り回す」「泣きつめる」のように〈様態〉を表すものとがあったが、これらはいずれも影山(1993)の「語彙的複合動詞」に相当するものである。これが、近代以降においては「〜ぬく」「〜まくる」のような「統語的複合動詞」と共起するようになっており、これは「V ニ Vz」でも同様である。すなわち、「Vz」は語彙的な要素から統語的な要素へと変化しているのである[10]。したがってこの変化は、「xV ニ V」の「xV」が語彙的であるために衰退したこととも符合するように思う。

## 4. 重複構文の歴史

それではここで、これまで見てきた重複構文の形式について、第1章で述べたことも含めてまとめておこう。現代語でも用いられる形式については、下線を施しておく。その際、語彙的に固定化している形式については点線としておく[11]。

(20) a. 終止形型「泣く泣く」「目に見す見す」

   b. 連用形型「汗を拭き拭き」「書き書きする」「振り返り振り返りする」
   c. ニ型「飲みに飲む」「ひた走りに走る」「男泣きに泣く」
   d. テ型「行き行きて」「切って切って切りまくる」

(20a)の終止形型については、古くは「目に見す見す」のように重複句を形成していたが、現在では「泣く泣く」のように語彙的に固定化したものが副詞として用いられるのみである。(20b)の連用形型は、「汗を拭き拭き」のような重複句として現在も用いられる。ただしこれは、従属節専用の形式である。これが「スル」を伴って述語化するとき、古くは「書き書きする」のような形式も用いられたが、幼児語以外では用いられなくなり、「振り返り振り返りする」や「破っては書き破っては書きする」のような「重複句+スル」の形に限られるようになった。

  (20c)のニ型については、「ニ」の前部に合成語が用いられるタイプは古くはよく用いられたが、現在では「ひた走りに走る」「男泣きに泣く」のように語彙的に固定化している。「飲みに飲む」のようなタイプは現在も用いられ、「飲みに飲みまくる」のように補助動詞を伴うこともある。(20d)のテ型のうち、「行き行きて」のような「VVテ」は中古以降用いられなくなるが、近世に生まれた「VテVテ」は、複合動詞を伴った「VテVテVz」の形で現在も用いられている。

  以上を通観して気づかれることは、「動詞の重複」という形式が歴史を通じて何らかの形で存在し続けているという点である。意味や用法の上ではもちろん様々な相違はあるものの、「繰り返し」という原義に基づく反復・継続を表し、同じ形式を2つ重ねることから生じる「強調」のニュアンスを有するという点では共通している。したがって、例えば強調の副詞が未発達であることをもって、古代語の重複形の隆盛を説くのは適当でないと思う[12]。

  ただし、注意しなければならないのは、これらの重複形がいわゆる口語の世界でどの程度用いられていたか、ということである。現代語で考えてみても、「飲みに飲む」は確かに文法的形式として存在はするが、「昨日は飲みに飲んだよ」のような会話文ではあまり使われないのではないかと思う。「よ

く飲んだよ」とか「飲みまくったよ」のように、副詞や補助動詞を使うことの方が一般的ではないかと思われる。これは「〜テ〜テ」も同様である。「飲んで飲んで飲みまくったよ」と言ってもいいのだが、少し大げさというか通常の会話のやりとりの中では冗長な感じがする。この点については、第1章でも少しく述べたように、「重複」という形式は文章語的な性格を常に持っているものと考えられる。ただしこの場合の「文章語」とは、口語（＝話し言葉）・文語（＝書き言葉）というレベルでの「文語」「文章語」ではなく、文字によって文章として記されたものを見て（あるいは声に出して読んで）効果が得られる文芸的な文体、とでもいうようなものである。したがって、重複構文がよく用いられる軍記物語や歌舞伎・浄瑠璃の脚本などは、まさにこれにあてはまる。これまでの研究において、文献資料の調査結果を年代順に並べたところで「歴史」を描くことにならなかったのは、このような重複構文の文体的な性格によるものといえる。

　「重複構文の歴史」は文章語における歴史であるから、資料の性格を考慮しなければならないのは当然としても、文献を用いてある程度描くことが可能である。それが(20)で示したようなものである。しかし、歴史における「言語」のありようを再構しようとするなら、ここに現れているのはその時代の断片にすぎない。重複形を用いた言い方と副詞や補助動詞を用いた言い方は、ある種の位相差をもって使い分けられていた可能性も考えられるからである。重複形の消長について、副詞の発達・未発達を要因とする見方を先に打ち消しはしたものの、そのような意味合いにおいて想定することは必要であるといえよう。

## 5. おわりに

　以上のように、本章は前章に引き続き、「語」レベルでなく「句」レベルを含む「構文」として重複形を捉える試みであり、「ニ型」や「テ型」もこれに含むものとして考察した。「重複」形式の歴史的変化という一般化を試みる中で、この形式については文体論との関わりが特に重要であると思われ

る。資料の背後にある「言語」を体系的に捉えるために、文法形式を手がかりにして文体を考える試みは、今後も引き続き行っていく必要があるだろう。

　また、重複構文と意味的な関係においてつながりを持つ、動作の激しさを表す補助動詞の多くが、室町期以降のいわゆる近代語において発達している点は注目されるように思う。意味を表す中心が補助動詞のような後部分に偏っていく、といった傾向と関係するのだろうか。今後の課題としておきたい。

**注**

1　山口康子(2000: 479)では、「同一動詞の反復という形式自体」が、「「繰り返す」ことはすなわちもっとも原初的な強調の方法」であって、「それは反復・累加・重加という方向の強調」であると述べられている。

2　「〜ニ〜」型について、富士谷成章『あゆひ抄』には次のように述べられている。
　　〔何に何〕上・下の|何|、事の重ね言葉にて、上は往なり。下は、よみづめによりてさまざまなり。里にも「勇ミニ勇ミテ」「モミニモミテ」など言ふ勢同じきうちに、いささか心得あり。そのわざの方々に心散るたよりなくて、ひたむきなる体を言へり。〈中略〉里「|何|バカリ|何|」と言ふ。この時、〔のみ〕と同じ心得になるなり　　　　　　　　　　　　　　　　　　（巻2・に家）

下線を施した「ひたむきなる体」という見方は山口康子(2000)でも支持されている。ただ、動作動詞の場合は「動作のひたむきさ」という解釈でもよさそうであるが、近藤論文で述べられるように、変化動詞の場合は「結果の著しさ」を表していると見た方がよい。これらを考え合わせると、「程度の甚だしさ」を表すと一般化しておいた方がよいように思う。したがって、本章で言うところの「程度」は、通常用いられる概念よりもやや広い。

　いずれにしても、ひたすらに行う動作は、結果的にある種の「量」を表すこととなる。「泣きに泣く」であれば、「ひたすらに」泣くという事態にあっては、時間であったり声量であったりといったものが加算され、ここに「激しく泣く」という「程度」的な解釈が生じるものと考えられる。副詞の場合も、「すごく」「極めて」のように、用言の連用形としての情態副詞から程度副詞（量副詞）に転用される事例は多く、やはり並行的に捉えられるように思う。

3 関谷(1971)では、「ただあきにあく」(「ただ開きに開きぬ(竹取)」)は、「ただ—」で一単語であり、「ただ」は「—」を語基とする準接頭語であると述べられている。

4 影山(1993: 89–92)では、現代語における「〜ニ〜」型について、以下のように述べられる。

　　内部に「に」を含むという点では句のように見えるが、しかし「*飲みにサエ飲む」のような副助詞の介入や「*飲みに、課長は酒を飲んだ」のような統語的移動が不可能であることからすると、語に特有の形態的緊密性を備えているように思える。加えて、重複された部分に接頭辞が付くという事実(「ひら謝りに謝る」「おおめにもめる」)もこの重複が形態的操作であることを示唆している。

しかし、古典語では「泣きにのみ泣きて(今昔・30–2)」のように副助詞が入ったり、「ただ逃げにこそ逃げたりけれ(平家・9)」のように係助詞が入ったりするため、明らかに「句」である。もちろん、古典語では「句」であったものが現代語では「語」になっていると考えてもよいのだが、「ひら謝りに謝る」は「謝りに謝る」に「ひら」がついたのではなく、「ひら謝り」という合成語に「謝る」がついたものであるとして、やはり現代語でも「句」であると見ておいた方がよいように思う。

5 関谷(1971)では、同一形態素であった「ただ」が一方では語構成要素(接辞)となり、一方では単語(副詞)になったのではないかと想定されている。これに従うと、副詞としての「ただ」が発達していくうちに接頭辞としては使われなくなり、「ただV」という合成語が形成されなくなったために「ただV ニV」という形式も用いられなくなっていった、という可能性が考えられる。

6 「〜テ〜テ」型の重複構文は、『虎寛本狂言』には3例見られたが、『虎明本狂言』の同箇所には用いられていない。

7 「動作＋変化」という組み合わせは複合動詞の基本的な意味構造のパターンであり、石井(2007)では、「過程結果構造」と呼ばれている。

8 もちろん、「探しに探しぬく」よりも「探して探して探しぬく」の方が、「テ」がある分だけ(あるいは「探し」が1つ多い分だけ)長い時間をかけて、といった意味を読み取ることも可能であり、両者が意味的に全くの等価であると言っているわけではない。

9 意味上の主要部が、古代語では前部(左側)にあったものが近代語以降になると後部(右側)に移る、という変化が他の文法現象においても見られるかどうか、検証してみる必要があるように思う。そのような観点から、柳田(1985)に挙げられる接頭辞「ま」の例を捉えることができるかもしれない。

　　・語諸—マツ秦繆公ガ如ナゾ　　　　　　　　　　　　　　　(史記抄・巻13)

前部要素の接頭辞が「語」以上の「句」を含んでおり、これは古代語的な語形成のありかたということになろうか。

10 「〜まくる」について言えば、語彙的なレベルから統語的なレベルへと変化している。この点については別稿で詳しく述べたい。

11 この他、「立ち立つ」「満ち満てり」などの形式があるが、これらは蜂矢(1998)などに従い、訓読語と見ておく。

12 井上(1971)では、「「動詞＋に＋動詞」は現在の私達が直観する程一語意識で用いられていたのではなく、「動詞＋に」は後の動詞に対する強調として、程度量副詞的に用いられていたに外ならないのである。動詞の意味をまさにその意味に於いて直接強調する語の少なさがこの様な用法を生じたと言いうる」と述べられている。

# 参考文献

青木毅(1997)「『今昔物語集』の文体の一側面―機能動詞「ナス」の分布が示唆するもの―」『訓点語と訓点資料』99
青木博史(2001)「コトの機能」『筑紫語学論叢』風間書房
青木博史(2003)「書評:山田潔著『玉塵抄の語法』」『国語学』54-2
青木博史(2004)「ミ語法の構文的性格」『日本語文法』4-2
青木博史(2006)「原因主語他動文の歴史」『筑紫語学論叢Ⅱ』風間書房
青木博史(2011)「日本語における文法化と主観化」『ひつじ意味論講座第5巻 主観性と主体性』ひつじ書房
青木伶子(1977)「使役―自動詞・他動詞との関わりにおいて―」『成蹊国文』10
青木伶子(1992)『現代語助詞「は」の構文論的研究』笠間書院
秋本守英(1996)『仮名文章表現史の研究』思文閣出版
阿久澤忠(2002)『語法・語彙を中心とする平安時代仮名文論考』武蔵野書院
朝山信弥(1942-1943)「国語の受動文について」『国語・国文』12-11、12-12、13-6
愛宕八郎康隆(1978)「肥前長崎地方の「〜キル」「〜ユル」について」『長崎大学教育学部人文科学研究報告』27
安部清哉(1997)「動作の併行表現の歴史」『日本語文法―体系と方法―』ひつじ書房
天野みどり(1987)「状態変化主体の他動詞文」『国語学』151
石井正彦(1983a)「現代語複合動詞の語構造分析における一観点」『日本語学』2-8
石井正彦(1983b)「現代語複合動詞の語構造分析―〈動作〉〈変化〉の観点から―」『国語学研究』23
石井正彦(1988)「接辞化の一類型―複合動詞後項の補助動詞化―」『方言研究年報』30
石井正彦(2007)『現代日本語の複合動詞形成論』ひつじ書房
井上博嗣(1971)「中古の程度量副詞「ただ」の機能の在り方―源氏物語・今昔物語集の用例を資料として―」『女子大国文』63
井上文子(1998)『日本語方言アスペクトの動態』秋山書店
岩田美穂(2007)「例示を表す並列形式の歴史的変化」『日本語の構造変化と文法化』ひつじ書房
ウェスリー・M・ヤコブセン(1989)「他動性とプロトタイプ論」『日本語学の新展開』くろしお出版

大塚光信(1983)『キリシタン版エソポのハブラス私注』臨川書店
奥津敬一郎(1967)「自動化・他動化および両極化転形」『国語学』70
奥津敬一郎(1975)「複合名詞の生成文法」『国語学』101
尾上圭介(1998–1999)「文法を考える　出来文(1)–(3)」『日本語学』17–7、17–10、18–1
尾上圭介(2003)「ラレル文の多義性と主語」『言語』32–4
影山太郎(1993)『文法と語形成』ひつじ書房
影山太郎(1996)『動詞意味論』くろしお出版
金沢裕之(1995)「可能の副詞「ヨー」をめぐって」『国語国文』64–5
上村孝二(1968)「南九州方言文法概説—助動詞・助詞—」『国語国文薩摩路』12
亀井孝(1986)「言語史上の室町時代」『亀井孝論文集5 言語文化くさぐさ』吉川弘文館
辛島美絵(1993)「「る・らる」の尊敬用法の発生と展開—古文書他の用例から—」『国語学』172
川瀬卓(2005)「象徴詞を動詞化する形式の変遷」『語文研究』99
川端善明(1982)「動詞活用の史的展開」『講座日本語学2　文法史』明治書院
川端善明(1997)『活用の研究II』清文堂
神田寿美子(1961)「現代東京語の可能表現について」『日本文学』16
神鳥武彦(1982)「広島県の方言」『講座方言学8　中国・四国地方の方言』国書刊行会
神部宏泰(1987)「九州方言の可能表現」『兵庫教育大学研究紀要』7
木田章義(1988)「活用形式の成立と上代特殊仮名遣」『国語国文』57–1
来田隆(2001)『抄物による室町時代語の研究』清文堂
北山谿太(1951)『源氏物語の語法』刀江書院
木部暢子(2004)「九州の可能表現の諸相—体系と歴史—」『国語国文薩摩路』48
木部暢子他(1988)「九州北部の可能表現」『文献探究』21
木下正俊(1972)『萬葉集語法の研究』塙書房
九州方言学会(1969)『九州方言の基礎的研究』風間書房
九州方言研究会(2004)『西日本方言の可能表現に関する調査報告書』
京健治(2000)「「連用形＋ゴト」構文小考—衰退理由をめぐって—」『語文研究』90
金水敏(1995)「いわゆる「進行態」について」『築島裕博士古稀記念 国語学論集』汲古書院
金水敏(2001)「文法化と意味—「〜おる(よる)」論のために—」『国文学』46–2
金水敏(2006a)『日本語存在表現の歴史』ひつじ書房
金水敏(2006b)「日本語アスペクトの歴史的研究」『日本語文法』6–2
金田一春彦(1950)「国語動詞の一分類」『言語研究』15
釘貫亨(1996)『古代日本語の形態変化』和泉書院
工藤真由美(1995)『アスペクト・テンス体系とテクスト』ひつじ書房

工藤真由美編(2004)『日本語のアスペクト・テンス・ムード体系―標準語研究を超えて―』ひつじ書房

此島正年(1973)『国語助動詞の研究』桜楓社

此島正年(1975)「動詞の畳語」『湘南文学』9

小林芳規(1971)「中世片仮名文の国語史的研究」『広島大学文学部紀要』特輯号3

小柳智一(1998)「中古の「ノミ」について―存在単質性の副助詞―」『国学院雑誌』99-7

小柳智一(2007)「第1種副助詞と程度修飾句―程度用法の構文とその形成―」『日本語の構造変化と文法化』ひつじ書房

近藤明(1987)「動詞重複継起反復表現の重複範囲―「ひとつむすびてはゆひ〳〵」等の読み方―」『梅花短期大学研究紀要』36

近藤明(1988)「中世後期口語資料・近世における動詞重複型継起反復表現―「同じ所へ行っては帰り行っては帰り」等―」『梅花短期大学研究紀要』37

近藤明・近藤仁美(1993)「現代語における「強調」の「動詞＋ニ＋動詞」型」『金沢大学留学生センター紀要』2

近藤明(1993)「「動詞＋ニ＋動詞」型における動詞の重複範囲―「ひたぎりにきりおとす」「ただあしにあしうなる」等―」『国語語彙史の研究13』和泉書院

近藤明(1994a)「「強調」の「動詞＋ニ＋動詞」型―φ型と「イヤ―」「タダ―」―」『語源探求4』明治書院

近藤明(1994b)「中世後期・近世における「強調」の「動詞＋ニ＋動詞」型―φ型と「ヒタ―」「大―」等―」『国語論究5　中世語の研究』明治書院

近藤明(2001)「主体変化動詞が重複形になる場合」『金沢大学教育学部紀要(人文科学・社会科学編)』50

近藤泰弘(2000)『日本語記述文法の理論』ひつじ書房

斎藤倫明(1992)『現代日本語の語構成論的研究』ひつじ書房

斎藤倫明(2009)「語彙史としての語構成史」『シリーズ日本語史2　語彙史』岩波書店

酒井峰男(1990)「他動性による動詞の分類」『名古屋大学日本語学科日本語教育論集』1

阪倉篤義(1946)「接尾語の一考察」『国語国文』15-11

阪倉篤義(1966)『語構成の研究』角川書店

阪倉篤義(1977)「動詞の意義分析―キルとヲリとの場合―」『国語国文』46-4

坂詰力治(1987)『論語抄の国語学的研究』武蔵野書院

坂梨隆三(1969)「いわゆる可能動詞の成立について」『国語と国文学』46-11

坂梨隆三(1994)「可能動詞の発達」『言語・情報・テクスト』1

坂梨隆三(1995)「江戸後期の可能動詞」『国語と国文学』72-1

佐久間鼎(1951)『現代日本語の表現と語法』くろしお出版

桜木郁子(未公刊)「福岡県筑後方言の可能表現」平成11年度京都府立大学卒業論文
佐々木綾(1993)「可能動詞についての考察」『鶴久教授退官記念国語学論集』桜楓社
渋谷勝己(1986)「可能表現の発展・素描」『大阪大学日本学報』5
渋谷勝己(1993a)「日本語可能表現の諸相と発展」『大阪大学文学部紀要』33-1
渋谷勝己(1993b)「意味の縮小と文体差―可能の補助動詞エルをめぐって―」『近代語研究　第9集』武蔵野書院
渋谷勝己(2000)「副詞エの意味」『国語語彙史の研究19』和泉書院
進藤咲子(1965)「「―顔」の系譜―平安文学作品を中心として―」『日本文学』25
新村出(1905)「足利時代の言語に就いて」『国学院雑誌』
須賀一好(1994)「「雨やめて」という他動詞用法の消失について」『森野宗明教授退官記念論集　言語・文学・国語教育』三省堂
鈴木重幸(1972)『日本語文法・形態論』むぎ書房
鈴木重幸(1996)『形態論・序説』むぎ書房
鈴木泰(1992)『古代日本語動詞のテンス・アスペクト―源氏物語の分析―』ひつじ書房
鈴木博(1966)「四河入海について」『国語国文』35-6
鈴木博(1972)『周易抄の国語学的研究』清文堂
成允廷(2003)「古代語の終了段階を表す複合動詞の後項要素についての考察―『源氏物語』の「はつ」、『今昔物語集』の「をはる」を中心に―」『国文』99
関一雄(1977)『国語複合動詞の研究』笠間書院
関谷浩(1971)「「ただあきに」の構成について―「ただ」ははたして副詞か―」『国語研究(國學院大學)』31
高見三郎(2001)「国語資料としての『四河入海』」『国語国文』70-1
竹内史郎(2002)「古代語形容詞の活用語尾―動詞活用語尾形態への仮託―」『語文』78
竹内史郎(2005)「サニ構文の成立・展開と助詞サニについて」『日本語の研究』1-1
田中章夫(1983)『東京語―その成立と展開―』明治書院
玉村文郎(1974)「連用修飾句ナクナクについての覚え書き」『同志社国文学』9
鶴岡昭夫(1967)「江戸語・東京語における可能表現の変遷について」『言語と文芸』54
寺村秀夫(1975-78)「連体修飾のシンタクスと意味1-4」『日本語・日本文化』4-7
土井忠生・森田武(1955)『国語史要説』修文館
土井洋一(1957)「抄物の一語法―「動詞連用形＋ゴト」の用法をめぐって―」『国語国文』26-9
土井洋一(1960)「抄物の手控と聞書―口語資料としての性格―」『国文学攷』24
時枝誠記(1950)『日本文法口語篇』岩波書店
外山映次(1983)「大淵代抄における「様(ヤウ)」の用法について―動詞連用形に下接する場合―」『埼玉大学紀要　教育学部(人文・社会科学)』32

中込潔人(1988)「現代語における可能表現―一段系可能動詞をめぐって―」『中央大学国文』31

中村通夫(1953)「「来れる」「見れる」「食べれる」などという言い方についての覚え書」『金田一博士古稀記念言語民俗論叢』三省堂

中山昌久(1981)「動詞活用の種類とその記述方法」『国語と国文学』58-3

中山昌久(1984)「動詞の活用」『研究資料日本文法② 用言編(一)動詞』明治書院

西尾純二(2005)「大阪府を中心とした関西若年層における卑語形式「ヨル」の表現性―関係性待遇と感情性待遇の観点からの分析―」『社会言語科学』7-2

西尾寅弥(1954)「動詞の派生について―自他対立の型による―」『国語学』17

西尾寅弥(1988)『現代語彙の研究』明治書院

仁科明(2003)「「名札性」と「定述語性」―万葉集運動動詞の終止・連体形終止―」『国語と国文学』80-3

仁田義雄(1983)「結果の副詞とその周辺」『副用語の研究』明治書院

野田尚史(1996)『「は」と「が」』くろしお出版

野村剛史(1996)「ガ・終止形へ」『国語国文』65-5

橋本四郎(1959)「動詞の重複形」『国語国文』28-8

橋本四郎(1978)「ク語法とその周辺」『論集 日本文学・日本語1 上代』角川書店

橋本行洋(2001a)「カス型動詞の一展開―ワラカスの成立からワラケルの派生へ―」『語文』75・76

橋本行洋(2001b)「チラカルの成立」『前田富祺先生退官記念論集 日本語日本文学の研究』

蜂矢真郷(1988)「日本霊異記訓釈「波リ天」考」『訓点語と訓点資料』80

蜂矢真郷(1991)「カス型動詞の構成」『吉井巖先生古稀記念論集 日本古典の眺望』桜楓社

蜂矢真郷(1998)『国語重複語の語構成論的研究』塙書房

蜂矢真郷(2010)『国語派生語の語構成論的研究』塙書房

早津恵美子(1987)「対応する他動詞のある自動詞の意味的・統語的特徴」『言語学研究』6

早津恵美子(1998)「「知らせる」「聞かせる」の他動詞性・使役動詞性」『語学研究所論集』3

原田芳起(1962)『平安時代文学語彙の研究』風間書房

東辻保和(1997)『「もの」語彙「こと」語彙の国語史的研究』汲古書院

日高水穂(2007)『授与動詞の対照方言学的研究』ひつじ書房

日野資純(1996)『古典解釈のための基礎語研究』東宛社

姫野昌子(1999)『複合動詞の構造と意味用法』ひつじ書房

廣坂直子(2001)「「ながら」と「たまま」―並起を表す副詞節―」『国文学』46-2

広戸惇(1949)『山陰方言の語法』島根新聞社
福嶋健伸(2004)「中世末期日本語の〜テイル・〜テアルと動詞基本形」『国語と国文学』81-2
福田嘉一郎(1996)「自動詞・他動詞・可能動詞」『熊本県立大学文学部紀要』48
藤田保幸(1999)「引用構文の構造」『国語学』198
細江逸記(1928)「我が国語の動詞の相(voice)を論じ、動詞の活用形式の分岐するに至りし原理の一端に及ぶ」『岡倉先生記念論文集』
前田富祺(1983)「できる(出来る)　いでく　でくる　でける　でかす　できもの」『講座日本語の語彙11　語誌Ⅲ』明治書院
益岡隆志(2000)『日本語文法の諸相』くろしお出版
松本なおみ(1977)「接尾語「＝かす」の表現価値」『成蹊国文』10
馬淵和夫(1998)『古代日本語の姿』武蔵野書院
南不二男(1974)『現代日本語の構造』大修館書店
南芳公(2002)『中古接尾語論考』おうふう
宮地幸一(1952)「移りゆく可能表現—近代小説を中心として—」『金田一博士古稀記念言語民俗論叢』三省堂
宮島達夫(1972)『動詞の意味・用法の記述的研究』秀英出版
村上昭子(1976)「『玉塵抄』『詩学大成抄』における四段動詞および上一段動詞『見る』に対応する下一(二)段動詞」『佐伯梅友博士喜寿記念国語学論集』表現社
村木新次郎(1991)『日本語動詞の諸相』ひつじ書房
村田菜穂子(1995)「虎明本狂言集のフカシイとフカイ」『日本近代語研究2』ひつじ書房
村田菜穂子(1999)「ゲナリ型形容動詞—造語力拡大の様相—」『国語語彙史の研究18』和泉書院
村田菜穂子(2005)『形容詞・形容動詞の語彙論的研究』和泉書院
望月世教(1944)「国語動詞に於ける対立自他の語形に就いて」『国語学論集』岩波書店
本廣陽子(2004)「源氏物語の文体の一特質—形容詞の語幹＋接尾語「さ」—」『文学』5-4
森田良行(1989)『基礎日本語辞典』角川書店
森山卓郎(1988)『日本語動詞述語文の研究』明治書院
屋名池誠(2000)「書評：釘貫亨著『古代日本語の形態変化』」『国語学』201
柳田征司(1973)「活用から見た抄物の語彙」『愛媛大学教育学部紀要第Ⅱ部人文・社会科学』5-1
柳田征司(1974)「中興禅林風月集抄」『近代語研究　第4集』武蔵野書院
柳田征司(1975)「語構成から見た抄物の語彙(二)—サ変動詞を除くその他の動詞(一)派生語—」『愛媛大学教育学部紀要第Ⅱ部人文・社会科学』8

柳田征司(1977)「原因・理由を表す「〜サニ」の成立と衰退—「史記抄」を資料として—」『近代語研究　第5集』武蔵野書院
柳田征司(1985)『室町時代の国語』東京堂出版
柳田征司(1991)『室町時代語資料による基本語詞の研究』武蔵野書院
柳田征司(1993a)『室町時代語を通して見た日本語音韻史』武蔵野書院
柳田征司(1993b)「虎明本狂言備忘」『愛媛国文と教育』25
柳田征司(1993c)「無名詞体言句から準体助詞体言句(「白く咲けるを」から「白く咲いているのを」)への変化」『愛媛大学教育学部紀要第Ⅱ部人文・社会科学』25-2
柳田征司(1998)『室町時代語資料としての抄物の研究』武蔵野書院
山口堯二(1960)「動詞の重複形式について—「に」「と」を介する形式を主に—」『国語国文』29-6
山口康子(2000)『今昔物語集の文章研究—書きとめられた「ものがたり」—』おうふう
山口佳紀(1985)『古代日本語文法の成立の研究』有精堂
山田巖(1982)『院政期言語の研究』桜楓社
山田潔(1995)「『玉塵抄』の中性動詞—「読ムル」の用法—」『国語国文』64-8
山田潔(2001)『玉塵抄の語法』清文堂
山田潔(2010)「抄物における「動詞連用形＋ゴト」構文の諸相」『国語国文』79-9
山田俊雄(1958)「平家物語の文法」『日本文法講座4　解釈文法』明治書院
山田孝雄(1914)「平家物語の語法」『平家物語につきての研究』国定教科書共同販売所
山田孝雄(1936)『日本文法学概論』宝文館
湯沢幸吉郎(1929)『室町時代の言語研究』大岡山書店
湯沢幸吉郎(1936)『徳川時代の言語研究』刀江書院
ゆもとしょうなん(1977)「あわせ名詞の意味記述をめぐって」『東京外国語大論集』27
吉田金彦(1959a)「口語的表現の語彙—「—かす」」『国語国文』28-4
吉田金彦(1959b)「ししこらかす—中古語彙研究(一)—」『愛媛国文研究』8
渡辺実(1969)「「行ける」「見れる」—口語における助動詞複合の問題—」『月刊文法』1-8
Koizumi, Masatoshi (1994) "Secondary Predicates." *Journal of east Asian Linguistics* 3.
Paul J. Hopper & Sandra A Thompson (1980) "Transitivity in grammer and discourse." *Language*, 56-2
Shibatani Masayoshi (1985) "Passives and Related Constructions: A Prototype Analysis." *Language*, 61-4
Takezawa, Koichi (1993) "Secondary predication and the goal/locative phrases." *Japanese Syntax in Comparative Grammar*, Kurosio.

## 使用テキスト

（引用にあたっては、私意に句読点・濁点を施し、仮名を漢字に、あるいは漢字を仮名にするなど適宜改めた。漢字の字体については、おおむね通行字体に統一した。）

○古事記・日本書紀・日本霊異記・竹取物語・古今和歌集・伊勢物語・大和物語・平中物語・宇津保物語・落窪物語・枕草子・紫式部日記・源氏物語・夜の寝覚・和泉式部日記・浜松中納言物語・栄花物語・大鏡・今昔物語集・梁塵秘抄・宇治拾遺物語・沙石集・方丈記・保元物語・平治物語・平家物語（覚一本）・徒然草・太平記・義経記・猿源氏草紙・好色一代男・好色一代女・傾城禁短気・出世景清・傾城壬生大念仏・丹波與作待夜の小室節・夕霧阿波鳴渡・大経師昔暦・国性爺合戦・心中天の網島・女殺油地獄・用明天王職人鑑・夏祭浪花鑑・新版歌祭文・仮名手本忠臣蔵・軽口御前男・鹿の子餅・聞上手・鯛の味噌津・無事志有意・遊子方言・辰巳之園・道中粋語録・卯地臭意・傾城買四十八手・傾城買二筋道・椿説弓張月・浮世風呂・東海道中膝栗毛・春色梅児誉美……日本古典文学大系（岩波書店）
○万葉集・土佐日記・蜻蛉日記・紫式部日記・千載和歌集・舞の本・狂言記（正・続・拾遺）……新日本古典文学大系（岩波書店）
○源氏物語・男色大鏡・本朝二十不孝・浮世床……新編日本古典文学全集（小学館）
○小右記……大日本古記録（岩波書店）
○三宝絵詞……勉誠社文庫
○狭衣物語……古典文庫
○金光明最勝王経古点……春日政治『金光明最勝王経古点の国語学的研究』勉誠社

○古本説話集・虎寛本狂言……岩波文庫
○教訓抄……日本古典全書
○類聚名義抄……正宗敦夫『類聚名義抄』風間書房
○平家物語(延慶本)……北原保雄・小川栄一『延慶本平家物語』勉誠出版
○日蓮遺文……立正大学宗学研究所『昭和定本日蓮聖人遺文』身延久遠寺
○史記抄・四河入海・毛詩抄・蒙求抄(古活字版)……抄物資料集成(清文堂)
○百丈清規抄・杜詩続翠抄・漢書抄・荘子抄・山谷抄・日本書紀抄
　……続抄物資料集成(清文堂)
○玉塵抄(国会本)・燈前夜話・中華若木詩抄・蒙求抄(寛永版)
　……抄物大系(勉誠社)
○玉塵抄(叡山本)・詩学大成抄……新抄物資料集成(清文堂)
○三体詩絶句抄・江湖風月集抄……高羽五郎『抄物小系』
○六物図抄……寿岳章子『向日庵抄物集』清文堂
○湯山聯句抄……来田隆『湯山聯句抄本文と総索引』清文堂
○周易抄……鈴木博『周易抄の国語学的研究』清文堂
○毛詩抄(両足院本)……両足院叢書(臨川書店)
○人天眼目抄……松ケ岡文庫所蔵禅籍抄物集(岩波書店)
○無門関抄(吉岡泰雄氏蔵)・碧巌代語抄・碧巌雷沢抄
　……金田弘『「洞門抄物と国語研究」と資料』桜楓社
○高国代抄……禅門抄物叢刊(汲古書院)
○無門関抄(寛永版)……伝万安英種抄寛永一四年整版(九州大学文学部蔵)
○古文真宝抄……笑雲清三抄江戸初期整版(九州大学文学部蔵)
○脈訣刊誤抄……慶安三年整版(九州大学附属図書館医学分館蔵)
○天草版平家物語……江口正弘『天草版平家物語対照本文及び総索引』明治書院
○エソポのハブラス……大塚光信・来田隆『エソポのハブラス本文と総索引』清文堂
○日葡辞書……土井忠生・森田武・長南実編訳『邦訳日葡辞書』岩波書店
○ロドリゲス日本大文典……土井忠生訳『ロドリゲス日本大文典』三省堂

## 使用テキスト

- バレト写本……キリシタン研究（吉川弘文館）
- コリャード懺悔録……大塚光信『コリャードさんげろく私注』臨川書店
- 天正狂言本……内山弘『天正狂言本　本文・総索引・研究』笠間書院
- 虎明本狂言……北原保雄・池田廣司『大蔵虎明本狂言集の研究』表現社
- 狂言記（正・続・拾遺）……北原保雄他『狂言記の研究（正・続・拾遺）』勉誠社
- 可笑記……近代日本文学大系（国民図書）
- 醒睡笑・昨日は今日の物語・戯言養気集・一休はなし・囃物語・軽口福徳利・春みやげ・今歳笑・万の宝・鶴の毛衣・新製欣々雅話・慶山新製曲雑話・種がしま・百生瓢・落咄熟志柿・春興噺万歳・落噺頴懸鎖・東海道中滑稽譚・笑語草かり篭……噺本大系（東京堂出版）
- 聖遊郭・南遊記……洒落本大成（中央公論社）
- 曾我七以呂波・孕常盤・娥歌かるた……近松全集（岩波書店）
- 大塔宮曦鎧・信徳丸冠柏・敵討巌流島・傾城室町桜・菊水由来染……歌舞伎台帳集成（勉誠出版）
- 好色伝受・長町女腹切……日本名著全集（日本名著全集刊行会）
- 鬼一法眼虎の巻……帝国文庫（博文館）
- 花暦八笑人……近代文藝叢書（文芸書院）
- にごりえ・われから・野菊の墓・国貞えがく・芋粥・俊寛・はつ恋・赤と黒・シャーロックホームズの冒険・戦いの今日・忍ぶ川・砂の女・孤高の人・エディプスの恋人・新源氏物語・一瞬の夏……新潮文庫
- 倫敦塔・お富の貞操・犬と人形・銀河鉄道の夜・律子と貞子・国盗り物語・心の飛沫……青空文庫（http://www.aozora.gr.jp/）

# あとがき

　本書の基となった論文の初出は、以下のとおりである。本書に収載するにあたって、いずれもある程度の改訂を加えている。したがって今後、拙論に言及していただく場合は、本書に依拠していただけたら幸いである。

第1部第1章：「中世室町期における四段動詞の下二段派生」
　『語文研究』79号（九州大学国語国文学会、pp. 37–49、1995年）
第1部第2章：「可能動詞の成立について」
　『語文研究』81号（九州大学国語国文学会、pp. 45–56、1996年）
第1部第3章：「四段対下二段の対応関係」
　『京都府立大学学術報告（人文・社会）』53号（pp. 1–16、2001年）
第2部第1章：「カス型動詞の派生」『国語学』188集
　（国語学会、pp.82–95、1997年）
第2部第2章：「デカスの成立」『国語語彙史の研究17』
　（国語語彙史研究会編、和泉書院、pp. 197–218、1998年）
第2部第3章：「カス型動詞の消長」『国語国文』67巻7号
　（京都大学文学部国語学国文学研究室、pp. 1–16、1998年）
第3部第1章：「複合動詞「～ナス」について」『国語国文』69巻11号
　（京都大学文学部国語学国文学研究室、pp. 43–57、2000年）
第3部第2章：「複合動詞「～キル」の展開」『国語国文』73巻9号
　（京都大学文学部国語学国文学研究室、pp. 35–49、2004年）
第3部第3章：「補助動詞「～オル」の展開」『和漢語文研究』6号

（京都府立大学国中文学会、pp. 89–101、2008 年）
第 4 部第 1 章：「中世室町期における「動詞連用形＋ゴト」構文について」
　『国語学』198 集（国語学会、pp. 130–142、1999 年）
第 4 部第 2 章：「古代語における「句の包摂」について」『国語国文』71 巻
　7 号（京都大学文学部国語学国文学研究室、pp. 40–52、2002 年）
第 4 部第 3 章：「「～サニ」構文の史的展開」『日本語文法』3 巻 1 号
　（日本語文法学会、pp. 83–99、2003 年）
第 5 部第 1 章：「動詞重複構文の歴史」『日本語の研究』5 巻 2 号
　（日本語学会、pp. 1–15、2009 年）
第 5 部第 2 章：「動詞重複構文の展開」『古典語研究の焦点』
　（月本雅幸他編、武蔵野書院、pp. 203–222、2010 年）

　本書で述べたことは、九州大学の諸先生方をはじめ、集中講義でお世話になった諸先生方、様々な学会や研究会あるいは私信等で知り合った諸氏による、数多くの貴重な助言に導かれている。一々のお名前を挙げることはしないが、賜った学恩に対し心より感謝申し上げる。また出版にあたっては、ひつじ書房に色々とお世話になった。厚くおん礼申し上げる。
　本書の刊行の目的は、筆者の研究の方法論の妥当性、観察・記述・説明の妥当性について世に広く問うところにある。今後の自己の研究における質の向上につなげてゆきたい。

　　　　　　　　　　　　　　　　　　2010 年 10 月　30 代の終わりに
　　　　　　　　　　　　　　　　　　　　　　　　　　青木博史

# 索引

## 語句索引

### あ
アスペクト　20, 167, 168, 173–176, 179–182, 220, 251, 265, 274

### い
位相　180, 182, 200, 211, 278
意図性　76–78, 85, 115, 129, 138, 141, 143, 144

### う
ヴォイス　9, 10, 22, 53, 62, 119
受身　3, 4, 9, 12, 13, 15, 17, 22, 27, 35, 37, 38, 60, 61, 120, 191, 193

### か
格助詞　226, 233, 238
拡張　194, 195, 202, 205, 206, 214, 216, 217, 221, 224, 233, 234, 236, 237, 239
可能　3, 4, 12–15, 17, 22, 23, 26–28, 35–38, 40, 60, 61, 96, 104, 148, 149, 154–162, 164, 165
可能動詞　4, 23, 25–29, 31, 32, 34, 35, 38–41, 61, 162
感情形容詞　227, 230, 231
完遂　152–154, 157, 161, 162, 164, 165, 274

### き
狂言資料　91, 100, 144
キリシタン（資料）　11, 163, 186, 200, 209

### く
句　194, 195, 202, 205, 206, 208–210, 212, 213, 216, 217, 220, 221, 224, 225, 234, 235, 237, 239, 240, 245–247, 249, 250, 252, 253, 256, 258, 261, 264, 278, 280, 281

### け
形式名詞　186, 191, 194, 201, 207, 212
継続　65, 174–176, 246, 254–257, 259, 260, 266, 269, 270, 273, 275, 277
形態素　80, 81, 97, 98, 102, 105, 111, 113, 120, 280
結果　133–135, 137–142, 144, 151, 153, 179, 255–257, 260, 266, 273, 279

限界動詞　152, 153, 163, 165, 177, 178

### こ
語　143, 194, 195, 202, 205, 206, 209, 210, 212, 216, 224, 234, 235, 237, 240, 245, 246, 249, 252, 253, 257, 258, 261, 264, 268, 278, 280, 281
語彙的　10, 21, 39, 122, 147, 148, 150, 153, 164, 243, 264, 276, 281
項　137, 138, 213, 214, 226, 252
口語　20, 23, 55, 70, 84, 114, 200, 277, 278
語幹　47, 51, 62, 102, 111, 207, 208, 212, 213, 219, 223, 224, 231, 232, 237
後項　129, 131, 132, 142, 144, 150, 257, 273, 274, 276

### さ
再帰動詞　142

### し
使役　22, 52–54, 57–59, 64, 65, 72, 83, 99, 111, 121
自他（対応）　9–12, 17, 22, 35, 40, 43–46, 49–51, 53, 55, 63, 64, 71, 73, 75, 80, 81, 84, 85, 87, 93, 96, 105, 110, 111, 115, 118–120, 122, 132,

134
自発　22, 39, 60, 65, 161
下二段　3, 6, 8–13, 16, 17, 21, 22, 26, 27, 34, 35, 37, 38, 40, 43, 45–48, 50–60, 62–66
終止形　243–245, 247, 249, 250, 259, 263, 266, 277
従属節　219, 230, 232, 238, 247–249, 269, 277
主語　13, 22, 66, 155, 160, 161, 171, 172, 178, 180, 230, 238, 239, 259, 273
主節　230, 238, 247, 249, 252, 269
主体動作動詞　141
主要部　193, 216, 217, 237, 280
準体句　194, 203, 228, 233, 238
抄物(資料)　3–5, 8, 11, 15–18, 35, 86, 92, 93, 95, 127, 163, 172, 173, 175, 176, 178, 181, 182, 185, 186, 200, 211, 252
進行　175–177, 179

## せ

接辞・接尾辞　46–48, 50, 51, 53–55, 57, 65, 90, 96, 97, 202, 205, 207, 217, 221, 224, 231, 237, 268
接続助詞　209, 212, 213, 215, 231, 234, 235, 237
前項　94, 131, 142–144, 147, 150–153, 164, 257, 274

## そ

尊敬　3, 4, 12–20, 23, 27, 35–40, 60, 61, 105

## た

対応する自動詞を持たない他動詞→無対他動詞
対象　48, 49, 57, 58, 71, 84, 109, 118, 119, 121, 228
対象語　219, 226, 231–233
他動性　71–73, 76, 83, 84, 99, 118, 123

## ち

抽象化　91, 92, 96, 150, 153

## て

テンス　198, 203, 219, 232, 239, 251

## と

統語的　144, 148, 164, 252, 276, 281
動作　46, 48, 59, 71, 75–78, 84, 87, 118–121, 136, 138–142, 144, 150–154, 157–165, 174–176, 246, 248, 251, 254–257, 259, 260, 266, 273–276, 279, 280
動作動詞　152–154, 163, 174, 266, 273, 279

動作主　14, 16, 48, 59, 66, 71, 75–78, 83–85, 87, 99, 109, 110, 115, 116, 118–121, 123, 129, 138–142, 152, 158, 161, 273

## に

二次述部　137, 138, 142, 144
二段活用の一段化　18, 20

## は

パーフェクト　168, 174–177
反復　246, 248, 250, 251, 254–256, 259, 260, 269, 270, 273, 275, 277

## ひ

非限界動詞　152, 153, 162, 163, 165, 176, 177, 266
卑語　169, 171–173, 178–182
否定　14, 23, 36, 37, 61, 186–190, 195, 196, 201
評価　69, 70, 73, 75, 77, 78, 85, 89–93, 96, 100–105, 110, 114, 115, 117, 144, 189, 190, 195, 196, 199, 200, 203

## ふ

文語　20, 26, 200, 278

文章語　251, 278
文法化　153, 156, 161, 162, 181
文法的　11, 62, 151, 176, 243, 264, 277

**へ**

変化　117–119, 121, 123, 133–142, 144, 153, 163, 255–257, 267, 273, 276, 280
変化動詞　152–154, 163, 174, 256, 257, 266, 273, 274, 279

**ほ**

方言　22, 89, 104, 122, 148, 154, 157, 159–161, 164, 167–169, 171, 173, 176, 178–182, 220, 239, 260
包摂　202, 205, 207–210, 212–221, 224, 225, 234–240

**む**

無対自動詞　82, 84–86, 104, 110, 116, 117, 119
無対他動詞　7, 8, 11, 16, 17, 34, 35, 38, 83, 118, 119
無標　47, 48, 65, 121

**め**

名詞句　185, 194–199, 202, 203, 214, 219, 220, 228, 232

**も**

目的語　71, 137, 231, 239

**ゆ**

有対自動詞　73, 80–82, 84, 85, 87, 105, 110, 116, 120
有対他動詞　118, 119
有標　47, 48, 50, 54, 62–65, 83, 121, 175, 177

**よ**

四段　3, 6, 8–12, 16, 17, 21, 22, 27, 31, 33–35, 37, 38, 40, 43, 45–48, 50–60, 62–64

**れ**

連体形　185, 190, 194, 196, 198, 203
連用形　185–188, 190–203, 208, 213, 216, 217, 243–246, 249–254, 259, 263, 266, 277
連体修飾　207, 213, 214, 220
連用修飾　135, 207, 223, 239, 243, 263

## 人名索引

### K

Koizumi Masatoshi　137

### S

Shibatani Masayoshi　13

### T

Takazawa Koichi　137

### あ

青木伶子　52, 64, 65, 83, 201
秋本守英　239
阿久澤忠　248
朝山信弥　65
天野みどり　118

### い

石井正彦　144, 280
井上博嗣　281
井上文子　169, 178
岩田美穂　254

### う

ウェスリー・M・ヤコブセン　71, 83, 117, 123

### お

大塚光信　186, 206
奥津敬一郎　44, 124
尾上圭介　165

## か

影山太郎　46–48, 66, 136, 144, 202, 205, 213–216, 218, 225, 240, 252, 261, 280
金沢裕之　165
辛島美絵　22
川瀬卓　261
川端善明　10, 43
神部宏康　156, 164

## き

木田章義　62
来田隆　181
北山鎔太　129
木部暢子　155, 165
木下正俊　46
京健治　221
金水敏　168, 170, 171, 176, 177, 179–182
金田一春彦　147

## く

釘貫亨　10, 44, 49, 54, 63, 120, 121, 124
工藤真由美　144, 167, 180

## こ

此島正年　9, 247
小柳智一　260, 266
近藤明　245, 250, 255, 256, 259, 260, 265, 271

## さ

斎藤倫明　163
酒井峰男　123
阪倉篤義　69, 86, 105, 182
坂梨隆三　4, 26

## し

渋谷勝己　4, 25, 26, 39, 104, 154, 158, 160, 161, 164
進藤咲子　209

## す

鈴木博　3, 105

## せ

成允廷　164
関一雄　143, 219, 220
関谷浩　267, 271, 280

## た

高見三郎　182
竹内史郎　239
玉村文郎　259

## と

土井洋一　186, 187, 189, 195, 203
外山映次　201, 211

## に

西尾純二　180, 182

## 仁

仁科明　259
仁田義雄　144

## の

野田尚史　190
野村剛史　233

## は

橋本四郎　203, 243, 245, 263
橋本行洋　123
蜂矢真郷　70, 81, 86, 87, 104, 246, 259, 260
早津恵美子　7, 65, 82

## ひ

東辻保和　202
日高水穂　181
日野資純　248
姫野昌子　148, 164

## ふ

福嶋健伸　175, 177
福田嘉一郎　4, 25, 39, 40

## ほ

細江逸記　22, 45

## ま

前田富祺　90, 93
松本なおみ　69, 73, 115
馬淵和夫　64

## む

村上昭子　4, 16, 18, 21
村田菜穂子　201, 212

## も

森田良行　163
森山卓郎　120

## や

屋名池誠　47, 64
柳田征司　3, 27, 51, 52, 66, 70, 72, 73, 80, 85, 86, 105, 122, 172, 173, 180–182, 202, 208, 220, 224, 225, 232
山口堯二　265, 267, 268, 270
山口康子　266, 269, 270, 279
山田潔　4, 19, 21, 36, 37, 203

## ゆ

湯沢幸吉郎　3, 27, 95, 105, 186, 200, 208, 224

## よ

吉田金彦　69, 72, 86, 115, 122, 123

【著者紹介】

青木博史（あおき ひろふみ）

〈略歴〉1970年、福岡市生まれ。九州大学大学院文学研究科博士後期課程修了。博士（文学）。日本学術振興会特別研究員、京都府立大学文学部講師、同助教授・准教授を経て、現在、九州大学大学院人文科学研究院准教授。
〈主な著書〉『ガイドブック日本語文法史』（共編、ひつじ書房、2010年）、『はじめて学ぶ言語学』（共著、ミネルヴァ書房、2009年）、『日本語の構造変化と文法化』（編著、ひつじ書房、2007年）など。


ひつじ研究叢書〈言語編〉第90巻

語形成から見た日本語文法史

| 発行 | 2010年11月14日　初版1刷 |
|---|---|
| 定価 | 8200円＋税 |
| 著者 | ©青木博史 |
| 発行者 | 松本 功 |
| 本文フォーマット | 向井裕一（glyph） |
| 組版者 | 内山彰議（4 & 4, 2） |
| 印刷・製本所 | 株式会社 シナノ |
| 発行所 | 株式会社 ひつじ書房 |
| | 〒112-0011 東京都文京区千石2-1-2 大和ビル2階 |
| | Tel.03-5319-4916　Fax.03-5319-4917 |
| | 郵便振替 00120-8-142852 |
| | toiawase@hituzi.co.jp　http://www.hituzi.co.jp |

ISBN978-4-89476-521-4

造本には充分注意しておりますが、落丁・乱丁などがございましたら、小社かお買上げ書店にておとりかえいたします。ご意見、ご感想など、小社までお寄せ下されば幸いです。